BALANCE AND HARMONY
HOPE IS A VERB WITH BEANBAG BEAR

『중용』은 균형과 조화

희망을 잉태한 동사와 놀아보자

국립중앙도서관 출판시도서목록(CIP)

희망을 잉태한 동사와 놀아보자 = Balance and harmony hope
 is a verb with beanbag bear : 『중용』은 균형과 조화 /
지은이: 이운묵. -- 서울 : 인문의 숲, 2014
      p. ;   cm. -- (인문의 숲 고전 ; 003)

참고문헌 수록
ISBN 979-11-950530-8-7 03150 : ₩18000

중용[中庸]

148.2-KDC5
181.11-DDC21   CIP2014011894

BALANCE AND HARMONY
HOPE IS A VERB WITH BEANBAG BEAR

『중용』은 균형과 조화

희망을 잉태한 동사와 놀아보자

이운묵 편저

⚖ 인문의 숲

희망과 행복을 잉태한 『중용』

우리 주변에는 배움은 이루었지만 직업을 이루지 못한 청춘들이 너무 많다. 직업을 이루지 못했으니 부자를 이루기도 어렵고 따라서 행복도 이루기가 여간 쉽지가 않다. 행복을 이루는데 여러 가지 중요한 것이 많이 있으나 그 중 배움만큼 중요한 것도 없다. 그리고 부자를 이루었다고 해서 반드시 행복을 이루는 것도 아니다.

행복을 이루는 과정은 사람에 따라서 다르다. 또한 행복이 반드시 배움을 이루고, 직업을 이루고, 부를 이룬 사람들의 전유물 또한 아니다. 행복은 우리 모두에 것이다. 그리고 어려운 가운데서도 하나하나 뜻을 세우고 이루어가는 과정이 우리의 삶이다. 그러나 우리 모두의 그 행복은 어디로 가고 없는지 행방이 묘연하다. 그 잃어버린 행복을 다시 찾을 수는 있을까? 당연히 각자 자기의 삶을 풀어가는 방식이 다르다. 그것은 환경과 여건, 그리고 추구하는 삶의 가치관과 방식에 따라 달라진다. 또한 잃어버린 행복을 무조건 찾아 나선다고 찾아지는 것도 아니다. 그 행복을 찾기 위해서는 무엇보다도 중요한 것은 자기 자신의 중심(가운데 마음=참마음)부터 찾아야 한다. 자기 자신의 중심이 무엇인지 바로 보고 어느 방향으로 진행할 것인지를 판단하는 것이다. 그러나 그 또한 쉽지 않다. 그러나 그러한 삶의 교차로에서 이정표를 알게 하는 것이 바로 "중용"의 생활사상이요 실천철학이다. 중용을 '명사'라고 하지만 중용은 이제 명사가 아닌 '동사'로 거듭난다. 우리의 삶이 동사적일 때 우리는 뜻을 이룰 수 있기 때문이다.

요즘 같이 개인 혹은 개별적 특정집단의 이익만을 추구하고 우선시하게 되는 이기주의가 만연한 사회적 풍조 속에서 무엇이 협력이고, 배려고, 공정이고, 행복인가를 한시도 생각하지 않을 수 없는 것이 오늘의 현실이다. 세상은 1분 1초가 숨 가쁘게 맞물려 돌아가고 있다. 인류가 창달한 문명의 수레바퀴는 우리의 미래를 향해 무제한적 본능으로 질주해 가고 있다. 그 속에서 우리 인간의 삶은 까닭도 모르는 채 그 질주의 대열에서 함께 달려가지만 결국은 방향감각과 목적지를 잃어버리고 우왕좌왕한다. 그리고 결국은 특별한 몇 명을 제외한 대부분은 그 대열에서 이탈되거나 낙오가 된다. 잘못 달려간 인생의 오류를 후회하지만 이미 때는 늦고 어찌할 방도가 없는 곳에 다다라 통한의 눈물을 삼키게 되는 경우가 비일비재하다.

우리사회에 이런 젊음이 많으면 많을수록 우리의 미래는 암울할 것이다. 그러나 결코 행복이란 포기할 수 없는 숙명적 과제이고 반드시 문제엔 답이 있게 마련이라는 것을 깨닫지 않으면 안 된다. 다소 문제가 쉽거나 어려움에 난이도는 있을 수 있지만 어렵다고 해서 전혀 답이 없는 것은 더욱 아니다. 어떻게 해서든 함께 공생

공영(共生共榮)의 공통분모를 찾아내고 답을 구하는 것이 무엇보다도 시급한 오늘의 과제이다.

옛 교훈에 "멈추지 않는 자에게는 늘 다다르는 곳이 있고, 끊임없이 일하는 자에게는 늘 이루어짐이 있다(行者常至, 爲者常成)"라는 교훈이 있다. 현대인의 삶이 이처럼 어렵고 힘든 삶이지만 목표를 갖고 행하다보면 다다르는 곳이 있고, 이룰 바가 있을 것이라는 믿음과 희망이다. 하지만 한치 앞을 내다 볼 수 없는 것이 21세기 현대인들의 삶이다.

그러나 우리가 당면한 현실은 우리의 믿음과 희망처럼 밝지는 않다. 멈추지 않고 길을 가고 싶어도 내 앞을 가로막는 장애물들이 앞뒤, 좌우 도처에서 마치 진을 치듯 하고 있다. 그러니 멈추지 않고 길을 간다는 것은 그리 간단치가 않고 여간 애쓰지 않고는 불가능한 일일 수밖에 없다. 그래서 우리는 가다말다를 반복하게 된다. 그렇게 많은 사람들이 곳곳에서 멈춰 서서 미래를 향해 힘차게 달려가지 못하고 있고 그 무엇을 이루기 위해 부단한 노력을 하지만 이룸에 행복을 누리는 사람보다는 그 행복을 이루지 못하고 포기할 수밖에 없는 사람들이 절대 다수다.

그것은 우리사회에 행복한 사람들 보다는 불행한 사람들이 더욱 많다는 반증이기도 하다. 우리가 사는 이 아름다운 세상에 얼마나 많은 사람들이 얼마나 더 불행해야 하는가? 얼마나 많은 사람들이 슬픔과 고통의 생을 살아야 하는가? 우린 지금 당장의 행복이 아니라도 먼 훗날에 행복을 이룰 수 있다는 믿음과 희망 하나를 갖기 위함이다. 때문에 힘들어도 참고 견디면서 그 고통과 슬픔을 희망으로 바꾸기 위해 모든 고통과 난관을 감내한다.

그러나 미래사회의 불확실성이 점점 우리의 희망을 안개 속으로 몰고 있다. 찬란한 과학문명이 우리의 행복을 담보하지 못하고 있다. 인류의 찬연한 문명이 높으면 높을수록, 빛나면 빛날수록 행복과 불행의 괴리는 더욱 깊고 암울하게만 느껴진다. 그것은 '균형과 조화'를 이루지 못하는 문명사회의 이기주의와 배타적 교만과 탐욕·욕망 때문이리라. 그것은 균형과 조화를 잃은 현대사회의 갈등구조와 사회양극화가 가져다주는 부조화의 현상들 때문이다.

하지만 역지사지로 다른 사람의 입장에서 생각하고 마음의 문을 열어가는 어질고 너그러운 삶의 방식과 태도를 갖는 전재가 필요하다. 그리고 중용(中庸)의 가치관과 덕목으로서 우리의 일상을 실천하고 편협한 인간관계에서 관용(寬容)과 용서(容恕)의 아름다운 꽃을 피워야 한다. 이런 휴머니즘적 향기가 우리 인간사회의 균형(均衡)과 조화(調和)를 이루어 낼 것이라는 기대와 희망이다.

하지만 우리는 이런 기대와 희망에서 점점 지쳐가고 무감각해지고 있다. 어느 한 방향으로만 달려가는 것들에 무서운 힘들이 서로 융합하지 못하고 있고 충돌하면 우리 모두 자멸할 수 있다는 두려움도 기꺼이 받아드리는 위기의 상황을 인식하지 못하고 있다. 정치는 정치대로, 권력은 권력대로, 강자는 강자대로, 약자는 약자대로 마치 물과 기름의 부조화 같다.

특히 이 지구상에 일어나고 있는 대립적인 이념과 사상, 종교적 갈등은 더욱 심화되고 있다. 기독교, 유대교, 이슬람교는 하늘을 숭상하는 천도(天道=하늘의 뜻)의 한 뿌리를 가지고도 일천년이 넘게 극심한 대립과 갈등 속에 있다. 각 종파의 종교지도자들은 자기들만의 종파적 명분만을 내세우고 타종교의 입장을 관심 있게 배려하는 모습은 없어 보인다. 자기들의 이념은 최선이고, 상대의 이념은 최악이라고 서로 비판한다. 이렇게 자기의 주장만 옳다고 한다면 바로 그 자체가 천도에 부합하지 못하는 오만과 교만이다. 그것은 바로 종교가 종교의 본질과 모습을 제대로 보이지 못하는 행위의 결과로 볼 때 종교답지 못하다. 상대의 입장을 전혀 고려하지 않고, 배려하지 않는 상태에서 이것이 최선이고, 저것이 최악이라는 흑백의 이분법적 논리야말로 공생과 융합의 여지가 전혀 없는 극단적 '에고이즘'이다. 이런 상태에서는 우리 인간의 삶에 행복은 없다. 즉, "균형과 조화"가 배제된 배타적 관계일 뿐이다.

이제 우리의 미래에 장애물로 놓여 있던 것들을 바로 보자. 그러기 위해서는 바른 위치에 서서 문제의 실체를 똑바로 보아야 한다. 서로가 엇갈려서 양극화로 치닫던 감정과 격화된 분노들을 삭히고 합리적 관점과 중심에서 문제의 실체를 보는 것이다. 나와 다른 상대의 이념과 관습을 이해하고 인정하는 것이다. 서로가 서로에게 굳게 닫혔던 마음의 문을 활짝 열어 제치고 모두가 함께 숨 쉬며 "균형과 조화"에 공명을 만들어 가는 것이다.

지금은 그 어느 때 보다도 찬란한 문명의 꽃이 인류의 미래행복을 위해 만발하고 있지만 황금만능의 이 시대를 살고 있는 현대인들은 그다지 큰 행복을 가슴에 품지 못하고 살고 있다. 이런 현실에서 미래 인류번영에 확실한 사상과 가치관이 절실히 요구되는 것은 매우 당연한 것이다. 그것이 바로 문명과 문화의 확실한 창달에 바탕을 이루는 "중용의 사상"임을 인식할 때이다. 이는 양극양단으로 갈라진 이념의 높은 장벽 위에서 미래 세계를 향하여 빛을 발할 수 있는 화해(和諧)의 등불이요 진리다. 이 불은 이 문명의 시대를 사는 현대인들에게 더더욱 큰 꿈과 희망이 될 수 있는 유일한 행복과 희망의 등불이 될 수 있다. 인류의 행복과 그 근원의 가치가 무엇인지, 그 가치는 어디에 있는지, 그 중심을 바로보자. 그 균형과 중심을 잃지 말자. 그 중심을 바로보고 바로 세울 때에 보다 조화롭고 아름다운 우리의 '행복한 삶'이 있기 때문이다.

2014. 4. 5

편저 이 운 묵

21세기 문명사회에서 『중용』이 갖는 의미

중용(中庸)은 제1장에서 제33장으로 되어있다. 본래는 예기(禮記)의 속한 한 편(篇)이었던 것을 핵심내용만 별도로 뽑아내어 따로 중용으로 독립시킨 것이다. 원문은 공자(BC 551~479)가 편찬했으나 공자의 손자인 자사(子思)가 할아버지가 지은 것을 정리·보완한 것으로 단정하고 있다. 자사는 이 중용에서 할아버지의 애인애천(愛人愛天)의 사상과 '천지우주관의 생명정신'을 인간의 삶에 가장 모범적인 사상의 개념으로 확고히 정립시켜 놓았다.

그 후 1190년경 성리학파에 한사람인 주희(朱熹)가〈예기〉에 속해 있던 중용·대학 2편을 각각 별개의 독립된 경전으로 편찬하였고 이를 토대로 '유교경전'인 사서(四書=중용·논어·맹자·대학)에 포함이 되었다. 그 후 오늘날 까지 고전으로 전해지면서 '유교경전'의 입문서로 널리 활용되었다. 이처럼 '중용'의 인문학적 사상은 21세기 인류문명사의 발전과 더불어 그 맥을 함께 해온 아주 귀중한 인문정신 고양에 가치를 지닌 고전이다.

오늘날 '중용'은 과학문명이 발달하고 서구사회의 물질문명에 밀려 안타깝게도 우리의 관심 밖으로 밀려나 퇴화된 학문처럼 인식되어버렸다. 그것은 어찌 보면 이미 케케묵어버린 그야말로 아무 짝에도 쓸모가 없는 무가치한 구시대적 산물정도로 치부하고 말았던 시대착오적 무지의 탓이 더 큰 원인일 수 있다. 그리고 우린 이미 서구사회의 물질문명 소용돌이 물결 속에서 깊게 물들고 길들여진 탓 같다. 이에 대한 병리적 부작용이 오늘날 심각하게 모든 분야에서 점점 더 확장되고 심화되어 가고 있다.

그럼 이제부터 우리의 일상에서 일어나는 모든 일들과 그 현상들에 대한 것을 오늘이라는 중용적 관점에서 현실의 창을 통해보자. 그리고 '우리가 추구해야 할 미래의 가치는 어떤 것인가'라는 질문을 해보자. 과연 이런 물음에 과연 명쾌한 답은 있을까? 또 현대문명사회의 가치와 인류가 지향하는 행복추구에 가치가 어떻게 부합할 수 있을까?

지구상에 인류가 그토록 갈구하고 지향하며 추구하는 문명창달의 궁극적 목적이 무엇인지? 그리고 우주자연만물을 창조하신 신과 현대인들의 관계는 어떤 것이고, 21세기 현대사회와 먼 미래에선 어떻게 정립되어야할 것인지, 인류가 창달한 과학문명과 자연과의 관계는 어떻게 병립되어야할 것인지, 우리사회의 '불균형과 부조화'의 현상들을 어떻게 인식하고 대처할 것인지에 대하여 함께 고민해보자. 인류가 이룩한 찬연한 문명 속에서 과연 '인간의 행복'을 어떻게 지켜갈 수 있을 것인지에 대한 절실하고 진지한 고민도 해보자. 그리고 미래를 살아가야할 현대사회의 창창한 젊은이들에게 오늘의 과학문명은 어떤 의미이고 무엇이 미래비전과 희망을 담보하고 있는지. 그들이 풀어가야 할 당면한 과제와 미래의 남겨질 문제는 무엇인지. 그들에게 물려줄 기성세대의 가치와 희망엔 어떤 것이 있는지. 또 행복의 가치들은 어디서 어떻게 찾을 것인가에 대한 함의를 이 중용적 가치에서 그 답을 구해보자.

물질은 풍요롭고 넘쳐나는데 부와 빈의 간극은 줄지 않고 강(強)과 약(弱)의 사이에 불평등과 불공정은 더욱 심화되고 좌우 대립의 갈등과 부조화의 현상은 우리사회의 곳곳에 '양극화'라는 이질적 행태로 광범위하게 터를 잡고 만연하고 있다. 양극화라는 괴리의 꽃은 공포와 표독에 미소로 만발하여 인간이 누려야 할 '행복에 아름다운 꽃밭'을 점령하고 우리의 삶에 불안을 조성하고 교활하게 양극화의 영역을 더욱 확장 증폭시켜가고 있는 것이 현실이다.

때문에 21세기 미래인류문명사회의 번영과 비전을 간직해야 할 우리사회의 '참 가치'들이 바람 부는 날에 나무들처럼 그 중심을 잃고 마구 흔들리고 있다. 우리 인류가 지향하는 행복추구의 궁극적 미래가치도 이미 방향을 잃고 표류한지 오래다. 이러한 오늘에 현실 앞에서 우리는 과연 어디를 향해 어떻게 가야하는지를 알게 하는 이정표가 '중용의 인문정신'이라고 할 수 있다.

바로 이러한 이치를 일상을 통해 깨닫게 하는 것이 '중용'이고 이에 부합하는 실천적 이치가 '군자의 도리'이다. 그러나 이 처럼 훌륭한 학문이 정말 어려워서 가까이 할 수 없다면 이는 우리 인간의 삶을 위한 학문이 아니다. '도(道=사람이 가야할 길)'가 사람에게서 멀리 있다면 그것은 도(道)라고 말할 수도 없다. 그렇듯이 사람을 위한 학문적 이치가 우리에게서 멀리 있고 가까이 할 수 없다면 이 또한 무용한 학문적 이치에 불과하다.

현재 우리사회의 대중적지도층인사에서 중용에서 말하는 '군자지도(君子之道)'에 가장 잘 부합되고 가까운 적임자는 과연 누구일까? 궁금하다. 이에 해당하는 사회지도층인사가 많으면 많을수록 좋다. 그러나 현실은 그렇지 못하다. 지금까지는 보수와 진보의 대립적 관계 속에서 '중도적 가치'를 양단(보수와 진보)이 철저히 무시해온 결과이다. 보수는 진보를 인정하지 않으려 했고, 진보는 보수를 인정하려 하지 않은 데서 비롯된 결과이다. 하지만 이 양단이 간과하는 것이 있다. 양단은 중단(中端=中央)이 존재할 때만 비로소 존재하게 된다. 즉 중단이 없는 양단은 존재할 수가 없다. 그럼에도 양단은 중단에 대하여 안중에도 없다. 그렇게 상대를 인정하지 않고 화합을 운운하는 것은 언어도단이다. 그러나 분명 우리사회의 가치는 변화하고 있다. 그 변화의 중심에 놓인 것이 양단을 아우르는 중단의 중도·중용의 가치이다. 그런 점에서 서울대융합과학기술대학원장 안철수 교수(현·국회의원)나 아름다운재단, 아름다운가게를 운영하던 박원순 현 서울시장 또는 동반성장위원회 위원장 정운찬 전 총리 같은 분들이 이 양단의 가치를 모두 소중히 인식하고 있음은 매우 다행한 일이 아닐 수 없다.

때문에 오늘날 정치적 지형이 많이 변화하고 있다. 그것은 양극 양단의 가치를 가장 정확히 잘 이해하고 실천적 철학을 보여주고 있는 구심체가 존재하고 그 정체성을 드러내고 있기 때문이다. 그것은 바로 흔들리지 않는 중도적 '균형과 조화의 중심적 위치에서 양단을 관장'하고 있기 때문이다. 이처럼 '중도와 중용'은 공정하고 균형 잡힌 합리적사고의 기준이 되고 있다.

이제 우린 그것을 알기 위해서 나를 똑바로 세우는 방법과 기술이 이 '중용'의 도리에 있음을 새롭게 인식해야 한다. 이러한 문제들에 대해서 진지한 고민과 해답을 구하고자할 때 나 자신은 물론 우리와 그들을 포함한 모두가 사람다움의 삶과 행복의 길을 찾을 수 있다고 확신할 수 있다. 그러나 이러한 문제의 해법과 답을 구하는 데는 반드시 '문명사회의 배려와 동의'가 전제되어야만 가능하다. 그것은 이미 인간의 힘으로 통제되지 못하는 강력한 문명에 힘 때문이다. 다시 말해 인류가 과학문명의 힘을 빌려 문명을 창조하고 창달했지만 이미 인간은 그 문명의 지배와 종속하에서 세상을 살아가고 있기 때문이다.

그러나 아직 희망은 있다. 우리인류는 문명의 지배와 억압으로부터 흔들리지 않고 균형을 잡을 수 있는 지혜가 있다. 자전거를 탈 때 아무리 굴곡진 길이라도 균형을 잘 잡으면 절대 쓰러지지 않는다. 그러나 운동장 같이 평탄한 길이라도 그 중심과 균형을 잡지 못하면 앞으로 전진은커녕 곧 쓰러지고 만다. 나의 균형이 우리사회의 균형이고, 우리사회의 균형이 나라의 균형이고, 나라의 균형과 조화가 우리의 삶에 행복을 싹트게 하는 옥토가 될 수 있기 때문이다.

앞으로 미래의 문명사회에선 '중용'의 인문정신과 사상이 아니고서는 자기의 힘과 능력(신자본주의+권력)만을 믿고 내달리는 미래의 문명사회를 효과적으로 통제하고 제어할 학문은 별로 없어 보인다. 현대문명의 학문이론에선 불가능할 수밖에 없다. 그것은 현대사회의 모든 학문이 '자본과 과학'을 바탕으로 한 문명창달의 이론 때문이다. 자본과 과학의 속성은 뒤를 돌아보지 못하는 속성이 있다. 그 이론의 내밀함 속엔 본능처럼 제어되지 않는 강자(정치와 권력)들의 탐욕과 물욕주의가 현대사회의 모든 이즘(ism)에 가치를 뿌리째 무력화하고 세상을 지배하고 있기 때문이다.

최근 '동반성장위원회'가 추진하고 있는 일들에 대하여 대기업들에 미지근한 참여도와 위원회가 평가한 '동반성장지수'의 낙제점만 보아도 얼마나 대기업들이 자기중심적이고 '4.0자본주의' 이론처럼 '사회적 책임과 다 같이 행복한 성장'을 중시하고 지향하는 '따뜻한 자본주의' 정신에 걸맞게 상대를 배려하고 있는가에 대한 대기업의 부정적 정서가 이를 뒷받침하듯 의문은 여전하다. 한마디로 생각이 다른 '동상이몽'이다. 이러한 생각들은 우리사회의 곳곳에서 심화되고 있는 '사회양극화를 제대로 제어하고 잡아낼 수 있는 대안'이라고 믿기가 어렵다.

또 지구상에 인류가 어떻게 하면 함께 행복할 수 있는지에 대한 진지한 고민도 없었다. 오로지 물질만능의 독선적 힘에 편승해서 화려하게 빛나는 문명의 허상만 찬연히 꽃피우면 된다는 식이었다. 인간의 지고지순한 향기는 없어도 표독스런 문명의 꽃만 일방적으로 잘 피우면 된다는 식이다. 함께 나누고, 함께 누리려는 것이 아니라 나만 소유하고 만족하면 된다는 식이다. 때문에 물질만능주의가 만들어내는 '사이보그' 같은 현대인의 삶이 탄생된 것이다. 우리의 현실이 이대로라면 가진 자와 강자들은 몰라도 빈자와 약자들은 아무런 미래의 희망이 없다. 그냥 문명의 노예가 될 뿐이다. 강자는 그나마 문명과 벗하며 살 수 있을지는 몰라도 그러나 결국 강자도 문명에 노예가 되기는 마찬가지다.

약자를 보호하고 책임지지 않는 강자는 진정한 강자가 아니다.

강자에게 강자의 능력이 부여된 것은 약자를 보호하고 책임져야 한다는 '인애의 사상'과 당위성이 전제된 것이다. 그리고 함께 추구해야할 가치를 공유하는 '인문정신'이 부여된 것이다. 이것이 인류가 지향하고 포기할 수 없는 미래지향성의 '중도적 가치'이다. '중용'의 도리에 따라 어느 한쪽으로 기울지 않고 평형(균형)을 이루도록 한 것이 현대사회가 강자들에게 부여한 힘의 암묵적 덕목이다. 만일 약자를 배려하지 않고 책임지지 않는 강자의 무도(morality)한 행태에 대해서는 비도덕적 폭거로 규정되고 비판받아 마땅하다.

그러나 문제는 앞에서도 언급했지만 미래의 선봉에 선 문명과 자본의 주역들에겐 그런 인문정신에 통찰력과 약자를 보호하고 책임지는 포용에 진정한 강을 기대할 수 없다는 것이 오늘 날 문명사회의 암울한 현실이다. 그것은 안전속도를 지킬 줄 모르는 문명의 힘 때문이다. 문명의 힘은 반드시 '인문정신이 응축되어진 가치'에서 발현되어야 한다. 그러나 현대사회의 힘은 '재화(돈)와 권력의 융합'만 있을 뿐이다. 즉 재화와 권력을 거머쥔 문명의 주역들이 현대사회의 강자로 군림하고 문명의 도로위에서 마구 과속을 하고 있기 때문이다.

이제 미래의 트렌드는 '변화 속에 균형과 조화'이다. 중용의 중심적 가치가 그 중심을 잃고 표류하고 있는 우리사회의 모든 이즘(ism)에 가치와 인간이 지향하고 추구하는 삶의 '참 가치들에 균형잡기'를 하게 될 것이기 때문이다. 그렇게 해서 잃어버린 나의 중심을 되찾고, 흔들리는 가정의 중심을 튼튼히 하고, 흩어진 사회의 중심과 역량을 모아서 '합리적 균형과 조화'를 이룰 수만 있다면 바로 그것이 인류의 평화를 이룩할 또 하나의 대안으로서 한 방법이 될 수도 있음이라 믿기 때문이다.

본 책(1권~4권)에서 독자들에게 전하려는 메시지의 키워드(key word)는 크게 세 가지이다. 첫째는 미래의 '균형과 조화(Balance and harmony)'에 대한 핵심적 가치를 인식시키려는 의도이다. 둘째는 새로운 행복(New happiness)의 가치추구이다. 첫 번째의 가치가 실현되고 나면 우리의 궁극적 목표인 행복이 보다 많은 사람들에게 주어질 수 있기 때문이다. 셋째는 변화의 가치(Value of change)이다. 이제 미래사회의 트렌드는 어떠한 변화와 상황 속에서도 중심을 잃지 않고 균형과 조화를 이루어내는 가치가 우선시 되어야한다.

'중용'에선 균형과 조화의 가치와 행복추구의 가치 말고도 더더욱 많은 가치를 총체적으로 담고 있다. 그러나 일단 우리가 이 '중용'을 통해서 알게 된 '균형과 조화'의 보편적가치만 제대로 이해하고 잘 실천할 수 있어도 절반은 성공이다. 중용은 정치·경제·사회·문화 모두를 망라해서 중심적 균형과 조화로써 미래사회의 문명을 창달하라는 인문정신의 메시지이다. 이는 인간의 삶에 근본적 원리기 때문이다. 중용은 이처럼 그 어디에도 적용되지 않는 곳이 없다.

따라서 이제부터 중용은 더 이상의 학문을 위한 명사적 고전이어서는 안 된다. 이젠 현대인의 일상적 삶에서 동사적 개념의 생활철학적영역으로 개념의 전환이 필요하다. 중용은 한시도 인간의 삶을 떠나 있었던 적이 없는 생활 속에 실용사상이다. 이제 '중용'은 학문만을 위한 고전이어서는 안 된다. '중용'이라는 고유명사에서 벗어나 하루빨리 현대인들에 일상으로 들어와 실천되어지는 '동사' 적 학문으로 거듭나야 한다. 그것은 움직임의 현상 속에서 인간의 삶이 새롭게 창조되고 있다. 우리 인간이 추구하는 쾌락이나 행복도 명사가 아닌 구체적 '동사'에서 만들어지기 때문이다.

또한 제아무리 훌륭한 학문이라도 인간의 삶에 행복을 주지 못한다면 그것은 형식의 불과한 학문이고 무미건조한 철학일 뿐이다. 시대가 다르다 해서 삶과 행복의 근원이 바뀌는 것 또한 결코 아니다. 현대를 사는 우리가 21세기 미래의 주역인 문명인들이라고는 하지만 우리는 알 수 없는 문명과잉시대의 증후군과 같은 중병을 앓고 있다. 때문에 삶의 가치가 흔들리게 되고 '중심과 균형'을 잃게 되는 원인이 된다. 따라서 나의 '중심잡기'와 '행복 찾기'에 지침이 될 수 있는 진지한 학문에 관심을 기울일 필요가 있다.

우리의 일상적 생활은 모두가 관계와 관계 속에 이루어지는 현상과 작용의 결과이다. 이를 실천하는 중심(中心=중용적 사고)은 결국 존재하는 나로부터의 시작이다. 일상에서 스스로 실천하고, 스스로 깨닫고, 스스로 쌓아 가는 것이 우리가 완성시켜가야 할 덕성(德性)의 가치이다. 최상의 덕은 바로 인(仁)에 근본이라고 한다. 이런 인문정신의 완성이 '행복의 삶'을 실현하는 궁극에 가치가 될 것임이 분명하다. 이것은 세상의 관계 속에서 나의 중심(中心)을 찾는 것이고 세대로 된 나의 삶을 실현해 가는 중도적 중용의 도리(道理)이다. 그 속에서 우리의 삶이 '균형과 조화'를 이룸으로서 모두가 행복할 수 있기 때문이다.

한 권의 에세이를 읽듯이
술술 읽히는 『중용』의 이야기

이 책에서는 남녀노소 누구나 쉽게 읽고, 쉽게 이해하고, 쉽게 알게 하기 위한 목적에서 꼭 필요한 부분만 발췌 인용하여 이해를 돕고자한 것이 특징이다.

특히 책의 구성에 있어서도 중용 각장의 순서대로 각장의 원문 형식에 맞춰 원문의 번역과 요지를 해석하는 방식을 과감히 탈피하고 원문은 책의 뒤편에 두어 꼭 읽지 않아도 되게 하였다. 그것은 본 책의 내용이 자칫 학문을 위한 학문적 이론에 치우치게 될 우려를 범하지 않기 위해서다.

독자들로 하여금 마치 학문적 이론에 능통해야만 이 '중용'을 잘 이해하고, 잘 알아야 실천할 수 있다는 독자들의 편견이나 오해를 염려해서다. 너무 지나치게 학문적 이론에 사로잡히게 되면 더더욱 어려워질 수 있기 때문이다. 따라서 개략적 이해와 해석이 좋고 그것만으로도 '중용'을 현대인들이 일상에서 충분히 이해하고 중용적 도리를 실천함에 있어서도 별 문제가 되지 않기 때문이다.

필자가 학문적 원문 해석에 초점을 두었어야했다면 그것은 굳이 이 책이 아니라도 좋다. 그것은 이미 많은 학자들의 조밀한 이론을 바탕으로 한 훌륭한 저술서가 서점에 많이 나와 있다. 하지만 그것은 깊은 학문적 이해가 필요하지 않은 일반 독자들이 읽기에는 너무 어렵기 때문이다.

■ 본 책 "중용시리즈"의 구성과 각권의 내용을 보면 다음과 같다.

인문의 숲 고전 001 『인문의 시소를 타고 놀아보자』에서는 고사성어로 알아보는 균형과 조화의 교훈이다. 우리의 삶에 지혜가 될 수 있는 고사성어를 통해 중용의 참 뜻을 이해하고 중심적 사고와 합리적 균형이 어떻게 인간관계에서 이해될 수 있는지를 설명하려 했다.

인문의 숲 고전 002 『잠든 명사를 깨워 놀아보자』에서는 중용의 이해와 더불어 개념을 각각의 주제와 내용에 따라 중용의 기본적 개념과 이론을 포괄적 내용으로 담고 인용문에 맞춰서 주석을 달았다. '중용의 이해'와 관련하여 현대적 감각과 정서로 필자의 중심적 개념을 정의하고 '중심의 중'과 '중용의 중' 사이에서의 연관성을 찾아 동의적 개념으로 일치시키고 설득하려했다. 결국은 '중심의 중'이나 '중용의 중'이나 같은 뜻임을 설명함으로써 중용에서 이해하기 어려운 '중'을 알기 쉽게 설명하였다. 그리고 그 중심이 모든 사물의 작용과 현상에서 어떻게 '균형과 조화'를 이루는 근거가 되는지 집어보았다.

인문의 숲 고전 003 『희망을 잉태한 동사와 놀아보자』에서는 우리의 일상과 삶에서 일어나는 현상들과 사회의 현상들에서 문제시되는 '불균형적 요소'들을 찾아내어 균형과 조화의 합리적 작용에 대한 사례를 들어 중용에서 말하는 실천적, 실용적 사상의 이해를 알기 쉽게 했다.

인문의 숲 고전 004 『이자견 저자견』에서는 현대인의 일상적 삶의 대명사라 할 수 있고 현대사회의 근간이랄 수 있는 정치·경제·사회·문화를 각각의 테마로 분류하였고 그 테마에서 중요시되는 사회적 기능과 작용에 대해서 분석하고 중용의 도리와 이론에 바탕이 어떻게 중심과 균형을 이루고 조화롭게 작용할 수 있는지에 대한 사례와 어떻게 실용적, 실천적, 생활철학사상으로 작용하고 있는지를 알아보았다.

각권 말미마다 중용 제1장에서 제33장까지 '중용원문'을 실었고 각장의 내용을 의역이 아닌 직역에 가깝게 해석한 것은 독자들이 중용을 이해하는데 편의를 도모하기 위함이었다. 각각의 원문에 맞게 별도의 토를 달고 원문과 해석이 간결하게 함으로써 중용에 기초가 없는 독자들의 독해를 쉽게 한 것이 이 책의 특징이다.

'중용'은 개략적으로 보면 인간의 본성으로부터 인간의 삶 속에서 이루어지는 자연의 이치, 도리, 근본, 사물의 작용과 현상, 관계와 관계를 비롯해서 인간의 삶에 모든 존재와 가치들에 대한 내용으로 구성되어 있다. 그러나 본 중용 시리즈에서는 기존 '중용' 원문의 형식에 얽매이지 않고 필요한 것만 선별적으로 기술한 것이 본서의 특징이라 할 수 있다. 때문에 이 4권의 책에서 아직 기술하지 못한 것이 많다. 이를테면 각장마다 원문 전체를 다루지 않았다. 그것은 이 책의 키워드가 '균형과 조화'에 맞춰 있었기 때문이다. 따라서 '균형과 조화'에 핵심적인 부분과 연관성이 적거나 없는 부분들에 대해서는 과감히 생략하고 선별적 취사를 했다. 그러나 책의 후미에 '중용'에 원문을 제1장에서 제33장까지 순서대로 기술하고, 간단히 직역을 해둠으로써 독자들이 필요한 앞, 뒤 문맥을 이해하는데 도움이 되도록 했다.

인문의 숲 고전 004 『이자견 저자견』은 2014년 10월에 출간을 목표로 하고 있으며 인문의 숲에서 발행하는 고전 중용 시리즈에 많은 애정과 사랑으로 관심을 갖고 계신 독자 여러분들께도 필자는 깊은 감사의 말씀을 드립니다.

■ 차 례 ■

『중용』은 균형과 조화
Middle ground is balance and harmony

균형과 조화의 가치추구
Seek balance and harmony values

불안정은 균형과 조화가 깨졌을 때 나타나는 현상
Insecurity is balance and harmony when it shatters the symptoms

우리의 일상에서 중심과 균형을 이루어야 할 일들
Should the Center balance in our everyday things to do

갈등의 해법은 균형과 조화이다.
The solution of the conflict is the balance and harmony.

미래사회의 트렌드는 균형과 조화 그리고 함께 사는 행복
The future trend is balance and harmony of society and living together happily

미래의 희망 그리고 행복으로 가는 길
Hope for the future and the road to happiness

기쁨, 성냄, 슬픔, 즐거움(희노애락)
Joy, Huff, sadness, pleasure

『중용』은 균형과 조화
Middle ground is balance and harmony

중용(中庸)의 사전적 의미는 '어느 쪽으로든지 치우침이 없이 중정(中正)함'이다. 그러나 중용의 의미는 더 깊고, 더 폭넓게 쓰인다. 중용의 중(中)은 어느 쪽으로든지 치우침이 없는 것으로 불편불의(不偏不倚)란 뜻이다. 지나치지도 모자라지도 않는 것으로 무과불급(無過不及)의 뜻이기도 하다. 감정이 겉으로 드러나지 않는 상태가 바로 희로애락지미발(喜怒哀樂之未發)이라하고, 용(庸)은 변함이 없는 상태로서 평상적 삶의 이치가 바뀌지 않음을 의미는 데 이것을 불역(不易)이라 한다.

중용에서는 희로애락의 미발(未發)을 중(中)이라 하고, 발(發)하여 중절(中節)된 현상을 화(和)라고 한다. 여기서 중(中)이란? 희로애락의 감정이 발하지 않는 상태로서 그 내면적 마음의 정적인 상태를 의미하는 것이며, 화(和)는 이미 촉발된 정(情)에 현상과 작용이 중(中)에 의해 조절되어지는 상태를 의미한다. 또한 사려(思慮)가 싹트지 않고 사물이 발하지 않은 때를 미발(未發)이라 하고, 이

때의 심(心)은 적연부동(適然不動)한 본체로서 천명지성(天命之性)이 온전히 갖추어짐을 뜻한다. 따라서 이러한 상태에서는 과불급(過不及)이나 치우침이 없기 때문에 이것을 마땅히 중(中)이라 했다. 또 세상의 일들에 감이수통(感而遂通)하여 희로애락의 정이 촉발되면 심(마음)의 작용이 드러나게 되는데, 이때 적시적합(適時適合)에 의해 중절(中節)되어지는 상태를 가리켜 화(和)라고 했다.

중용을 알고 실천하는 일은 평범한 사람도 할 수 있을 만큼 쉬우나 이것을 철저히 지키고 실천하는 일에 있어서는 성인(聖人)도 매우 어렵다고 했다. 그러나 지극한 성(誠+心+마음)은 곧 중용에 거의 가깝다고 할 수 있고 그 중용을 지키고 근본에서 벗어나지 않게 하는 것이 바로 '군자의 도리(道理)'이며 인간 세상에 정해진 이치(理致)라고 했다. 다시 간단히 말해 '중용은 인간의 삶에 조화와 균형을 이루는 인간중심(人間中心)의 사상(思想)이고 실천적 학문'이라 할 수 있다.

유교의 경전들은 유가사상을 대표하는 것으로서 모두 인본주의(人本主義)사상이요, 실용적 현실주의 학문이다. 우리의 일상에서 아주 가깝게 존재하는 실천적 가르침의 학문이고 생활철학이다. 하여 종교라 하지 않는다. 다만 유가사상의 경전들이 인문정신의 으뜸이 되는 원리로서 인문적 이론과 체계가 매우 뛰어나고 온전하여 종교처럼 위대하고 훌륭하기 때문에 이를 흔히 바이블과 같이 경전으로 후세에 차츰 불리게 되었고 종교화의 형태로 인식되던 것이다.

사람들은 누구나 인간의 욕심과 도덕적 본성(本性)이 함께 내재되어 있다. 때문에 가장 지혜로운 사람이라도 인간적 욕심이 없을 수 없으며 가장 어리석은 사람이라도 도덕적 본성이 전혀 없을 수는 없다. 그러나 이 두 마음을 다스리는 이치가 진정한 중용의 이치라 할 수 있겠다. 혹자들은 이 여타의 종교적 신념 때문에 더러 "중용"을 이것도 저것도 아닌 난해한 학문으로 폄훼하는 경우도 있으나 그것은 이 중용의 학문적 이론에 접근하지 못해 생기는 매우 잘못 된 단견이다. 이 중용의 학문은 누구든 '보려하면 보이고', '알려하면 알 수 있는' 학문이다. 단 보려하지 않고, 알려하지 않는 자에겐 너무 단단한 차돌의 학문이 될 수 있다. 그러나 아무리 단단해도 정(釘)과 같은 예리함과 열정으로 두드리고 두드리면 그 학문적실체가 드러나게 되어 있다.

어느 시대이건 그 시대를 사는 사람들의 삶이란 것이 있다. 그 삶의 방식과 철학에 따라서 행복의 근원을 찾을 수 있지 않을까? 제아무리 훌륭한 학문이라도 인간의 삶에 행복을 주지 못한다면 그것은 형식의 불과한 철학이고 인간의 자유를 통제하기 위한 규율적(規律的) 학문이라고 해야겠다. 시대가 다르다 해서 인간의 삶과 행복의 근원이 바뀌는 것은 결코 아니다. 행복의 근원이란? 중용에선 '치의(緇衣)'와 같은 것이다. 치의란? 흑의(黑衣)로서 검정색의 옷이다. 이 흑의는 그 어떤 색으로도 바꿀 수 없다. 흰색의 옷(白衣)은 다른 색으로 변색이 가능하지만 이 흑의는 변색을 유도해도 흑의일 뿐이다. 그런 뜻에서 치의란 변함없는 인간관계의 중심(中心)을 뜻하는 상징적 의미이기도하다.

중용은 그 학문의 깊이와 본뜻을 쉽게 이해하고 실천하기가 매우 어려운 것으로 전해지고 있다. 사실 이 중용의 학문을 다른 문헌들을 보면 쉽지는 않다. 어렵다보니 접근조차 쉽지가 않으리라.

그러나 요즘같이 복잡 미묘하고 고도화된 첨단 문명 시대에 인간 다움의 삶으로 세상을 살아가려면 그것에 대적하고 관통할 수 있는 학문에 우리가 관심을 기울려야 할 때이다. 현대사회에서 인간의 삶이란 마치 과학문명이 창조한 '사이보그'와 같다. 그것은 고도로 팽창 되어진 문명사회의 질적, 양적의 가치와 구조적 관계성의 괴리현상 때문이다. 과거 인류사회의 단조로운 삶의 방식과는 매우 달라진 현대문명사회의 구성원으로 적응하며 살아야하는 현실에서 휴머니티는 사라지고 인문정신(Humanities spirit)은 오간데 없다. 이렇게 우리의 삶에 방식이 어려워진 만큼 우리의 삶을 풀어가는 방식도 당연히 어렵게 된 상황에서 그것에 적응하지 않고 문제의 답을 구하기를 포기한다면 진정한 삶의 가치와 행복추구를 이룰 수 없기 때문이다.

그럼 과연 "중용의 학문"은 얼마나 어려운 학문일까? 그러나 지레 겁먹을 필요는 없다. 차돌학문이라 해서 결코 깰 수 없는 학문도 아니고 이룰 수 없는 불가능의 학문도 아니다. 다만 금세기 도전적인 서양 중심의 문명에서 잠시 밀려나 현실에서 매우 동떨어진 학문으로 오인 착각하고 있을 뿐이다. 그것은 우리의 일상에 늘 평범하게 녹아 있는 생활철학이며 사상이기 때문이다. 또한 중용은 우주자연만물의 기초한 생명존중사상이 바탕을 이루고 있는 휴머니즘의 인문학적 학문이다. 그러나 우리가 그것을 미처 깨닫지 못하고 소홀히 함은 우리의 일상에 깊이 녹아있다 보니 사물의 현상과 작용에서 그 형체를 쉽게 분별하지 못하고, 쉽게 알아볼 수 없을 뿐이다. 그러나 그 형체를 보려고 하면 누구에게나 어떤 형태로든 볼 수 있는 학문이 바로 '중용'이고 이것은 우리의 일상에서 일어나는 실용의 실천적 학문임을 알 수 있다.

하늘에 있는 구름이나, 눈이나 비, 땅에서 솟는 샘물이나, 좁은 도랑에서 흐르는 물이나, 하천을 흐르는 물이나, 강물이나, 바닷물이나, 다시 공중으로 승천하는 수증기나 모두가 그 근본은 하나의 물이다. 그 물이 어느 곳에 있느냐에 따라서 얼음덩이나, 눈(雪)이나, 비나, 하천의 물이나, 바다의 물이나, 또 다른 형태의 물질로 보이게 된다. 우리는 그것을 보이는 대로만 볼뿐이지 눈(雪)을 물로, 구름을 물로 이해하려하지 못함 때문이다. 우물은 우물물일 뿐이고, 강물은 강물일 뿐이라고 생각하는 것 때문이다. 한국의 있는 물이나, 미국의 있는 물이나, 아프리카 그 어느 곳에 있는 물이나 이것이 하나의 동질적인 물이라는 것을 쉽게 인정하지 않으려는 매너리즘의 한계 같은 것 때문이다. 현대인들은 지하에 물과, 하늘에 구름과, 비와 눈으로 까지는 연관 지으려하지 않는다. 그럼 왜 연관을 짓지 못하는가? 그것은 보이는 대로, 있는 대로 밖에 보지 못하도록 가르치고 교육된 현대사회의 기능적 메커니즘과 단순화된 의식의 가치관 때문이다.

그러나 우주의 자연은 모두가 다 연관되어진 관계의 관계 속에 존재한다. 살아 있는 것이나 죽어 있는 것이 다 그렇고 움직이는 것이나 움직이지 않는 것이나, 사람과 자연, 자연과 사람이 다 그러하다. 이렇게 모든 것이 연관된 관계 속에 있다. 즉 세상은 자연과 자연의 관계 속에 존재한다. 그러나 그렇게 많은 관계 속에 관계들을 다 신경 쓰고 살 필요는 없다. 하지만 단, 내가 존재하고 있는 관계만은 알아야 한다. 내가 속해 있는 현실의 관계를 직시하고 있을 때 나의 인간적 처세가 가능하기 때문이다. 직장을 다니는 것도, 회사를 경영하는 것도 교우관계도, 취미생활도, 조직의 리더가 되는 것도, 지도자가 되는 것 등등 모두가 절대의 관계 속에서 떼어낼 내야 떼어낼 수 없는 관계 속에 이루어지는 관계이다.

나만을 위한 관계도 따지고 보면 매우 복잡하고 관계의 범위가 방대하다. 더욱이 사람과 사람의 관계란 미묘하기가 이를 데 없다. 그렇게 미묘한 관계를 얼마나 합리적이고 적절한 관계를 조성해 가느냐에 따라서 관계의 현상과 작용이 달라지고 각자의 세상살이가 행복할 수도 있고 매우 고통스럽고 불편할 수도 있다. 그런 세상살이의 관계를 성공적인 관계로 발전시키고 그것을 지속적으로 유지하려면 나를 알고 상대를 알아야 한다.

상대를 아는 것도 중요하지만 나를 먼저 알아야 한다. 나를 알면 상대를 알 수 있다하여 '지피지기면 백전백승(知彼知己, 百戰百勝)'이라 했다. 하지만 이제는 '지기지피면 백전무퇴(知己知彼, 百戰無退)'이어야 한다. 자신도 모르면서 상대를 안다는 것은 예가 아니고 예절의 반칙이다. 즉 나를 안다는 것은 상대를 이기기 위한 목적이 아니다. 나를 안다는 것은 나의 삶과 가치에 좀 더 충실하자는 목적이 우선시되어야 한다. 상대를 이기기 위한 목적의 지피지기는 이겼다고 해서 결코 자기 '자신이 알아지는 것'이 아니기 때문이다. 따라서 자신의 삶에 가치와는 전혀 무관한 것이 된다. 때문에 나를 먼저 알다보면 상대를 알게 되고, 상대를 알게 되다보면 자연 다툼조차도 불필요한 것이요, 다툼이 없이도 문제의 합리적 해법이 나올 수도 있다. 이것이 상호 '관계의 중심을 잡는 균형과 조화'이고 중용의 '중심적 이론(中心的 理論)'의 바탕이다.

그럼 이와 같이 '합리적 관계의 설정과 유지'를 위해서는 내가 처한 위치가 어딘가? 그 위치를 정확히 알면 나와 관계하고 있는 대상들의 위치 측정이 가능해진다. 바로 이것이 세상의 관계 속에서 '나의 중심'을 찾는 것이고 그 속에서 '균형과 조화'를 이룸으로써 우리의 삶이 행복할 수 있다는 평범한 생활의 진리를 깨닫는 것은 그리 어려운 일이 아니다. 이것은 우리의 일상에서 습관처럼 일어나는 '관계의 현상'들일 뿐이다. 그러나 우린 자신을 알아가는 노력과 가르침보다는 상대를 이겨가기 위한 목적의 지피를 우선시 해온 잘못된 교육의 가치와 사회풍토 속에서 무조건 상대를 이겨야 하는 대상으로 인식하게 한 일등주의와 비도덕적 윤리의식의 그 한계와 부재를 드러내고 있음이다.

그러니 우리사회의 '균형과 조화의 의식'은 깨어지고 자신만을 위한 이기주의와 개인주의가 만연하는 속에서 '포용과 배려, 협력과 상생'의 정신은 스마트하지 못한 바보들의 짓거리 정도로 인식되어지는 사회가 우리 미래인류사회의 번영과 행복을 가로 막는 크나큰 병폐가 아닐 수 없다. 때문에 "중용"을 캑케 묵은 고전 정도로 인식해서는 절대 안 된다. 아무리 물질이 풍요롭고 첨단과학 문명의 사회라 해도 인간의 존엄적 가치와 사랑과 행복이 담보되지 않는 황금만능시대는 아무런 의미가 없다.

세계의 인류사회가 무너지지 않는 중심을 위해서는 강자는 약자를 '배려하고 살피는 통찰'과 약자는 강자의 '능력과 업적을 인정하고 갈채'를 보낼 줄 알아야 한다. 그렇게 해서 국제사회의 균형과 조화를 이루어 갈 때 세계 속의 인류가 함께 번영하고 영화로울 수 있다. 그러기 위해서는 나를 먼저 알고 나의 중심을 이루어가야 하는데 바로 이 길로 인도하는 진리의 학문이 바로 "중용의 인문정신"이다. 내가 중심을 잡으면 내 가정이 행복하고, 내 가정의 중심이 잡히면 우리사회가 중심이 잡히고 우리사회의 중심은 우리사회의 상생과 번영을 이루게 된다. 이것이 균형과 조화의 힘이고 미래사회의 에너지이다. 문명의 빛이 더욱 빛나고 밝을수록 어둠의 빛이 소중한 것을 인식하는 철학적 사상이 "중용"의 이론이다.

이제 그 중심은 무엇이고, 그 중심을 지키기 위해 무엇이 필요한 것인가에 대하여 함께 고민해 봄으로써 그 실천의 방법을 알게 될 것이다. 그럼으로써 우리가 새롭게 추구해야 할 삶의 가치와 진정한 행복의 의미를 인식하게 될 것이다. 물질은 풍요로워도 세상살이가 팍팍하고 힘들 때 많은 종교와 신앙에 대한 믿음으로 다소 삶에 대한 희망과 위안을 받기도 한다. 그러나 인간관계의 현실적 문제에 있어서 그 중심을 바로 보지 못하고서는 모든 삶의 궁극에 목표인 행복추구와 갈등문제의 해결이 쉽지 않아 보인다. 즉 인간의 삶은 사람과 사람의 관계 속에 있는 것이고 그 관계 속에 내재되어 일어나는 모든 문제들을 받아들이고 해결하지 않고서는 단 하루도 살기가 힘들다. 그러나 그 어떤 종교들도 이에 대한 뚜렷한 해법은 없어 보인다. 그렇게 많은 종교가 있지만 자신의 마음을 추스르고 자신의 은혜와 복을 빌기에 바쁘다. 하지만 중용은 실용의 학문으로서 우리의 일상에서 나를 중심으로 주변 좌우상하의 균형과 조화를 추구하는 중심적 학문이다. 여기엔 내가 아닌 타인을 배려하고, 이해하며, 합리성을 중시하는 인본주의 사상이 바탕을 이루고 전제되기 때문이다. 오직 인간 스스로의 문제들이고 인간만이 '인간과 인간' 과의 문제를 해결할 수 있다는 이론의 근거한 것이기 때문이다. 그리고 인(仁)의 도덕을 최고 덕목으로 하여 수신(修身)·제가(齊家)·치국(治國)·평천하(平天下)를 목적으로 하는 윤리학·정치학으로서, 동양사상의 중추적 이론에 학문이다.

이처럼 공자의 인(仁)은 인간심성에 고유한 자애(慈愛)의 마음을 확충하는 것으로서 즉 극기복례(克己復禮)로 완전한 인격을 이루는 경지이다. 인(仁)은 사람을 사랑하는 것 애인(愛人)과 애천(愛天)에 사상이다. 그 발단은 부모와 자식 간의 사랑인 자애(慈愛)로부터 시작하여 나아가서는 형제·가정·사회·국가·세계인류사회에 까지 모든 영향을 미치는 인도(人道: 사람의 길)의 도리이다. 이것은 사람의 본성에 선천적으로 주어진 것이며 인도(人道)를 닦아서 천도(天道)에까지 이르려는 천인합일(天人合一)의 인문학적 사상이다. 금수가 다니는 길은 인도라 하지 않는다. 인도는 사람다움의 사람이 오가는 길이다. 그러나 현대엔 많은 길이 생겨나고 있지만 사람을 위한 길은 그리 많지 않다. 오로지 문명의 편의와 이기를 위한 길이고 사람을 위한 인도는 점점 사라지는 현실이다.

공자의 인(仁)은 부처의 자비(慈悲)나, 예수의 박애(博愛)정신과 비슷한 내용을 담고 있는 덕성(德性)이지만, 어디까지나 인의예지에 기초한 윤리적 인도(人道)로서 현생(現生)의 문제에 집중되어 있는 실천적, 실용학문적 사상이다.

어째든 '중용'에서의 '도(道)'는 하느님다움의 모습을 닮고자 하는 것으로서 즉, 그렇게 하고자 하는 것이 '도(道)'라고 했다. 이처럼 노자와 장자의 가르침과 공자의 중용사상에는 하느님을 경외함이 그 근본을 이루고 있다. 그러나 오랜 기간 역사의 변천과정에서 그 본질과 순수함이 계승되지 못하고 많은 유학자들과 사상가들에 의해서 왜곡 변질되어졌다. 이제부터라도 그것이 현대문명사회에 어떻게 이해되고 적용되고 있었는가에 대한 것을 되짚고 이런 인간의 삶에 근본적 본질과 중심을 바로 보는 인식이 무엇인지 또 현대문명사회에서 어떻게 요구되는지 알아보아야 할 때이다.

21세기 미래문명사회를 향해 사람이 사람의 존재로 살아가려면 현세에서 미래의 인문세계를 창달하는 학문을 도외시해서는 안 된다. 과거 '중용'이나 '도'가 우리의 삶과 행복에 어떤 영향을 끼치고 있는지 우리는 냉철히 반추해보아야 할 때이다. 여기에서 필자가 강조하고 싶은 것은 '중용'이 비록 오래된 학문이기는 하나 21세기 현대문명사회에서 우리의 일상적 삶에서 매우 동떨어진 학문이 아님을 알아야 한다는 것이고, 고전이라고 해서 무용한 아무짝에도 쓸모없는 학문이 결코 아니라는 것을 알지 못하고서는 '참나'의 모습으로 '참 행복'을 우리의 삶과 일상에서 구현하기가 매우 어렵기 때문이다.

지금은 서양문화가 16세기 르네상스시대, 18세기 산업혁명시대를 거쳐 세계를 지배하고 찬연한 인류의 과학문명에 꽃을 피워냈으나 그것은 뿌리가 깊지 않다. 현대사회의 문명 속에는 신(神)다운 신이 존재하고 있지 않다. 다만 문명에 힘으로 잉태된 허구의 신(슈퍼클래스)들만이 존재할 뿐이다. 이런 허구의 신들 앞에서 무의미한 나의 행복과 영혼의 구원을 갈구하고 있는 것이 현대사회를 살고 있는 우리의 숨길 수 없는 모습이다. 우리는 진정 우리의 어머니가 배 아파서 낳아준 육신의 나로만 결코 세상을 살아가고 있는 것은 아닌가! 진실로 뒤돌아보아야 할 때이다.

앞에서 중언부언 중용의 의미를 설명했으나 알 것 같기도 하고 모를 것 같기도 하다. 역시 어렵기는 마찬가지다. 그러나 그 중용의 크고 깊은 뜻이 몇 줄의 설명으로 다 알수 있고 해결이 된다면 걱정할 일이 없겠다.

중용을 실천하는 일은 평범한 사람도 할 수 있을 만큼 쉬우나, 철저히 지키는 일은 성인(聖人)도 매우 어렵다고 했다. 그럼 성인처럼 철저히 지키고 실천하려 하지 말고 작은 것부터 조금씩 이해만 해보기로 하자. 그런 다음에 실천행은 각자가 각자의 삶에서 알아서 할 일이다. 또 실천을 억지로 할 필요는 없다. 그것은 어차피 마음을 다스리는 일이기 때문이다. 마음을 다스리는 것은 스스로 행복하며 구족하는 길인데 마음을 다스리지 못하고 걸림을 만든다면 그 또한 불행이 될 수 있기 때문이다.

다소는 사람에 따라서 어렵다고 생각할지는 모르지만 어려운 것은 어려운대로, 쉬운 것은 쉬운 대로 알아야겠다는 것이 필자의 생각이다. 설령 어려움에 처해서 그것을 이루지 못하더라도 알고 행한 부분만큼은 알지 못하고 행하지 못한 것보다 낫기 때문이다. 하여 아무것도 아닌 것으로 치부한다거나 결코 경시할 수 있는 학문은 아니다.

제아무리 훌륭한 학문이라도 인간의 삶의 행복을 주지 못한다면 그것은 형식의 불과한 학문이고 무미건조한 철학일 뿐이다. 시대가 다르다 해서 삶과 행복의 근원이 바뀌는 것은 결코 아니기 때문이다. 현대를 사는 우리가 21세기 미래의 주역인 문명인들이라고는 하지만 우리는 알 수 없는 문명과잉시대의 증후군과 같은 중병을 앓고 있는지도 모른다. 때문에 이토록 진질한 학문에 관심을 기울일 필요가 반드시 있다.

도시에서 직장을 다니는 것도, 회사를 경영하는 것도, 교우관계도, 취미생활도, 조직의 리더가 되는 것도, 지도자가 되는 것도, 등등 모두가 관계 속에 이루어지는 관계다. 인간의 삶이나 일용사물 혹은 인간과 인간의 관계가 그렇고 인간과 만물관계의 시행에서 완성시키는 것이 유가(儒家)의 궁극적 목표이고 이상인 것이다. 이를 실천하는 중심(中心=중용적 사고)은 결국 사람이다. 그렇듯 하늘과 땅과 사람이라는 삼재의 도는 만물을 만들고 육성하여 인류 문명·문화 창달에 모두가 참여하는 광범위한 관계의 질서가 조성되는 것이다. 그리고 이 모든 것에 균형과 조화로서 합리적 관계가 그 중심점(中心點)을 확보하게 되는데 이때 무엇보다도 사람과 사람관계의 화목과 화합이 제일 우선시되어야 한다.

일상에서 스스로 실천하고, 스스로 깨닫고 스스로 쌓아 가는 것이 바로 덕(德)이다. 이처럼 덕은 지(知)와 달리 실천을 통해 터득되는 것이며 최상의 덕은 바로 인(仁)의 근본을 두었다. 그 모든 것을 닦은 연후에 그 안에서 자유롭게 노니는 것이 바로 학문과 인문정신의 완성이고 자기 자신을 완성시켜나감으로써 궁극에 '행복의 삶'을 실현하게 되는 것이다.

이것이 「중용」에서 강조한 중화(中和)를 이루는 도덕의 핵심적 사상이다. 이 중화의 작용은 '모든 현상에서 합리적 균형과 조화를 이루려는 성질'이다. 중화는 사람들이 순수하고 솔직한 감정의 표현을 의미한다. 그 감정을 조작하고 억제해서 만들어지는 것은 진정한 중화의 의미가 아니다. 그렇듯 이와 같이 합리적 관계의 설정과 지속적인 유지를 위해서는 우선 내가 처한 위치가 어딘지 그 위치를 정확히 알아야 한다. 바로 이것이 중용적 의식이다. 세상의 관계 속에서 나의 중심(中心)을 찾는 것이고 제대로 된 나의 삶을 실현해 가는 도리(道理)이다. 그 속에서 우리의 삶이 균형과 조화를 이룸으로서 모두가 행복할 수 있기 때문이다.

균형과 조화의 가치 추구
Seek balance and harmony values

　오늘날 '중용'은 과학문명이 발달하고 서구사회의 물질문명에 밀려 안타깝게도 우리의 관심 밖으로 밀려나 퇴화된 학문처럼 인식되어버렸다. 그것은 어찌 보면 이미 케케묵어버린 그야말로 아무 짝에도 쓸모가 없는 무가치한 구시대적 산물정도로 치부하고 말았던 시대착오적 무지의 탓이 더 큰 원인일 수 있다. 그리고 우린 이미 서구사회물질문명의 소용돌이 물결 속에서 깊게 물들고 길들여진 탓일 것이란 생각이다. 그리고 언제부터인가 우리의 그러한 생각들은 현대사회가 안고 있는 갖가지의 난제들과 이질적 현상들을 골 깊게 파생시켰다. 이에 대한 부작용이 오늘날 심각하게 모든 분야에서 점점 더 확장되고 심화되고 있다.

　그런 우리의 일상에서 일어나는 모든 일들과 그 현상들에 대한 깃을 오늘이라는 현실의 창을 통해서 볼 때 과연 '우리가 추구해야 할 가치는 어떤 것인가'라는 물음에 명쾌한 답은 있을까? 현대문명사회의 가치와 인류가 지향하는 행복추구에 가치가 어떻게 부합할 수 있을까? 그 무엇이 인간다움에 삶인지를 끝없이 고민케 한다. 인간다움의 삶은 사람마다 추구하는 삶의 방식과 가치기준에 따라 그 기준이 다르다. 그러나 공통적이고 보편적인 인간다움의 가치는 과학문명의 빛에 가려져 그 실체가 흐릿하고 보이지 않은 지 이미 오래되었다. 인간다움의 삶은 사람마다 추구하는 가치관에 따라 그 기준이 다를 수밖에 없다. 그러나 공통적이고, 보편적 가치에 있어서 인간다움의 삶이란 그리 녹녹치 않은 것이 오늘날 현대사회의 실정이고 미래의 행복을 향한 현대인의 고민거리가 아닐 수 없다.

지구상에 인류가 그토록 갈구하고 지향하여 추구하는 문명창달의 궁극적 목적이 무엇인지? 그리고 우주자연만물을 창조하신 신과 현대인들의 관계는 어떤 것이고, 21세기 현대사회와 먼 미래에선 어떻게 정립되어야할 것인지, 인류가 창달한 과학문명과 자연과의 관계는 어떻게 병립되어야할 것인지, 우리사회의 '불균형과 부조화'의 현상들을 어떻게 인식하고 대처할 것인지에 대하여 이젠 고민하지 않을 수 없다. 그러나 불행하게도 이에 대한 명쾌한 해답은 별로 없어 보인다.

그러나 필자의 이런 생각과 고민은 이제 더 이상 고민으로만 둘 수 없다는 판단이다. 이것은 누구나 각자의 삶에서 그 중심적 균형을 어떻게 바로잡고 조화롭게 할 것인지에 대한 끝없는 탐구이고 질문이다. 이것은 인류가 이룩한 찬연한 문명 속에서 과연 '인간의 행복'을 어떻게 지켜갈 수 있을 것인지에 대한 절실하고 진지한 고민이다. 그리고 미래를 위해 살아가야할 현대사회의 창창한 젊은 이들에게 오늘의 과학문명은 어떤 의미이고 무엇이 미래비전과 희망을 담보하고 있는지. 그들이 풀어가야 할 당면한 과제와 미래의 남겨질 문제는 무엇인지. 그들에게 물려줄 기성세대의 가치와 희망엔 어떤 것이 있는지. 또 행복의 가치들은 어디서 어떻게 찾을 것인가에 대한 함의이다.

그러나 그 어디에도 명쾌한 정답은 없어 보인다. 배움이 크다고 해서, 물질이 풍요롭다고 해서, 과학문명이 찬란하다고 해서 지금 우리의 삶이 그렇게 더 행복해 보이지는 않는다. 다만 물질의 풍요가 제공하는 안위와 기쁨에서 다행함을 느껴야하는 메마른 현실이 그렇다.

현대인들이 아무리 학문적지식이 뛰어나고 영특한 과학문명의 창조적 기술능력이 탁월해도 오늘날 우리가 직면한 현실의 삶에서 그 고단함과 문명으로부터 전이된 고통과 불행의 병폐를 완전히 불식시키고 차단할 방도와 비책은 별로 없어 보인다. 그렇다면 우리가 기대하는 국가권력엔 그 답이 있을까? 하지만 아쉽게도 모든 사람들이 기대하고 믿는 국가권력에도, 과학문명에도 인간다움의 행복을 누릴 대안과 확실한 보장성은 없다. 그렇게 대다수의 현대인들은 인류가 이룩한 과학문명의 조밀한 그물에 갇혀서 '참다운 문명창달'과 '인간의 삶'에 부합되는 방향으로 진보하지 못하고 있다. 호히려 점점 불안정한 상태의 괴리만 증폭되어지는 현실에서 미래의 행복은 정말 이대로 요원하고 말 것인가 하는 의구심만 깊다.

그러나 이제는 대안이 필요한 시점이다. 때문에 필자는 나름 그런 문제들에 대한 제시와 대안을 제시하고자 한다. 오랜 기간 잠 못 이룬 진지한 고민 끝에 현대사회의 문명적 병리현상을 치유할 수 있는 값진 인문학적 가치와 사상이 바로 '중용'의 실천적 철학이고 현대사회가 안고 있는 모든 문제들에 대해서 다소나마 그 해답을 얻을 수 있겠다는 확신을 갖게 되었다. 잘만하면 우리사회의 모든 사람들이 지금보다는 훨씬 더 나은 희망과 행복의 삶이 될 수도 있겠다는 기대도 앞선다.

하지만 오늘날 현대사회가 지향하는 교육제도에서는 이런 문제들에 대해 딱 맞아 떨어지고 잘 부합되는 해답은 별로 없어 보인다. 유아교육에서 부터 대학, 사회생활에 이르기 까지 일등이 되기 위한 목적에만 목표를 둔 모든 줄 세우기 교육제도에 그 근본적 철학이 부재했음이 그렇다. 어려서부터 오로지 줄서기로 일관된 반복교육과 학습이 그랬다. 그 줄서기에서 밀려나면 바로 인생의 낙오자가 되고 만다. 때문에 뒤로 밀려나지 않기 위해서 서로 밀치고, 잡아당기면서 생존을 위한 지난한 혈투에 연속적 과정이 반복될 뿐이다.

그래서인지 얼마 전 카이스트에서 또 우리의 귀중한 인재 한 젊음이 희망의 꿈을 꽃피우지 못한 채 스스로 또 생을 마감하고 말았다. 참으로 가슴 아픈 일이다. 어쩜 그것은 미래사회의 문명적 삶과 희망에 부응할 수 없다는 처절한 절망이었을지 모른다. 그리고 또 대다수의 많은 젊음과 청춘들은 그와 비슷한 그런 문제들에 갈등하면서, 비관하면서 또 남모르는 눈물을 얼마나 또 흘리고 있을지도 모를 일이다. 결국 생을 포기할 수밖에 없었던 극단에 결정에 나약함이라 비난할지도 모른다. 하지만 그에 그런 선택은 아무런 대안을 제시해주지 못하고 있는 현대사회의 기성세대와 문명의 주역들에게 마지막 던지는 간절한 충고에 메시지였을지도 모를 일이다. 오늘날 교육제도의 현실이 절대적 희망이 될 수 없음을 깨닫는 순간에 절망과 분노 상의 마지막 절박함이었을지도 모를 일이다. 이 얼마나 반복적 줄 세우기 학습이 무의미했음을 증명하는 충격인가. 과학문명의 빛이 빛나면 빛날수록 인간들이 함께 누려야할 삶의 '참 가치와 행복' 그리고 그 '본질적 가치'는 어디에서 찾을 수 있을까? 참으로 그 가치에 행방이 묘연해지는 세상이다.

물질은 풍요롭고 넘쳐나는데 부와 빈의 간극은 줄지 않고 강(强)과 약(弱)의 사이에 불평등과 불공정은 더욱 심화되고 좌우 대립의 갈등과 부조화의 현상은 우리사회의 곳곳에 '양극화'라는 이질적 행태로 광범위하게 터를 잡고 만연하고 있다. 양극화라는 괴리의 꽃은 공포와 표독에 미소로 만발하여 우리가 누려야 할 '행복에 아름다운 꽃밭'을 점령하고 우리의 일상적 삶에 불안을 조성하고 교활하게 양극화의 영역을 더욱 더 증폭 확장시켜 가고 있다.

때문에 21세기 미래인류문명사회의 번영과 비전을 간직해야 할 우리 사회의 '참 가치'들이 바람 부는 날에 나무들처럼 그 중심을 잃고 마구 흔들리고 있다. 우리 인류가 지향하는 행복추구의 궁극적 미래가치도 이미 방향을 잃고 표류한지 오래다. 이러한 오늘에 현실 앞에서 우리는 과연 어디를 향해 어떻게 가야하는지를 알게 하는 이정표가 필요하다. 그 올바른 길을 안내할 이정표가 바로 '중용의 인문정신'이라고 할 수 있다.

거대 문명의 빌딩숲엔 물질만능주의와 약육강식의 논리가 점령하고 있고 물신주의와 탐욕으로 우거진 정글일 뿐 어디를 향해 가야 행복을 이룰 수 있는지 알게 하는 이정표는 그 어디에도 없다. 이런 사회적 현상들에 대해 그냥 이유도 모르는 체 술렁이는 닭장 속에 오리 떼들처럼 이리저리 쏠리고 우왕좌왕 할 뿐이다. 이 얼마나 애처로운 삶이고 눈물 나는 현실인가.

  아래의 시 한편을 잠시 보자.

호기심과 장난기 가득한 한 아이가
빵 먹다가 갇힌 오리들에게 빵 주려했다
오리들 빵부스러기 한쪽 얻어먹으려 야단이 났다
아이, 이쪽으로 가면 오리떼 이리 우~ 꾀에엑 꽥
아이, 저쪽으로 가면 오리떼 저리 우~ 꾀에엑 꽥이다
언제 유명을 달리할지 모를 찰나의 시간에 묶인 채
오리떼 겁 없이 빵든 아이 따라 붙고
아이 손짓하나하나, 발걸음 하나하나에
오리떼 촉각 곤추서서 안절부절 눈물이 난다
먹다 남은 빵부스러기 아이가 줄 것이란 것을
오리떼 결국 눈치 채지 못한 것일까?
우리 안 오리 목 메인 하루 우~우~
오늘이 너무 길다

                              -「뒤뚱뒤뚱-1」 전문-

철없는 아이 오리 떼 행동이 재밌어
먹다 남은 빵부스러기 들고 와 이리 우~, 저리 우~
우리 안 갇힌 오리떼 혼을 뺀다.
글로벌경제 신자본주의 손들이
우리 안서 남은 빵부스러기로 오리 정신 홀리는 사이
오리들 뒤뚱뒤뚱 일희일비 하루가 길고

46 희망을 잉태한 동사와 놀아보자

뼈마디마디 사이로 하루가 절망하고

뒤뚱뒤뚱 하루에 희망 또 다시 우리 안에 갇힌다.

저 하늘을 날수 없는 오리가 어쩜

오리가 아닌 우리가 아닐는지?

－「뒤뚱뒤뚱－2」 전문－

　위 작품에서 보았듯이 현대인의 하루하루가 어찌 보면 이 빵부스러기 쟁탈전과도 같은 현실이다. 그것을 얻기 위해 이리저리 휩쓸리고 이유도 모르는 채 일희일비하다 절망도 한다. 그러나 일부 소수의 부와 강들은 이런 난기류의 사회현상 속에서도 마치 파도타기를 즐기듯 짜릿한 스릴과 풍요의 낭만을 그들만의 방법으로 즐기고 있다.

　문제는 이런 소수의 풍요와 낭만은 용인하더라도 문제는 우리 사회의 다수인 중산층과 서민층의 삶이 더욱 피폐한 빈곤의 나락

〈그림-1〉 균형과 조화의 원리-균형을 잃은 시대성과 시간성의 변화

　사회적 안정이 확대되면 국민의 행복지수가 높아지고, 사회적 불안이 확대되면 국민적 불행지수가 높아진다. 따라서 국가는 반드시 정치, 경제, 사회, 문화에 있어서 안정은 물론 균형발전을 꾀하여야 한다.

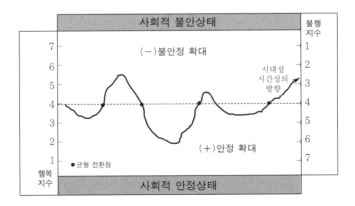

으로 추락하여 그 '불균형과 부조화'의 사회적 불안 현상 속에서 보호되지 못하고 있다는 사실이 그 문제의 심각성을 더하고 있다.

위의 〈그림-1〉에서 보았듯이 균형과 조화를 잃은 시대성과 시간성의 변화가 매우 거칠고 파고가 높다. 사회적 불안정이 증폭되면 국민이 불행해지고, 사회적 불안이 축소되고 안정을 이루면 국민이 다소 편안해지고 행복할 수 있다. 때문에 국가는 반드시 정치, 경제, 사회, 문화를 안정시켜서 우리 사회의 균형과 조화를 이루어야 한다. 그것이 어려운 환경 속에서도 국민을 위한 것이고 국민행복의 시대를 여는 첩경이다.

그럼에도 불고하고 현재 우리 사회의 심각한 사회적 불균형과 불공정은 좀처럼 개선에 기미가 없다. 이것은 이 사회의 일부 몰염치한 강(정치+권력)들이 자기들 밖에 모르는 에고이즘(egoism)과 무지, 실종된 도덕성(morality) 때문이다. 결코 좌가 없으면 우에 가치도 무가치하고, 그들과 저들이 없으면 나도 존재하기 어렵다는 평범한 진리를 간과하고 있기 때문이다.

이제부터라도 우리는 평화롭고 행복해야할 우리의 삶이 왜, 무엇 때문에 이리 저리 휩쓸리는지 그것을 바로 알아야 한다. 바로 그것을 알게 해주는 학문이 '중용'의 인문학적 사상이고, 실천적 생활철학이라고 할 수 있기 때문이다.

바로 이러한 이치를 일상을 통해 깨닫는 것이 '중용'이고 이에 부합하는 실천적 이치가 '군자의 도리'이다. 그러나 이 처럼 훌륭한 학문이 정말 어려워서 가까이 할 수 없다면 이는 우리 인간의 삶을 위한 학문이 아니다. '도(道=사람이 가야할 길)'가 사람에게서 멀리 있다면 그것은 도(道)라고 말할 수도 없다. 그렇듯이 사람을 위한 학문적 이치가 우리에게서 멀리 있고 가까이 할 수 없다면 이 또한 무용한 학문의 이치에 불과하다. 그러나 그것은 기우이다. 이 '중용'이 다소 어렵다고는 하나 결코 멀리할 수밖에 없는 학문은 절대 아니다. 다만 그것을 실천하는 자가 자신의 과도한 탐욕과 이해관계를 기준으로 판단하고 행동하려는 데서 생겨나는 문제로서 다만 그 실천이 좀 어렵다하는 것이다.

현재 우리사회의 대중적 지도층인사에서 중용에서 말하는 '군자지도(君子之道)'에 가장 잘 부합되고 가까운 적임자를 꼽으라면 과연 누구일까? 궁금하다. 이에 해당하는 사회지도층인사가 많으면 많을수록 좋다. 그러나 현실은 그렇지 못하다. 지금까지는 보수와 진보의 대립적 관계 속에서 '중도적 가치'를 양단(보수와 진보)이 철저히 무시해온 결과이다. 보수는 진보를 인정하지 않으려 했고, 진보는 보수를 인정하려 하지 않은 데서 비롯된 결과이다. 하지만 이 양단이 간과하는 것이 있다. 양단은 중단(中端=中央)이 존재할 때만 비로소 존재하게 된다. 즉 중단이 없는 양단은 존재할 수 가 없다. 그럼에도 중단은 안중에도 없다. 그렇게 상대를 인정하지 않고 화합을 운운하는 것은 언어도단이다.

아래의 〈그림-2〉에서 보듯이 이처럼 좌우 양단은 이루 말할 수 없이 많은 중단이 존재함을 새롭게 인식하고 중단의 존재적 가치를 인정해야 한다. 그래야 좌우 양단의 존재도 인정받을 수 있음을 알아야 한다. 그러나 많은 사람들은 무시할 수 없는 중단의 가치를 그다지 기억 못하고 잊거나 아니면 좌우 양단의 역할만 중용하다고 믿고 있다. 이것은 매우 잘못된 인식과 단견이다. 그 동안 중단을 적당히 무시한 채 양단의 대결에서 많은 시행착오와 시대적 오류를 우린 경험했었다.

그러나 분명 우리사회의 가치는 변화하고 있다. 빠르게 진화하고

〈그림-2〉 균형과 조화에서 요구되는 중심가치의 관계성과 이해의 비교.

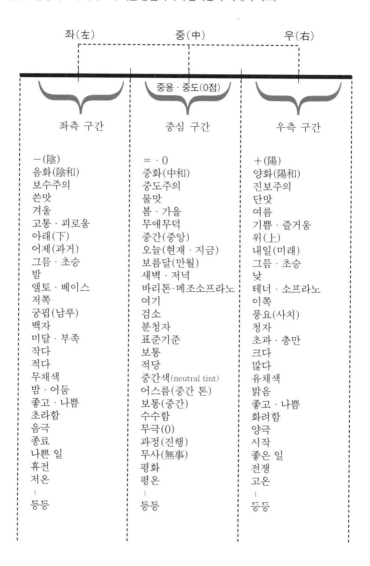

좌(左)	중(中)	우(右)
	중용 · 중도(0점)	
좌측 구간	중심 구간	우측 구간
−(陰)	= · 0	+(陽)
음화(陰和)	중화(中和)	양화(陽和)
보수주의	중도주의	진보주의
쓴맛	물맛	단맛
겨울	봄 · 가을	여름
고통 · 괴로움	무애무덕	기쁨 · 즐거움
아래(下)	중간(중앙)	위(上)
어제(과거)	오늘(현재 · 지금)	내일(미래)
그믐 · 초승	보름달(만월)	그믐 · 초승
밤	새벽 · 저녁	낮
앨토 · 베이스	바리톤·메조소프라노	테너 · 소프라노
저쪽	여기	이쪽
궁핍(남루)	검소	풍요(사치)
백자	분청자	청자
미달 · 부족	표준기준	초과 · 충만
작다	보통	크다
적다	적당	많다
무채색	중간색(neutral tint)	유채색
밤 · 어둠	어스름(중간 톤)	밝음
좋고 · 나쁨	보통(중간)	좋고 · 나쁨
초라함	수수함	화려함
음극	무극(0)	양극
종료	과정(진행)	시작
나쁜 일	무사(無事)	좋은 일
휴전	평화	전쟁
저온	평온	고온
∼	∼	∼
등등	등등	등등

있다. 그 변화와 진화의 중심에 놓인 것이 양단을 아우르는 중단의 '중도와 중용'의 높은 가치이다. 그런 점에서 서울대응합과학기술 대학원장 안철수 교수(현·국회의원), 아름다운재단·아름다운가게를 운영하던 박원순 현 서울시장 또는 동반성장위원회 위원장 정운찬 전 총리 등과 같은 분들이 이 양단의 가치를 모두 소중히 인식하고 있음은 매우 다행한 일이 아닐 수 없다.

때문에 오늘날 정치적 지형이 많이 변화하고 있다. 그것은 양극 양단의 가치를 가장 정확히 잘 이해하고 실천적 철학을 보여주고 있는 구심체로 존재하고 과거와 달리 그 정체성을 드러내고 있기 때문이다. 그것은 바로 흔들리지 않는 중도적 균형과 조화의 중심적 위치에서 '중단이 양단을 관장'하고 있기 때문이다.

이처럼 '중도와 중용'은 공정하고 균형 잡힌 합리적사고의 기준이 되고 있음을 알아야 한다. 그럼에도 누군가 중용이 어렵고 그래서 가까이 하려해도 가까이 할 수가 없고 사람들은 점점 이 '군자의 도리'에서 멀어지게 될 수밖에 없다면 아무리 괴롭고 힘들더라도 그냥 문명의 노예로 살거나 영혼이 없는 사이보그 또는 아바타로 살아야 할 것이다.

그 문명의 노예가 되지 않기 위해서라도 조금은 어렵더라도 작은 도리부터 하나하나 실천에 옮기다보면 실천하기 어려운 큰 도리도 충분히 실천이 가능한 것임을 알 수 있다. 만일 예수님이나, 공자님, 석가모니 붓다께서 오늘날 현대인들과 같이 탐욕을 단 0.1%라도 가졌었다면 역시 성인의 길을 온전히 갈 수 있었을까? 당연히 그렇지 못했으리라는 생각이다. 과거 역사적으로 볼 때 욕망이나 물욕 때문에 문제가 되었던 성인군자는 아직 한분도 안계시다. 이는 오늘날 현대사회의 종교지도자들이 가슴깊이 새겨 일깨워야할 종교적 가치요 덕목이라 할 수 있다.

이제 우린 그런 것을 제대로 알고 일상의 실천적 덕목으로 삼기 위해서는 나 자신을 똑바로 세우는 방법과 기술이 이 '중용'의 도리에 있음을 새롭게 인식해야 한다. 이러한 문제들에 대해서 진지한 고민과 해답을 구하고자 할 때에 내 자신은 물론 우리와 그들을 포함한 모두가 사람다움의 삶과 행복의 길을 찾을 수 있다고 확신할 수 있다.

그러나 이러한 문제의 해법과 답을 구하는 데는 '문명사회의 배려와 동의'가 전제되어야만 가능하다. 그것은 이미 인간의 힘으로 통제되지 못하는 강력한 힘 때문이다. 다시 말해 인류가 과학문명의 힘을 빌려 문명을 창조하고 창달했지만 이미 인간은 그 문명의 지배하에서 세상을 살아가고 있기 때문이다.

그런 문명의 영향력아래에서 벗어나서는 지금의 현대인들은 아무것도 할 수가 없다. 그렇게 문명에 의존도가 높아질 대로 높아진 오늘의 현실에선 어쩔 수 없다. 사람 된 입장에서 자존심은 상하고 기분이 나쁠지는 모르지만 주객의 전도라고 보아야한다. 그러나 아직 희망은 있다. 우리 인류는 문명의 지배와 억압으로부터 흔들리지 않고 균형을 잡을 수 있는 지혜가 있다.

자전거를 탈 때 아무리 굴곡진 길이라도 균형을 잘 잡으면 절대 쓰러지지 않는다. 그러나 운동장 같이 평탄한 길이라도 그 중심과 균형을 잡지 못하면 앞으로 전진은커녕 곧 쓰러지고 만다. 나의 균형이 우리 사회의 균형이고, 우리 사회의 균형이 나라의 균형이고, 나라의 균형과 조화가 우리의 삶에 행복을 싹트게 하는 옥토가 될 수 있기 때문이다.

아직은 희미하지만 분명이 이에 비답이 있을 것이라는 확신이다. 앞으로 미래의 문명사회에선 '중용'의 인문정신과 사상이 아니고서는 자기의 힘과 능력(신자본주의+권력)만을 믿고 내달리는 미래의 문명사회를 효과적으로 통제하고 제어할 학문은 별로 없어 보인다. 현대문명의 학문적 이론과 물신주의 또는 자본만능 팽배주의에선 불가능할 수밖에 없다. 그것은 현대사회의 모든 학문이 '자본과 과학'을 바탕으로 한 문명창달의 이론 때문이다. 자본과 과학의 속성은 뒤를 돌아보지 못하는 일방통행식의 속성이다. 그 이론의 내밀함 속엔 본능처럼 제어되지 않는 강자(정치와 권력)들의 탐욕과 물욕주의가 현대사회의 모든 이즘(ism)에 가치를 뿌리째 무력화하고 세상을 지배하고 있기 때문이다.

과거 무분별한 자본의 예찬과 실패한 자본의 이론을 비판하고 반성하는 신자본주의 이론이다. 이름 하여 '자본주의4.0'이다. 언론인이면서 경제평론가인 아나톨 칼레츠키가 주창한 '자본주의4.0'은 시장의 기능을 존중하되 기업 등 시장참여자의 '사회적 책임과 다 같이 행복한 성장'을 중시하고 지향하는 '따뜻한 자본주의'로 정의하고 있다.

이는 소외된 계층에 대한 관심과 사회의 약자들을 배려하고 중시한다는 이론으로 현대문명사회의 창달에 선봉장역할을 하고 있는 자본의 얼굴을 새롭게 치장하고 옷을 새로 입혔다. 과거 18세기 이후 2008년 미국발 금융위기 이전까지에 지향해온 자본주의의 변화를 3단계로 나누면 다음과 같다. 18세기 미국의 독립과 나폴레옹 전쟁으로 시작된 자유방임적 자본주의를 '자본주의1.0',

1930년대 대공황 이후 케인스가 내세운 수정자본주의가 '자본주의 2.0', 1970년대 말을 시작으로 시장의 자율을 강조한 신자유주의가 '자본주의3.0'의 경제이론이다.

아나톨 칼레츠키가 분석하고 있는 이런 신자본주의 경제이론엔 그 동안 과거 자본이 얼마나 본질을 잊고 독선적으로 방종했었는지를 잘 증명하고 확인시키는 결정적 사례이다. 과거 경제학자들이 주창한 경제이론에서 결코 그들이 말하지 않는 모순을 아나톨 칼레츠키가 용기 있게 지적하고 있는 것이다. 그러한 인식에 기초하여 잃었던 자본의 '중심과 균형'을 다시 똑바로 잡아 세우지 않으면 안 된다는 인식하에 내려진 올바른 경제이론의 처방이다. 나름 과거 자본주의 진화과정에서 빚었던 자본주의의 궤적 오류를 반성하고 그 궤도를 4.0자본주의 이론에서 수정보완하고 바로잡아 공공경제정책과 전략에서 합리적이고 실용적인 가치를 강화해 가야 한다는 해법이다.

아나톨 칼레츠키의 이 새로운 4.0자본주의 이론대로만 자본주의 세계경제가 돌아갈 수 있다면 현재보다는 좀 더 나은 미래인류문명창달에 커다란 희망이 될 수도 있을 것이란 기대가 크다. 하지만 그 얼마나 실효성이 있을지는 두고 볼 일이다. 그것은 앞에서 언급한바와 같이 '자기제어를 모르는 자본의 속성'을 이해하지 못하는 것도 문제지만 그 힘에 종속된 '자본의 주역'들이 근본적으로 새롭게 태어나지 않는 한 그럴싸하게 겉옷만 다시 갈아입은 결과에서는 별로 기대될 것이 없다는 우려에서이다.

나름 아나톨 칼레츠키의 진정성 있는 고심 끝에 나온 경제이론은 분명 대안으로 인정되고 이해되지만 자본이 단계적으로 진화되어 온 과정이라는 것은 결국 자본 자체의 문제가 아니라 그 자본의 주체인 인간들이 추구했던 가치관의 문제였었다는 점에서 설득력이 떨어진다. 그런데도 또 다시 자본의 내면적 본질을 제대로 보려하지 않고 화려하게 겉옷만 입힌 '4.0신자본주의'에 요란스런 겉모습만으로는 우리 사회의 모든 문제가 일거에 해결되어질 것 같은 대안처럼 인식하는 자체도 문제이다. 그것은 과거의 오류와 답습, 폐단에 대한 진정한 반성과 성찰이라고 볼 수 없다는 것이 필자의 생각이다.

최근 몇 해 전부터 '동반성장위원회'가 구성되고 추진하고 있는 일들에 대하여 대기업들에 비협조적이고 미지근한 참여도와 위원회가 평가한 '동반성장지수'의 낙제점만 보더라도 얼마나 대기업들이 자기중심적이고 '4.0자본주의' 이론처럼 '사회적 책임과 다 같이 행복한 성장'을 중시하고 지향하는 '따뜻한 자본주의' 정신에 걸맞게 상대를 배려하고 있는가에 대한 성과는 아직 미미하다. 그것은 고착화 된 대기업의 부정적 정서가 이를 뒷받침하듯 의문은 여전하다. 한마디로 생각이 다른 '동상이몽'이다. 최근 들어 대기업 총수들이 불명예 퇴진을 하는 경우가 부쩍 늘었다. 그것 역시 과도한 탐욕의 결과이다. 이러한 현상들은 우리사회의 곳곳에서 심화되고 있는 '사회양극화와 불공정을 제대로 제어하고 잡아낼 수 있는 대안'이라고 믿기 어렵다.

이러한 문제들에 대해서 진즉 고민했어야할 자본과 그 자본의 주역들은 동서양을 막론하고 과거 아무런 해법과 대안을 불행하게도 제시하지 못했다. 대안을 제시하기는커녕 오히려 탐욕에 눈이 멀어 세상을 지탱하고 있는 '중도 및 중용적 가치'를 외면하고 도외시한 것이 결국은 세계경제의 침체를 불러온 화근이 되었다. 지구상에 인류가 어떻게 하면 함께 행복할 수 있는지에 대한 진지한 고민도, 이념도 없었다. 오로지 물질만능의 독선적 힘에 편승해서 화려하게 빛나는 문명의 허상만 찬연히 꽃피우면 된다는 식이었다. 인간의 지고지순한 향기는 없어도 표독스런 문명의 꽃만 일방적으로 잘 피우면 된다는 식이었다. 함께 나누고, 함께 누리려는 숭고한 인문적 정신이 아니라 나만 소유하고 만족하면 된다는 식의 사고방식이 아닌가 묻지 않을 수 없다.

때문에 물질만능주의가 만들어내는 21세기 '사이보그' 같은 현대인의 삶이 탄생된 것이다. 현대인의 삶에 유형과 패턴은 매우 다양하다. 그리고 모두가 다 하나 같이 자신의 행복을 추구하고 지향한다.

〈그림-3〉 현대인의 삶에 패턴

현대인의 삶에 고·저와 폭이 넓고 크면 행·불행의 강도(밀도)가 크다.

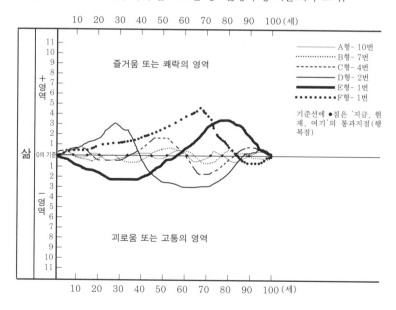

그럼에도 불고하고 현대인의 삶은 크게 두 가지로 나누어 볼 수 있다. 기쁨과 즐거움 또는 재미와 쾌락이랄 수 있는 '+영역'과 괴로움과 고통이랄 수 있는 '-영역'이 있다. 인간의 삶에는 이 두 영역이 합쳐 이루어진 일상이 우리의 삶이다.

앞의 그림을 살펴보자. 그림처럼 다양한 형태의 삶이 있다. 또한 더 나타내지 않은 많은 형태가 있다. 도표 속에서 F형의 삶은 어떤가? 별 문제 없이 살아가면서 승승장구하는 모습이다. 그러나 장년기에 접어들어 +영역의 지수가 지속적으로 추락하고 있다. 초년, 중년에 부귀영화를 누리고 장년에 접어들어 쇠퇴하는 모습이다. 다음은 E형의 삶을 보자. 초년기에 어려움을 극복하고 중년기부터 +영역으로 전환되어 지속적으로 확대되고 있다. 그러다 말년에 +영역의 지수가 감소를 한다. 이런 삶은 초년에 고생이 성공의 바탕이 되어 크게 성공하고 비교적 행복한 삶을 누린 형이다. 다음은 D형의 삶을 보자. D형은 초년기에 어려움 없이 보내다가 중년기부터 -영역으로 추락하여 장년기 까지 내내 -영역에 머물지만 다소 위안이 되는 것은 괴로움과 고통의 지수가 호전되면서 삶의 평온을 유지한다. 다음은 A형의 삶을 보자. A형은 초년, 중년, 장년 모두 다소 지수의 기복은 있었지만 다른 사례에 비하면 매우 안정적이고 평온했던 삶이다. 크게 성공하지도 않았고, 크게 실패하여 절망하지도 않은 그야말로 무애무덕한 삶이었다. 그러나 +영역과 -영역의 중간인 중도/중용적 범위를 크게 벗어나지 않는 삶이었다. 하지만 삶에 있어서 별로 대수롭다고 할 수 없는 작고 미미한 삶이지만 그 기쁨을 10번이나 가장 많이 누린 삶이다. D형은 2번, E형과 F형은 1번 밖에 0의 영역에서 전환을 하지 못했다.

그것은 삶에서 느끼는 희노애락의 밀도가 매우 단조롭고 높았음을 보여주는 사례이다.

이처럼 현대를 살아가는 모든 사람들은 각자의 주어진 삶에서 두 영역을 오가며 살고 있다. 그러나 우리의 현실이 이대로라면 가진 자와 강자들은 몰라도 빈자와 약자들은 아무런 미래의 희망이 없다. 그냥 문명의 노예가 될 뿐이다. −영역에서만 머물다 한 생을 마감할지도 모른다. 그러나 강자는 그나마 문명의 재화가 안겨준 특혜의 덕분에 그들과 벗하며 살 수 있을지는 모른다. 그러나 결국 강자도 분명 문명의 노예이기는 마찬가지다. 약자를 보호하고 책임지지 않는 강자는 진정한 강자가 아니다. 강자에게 강자의 능력이 부여된 것은 약자를 보호하고 책임져야한다는 '인애의 사상(仁愛의 思想)'과 당위성이 전제된 것이다. 그리고 함께 추구해야할 가치를 공유하는 '인문정신'이 부여된 것이다. 이것이 인류가 지향하고 포기할 수 없는, 함께 살아가야 한다는 미래지향성의 '중도적 가치'이다.

'중용'의 도리에 따라 어느 한쪽으로 기울지 않고 평형(균형)을 이루도록 한 것이 현대사회가 강자들에게 부여한 힘의 암묵적 덕목이다. 만일 약자를 배려하지 않고 책임지지 않는 강자의 무도(無道=morality)한 행태에 대해서는 비도덕적 폭거로 규정되고 비판받아 마땅하다.

그러나 문제는 앞에서도 언급했지만 미래의 선봉에 선 문명과 자본의 주역들에겐 그런 인문정신에 통찰력과 약자를 보호하고 책임지는 진정한 강을 기대할 수 없다는 것이 오늘 날 문명사회가 직면한 현실이다. 그것은 안전속도를 지킬 줄 모르는 '문명의 힘

(The power of civilization)' 때문이다. 문명의 힘은 반드시 '인문정신이 응축되어진 가치'에서 발현된다. 그러나 현대사회의 힘은 '재화(돈)와 권력의 융합(fusion)'이다. 즉 재화와 권력을 거머쥔 문명의 주역들이 현대사회의 강자로 군림하고 문명의 도로 위에서 마구 과속을 하고 있기 때문이다.

도로 위에서의 교통사고는 대부분이 과속이 주된 원인이다. 때문에 도로 위를 달리는 문명의 주역들은 안전속도를 준수하고 상대들의 속도에 배려해야 한다. 그리고 내 자신 스스로가 잃어버린 속도감의 중심을 되찾고 내 중심을 내 스스로 수호하지 않으면 안 된다. 내 중심을 수호하고 사물의 중심을 똑바로 인식하기 위해서는 중심에 바로서야 한다. 그래야 그들에게 일방적으로 휘둘리지 않을 수 있다. 그것이 중용의 이해 『잠든 명사를 깨워 놀아보자』에서 기술되었든 '중심보기' 이론이다. 그렇게 될 때에 비로소 '나의 행복추구를 비롯해서 그들과 저들의 행복추구도 함께 가능해진다.'라고 하는 것이 필자의 생각이다.

이제 미래의 트렌드(trend)는 '변화 속에 균형과 조화'이다. 균형과 조화는 '외줄타기에서 절망으로 떨어지지 않고 희망으로 건너가는 과정'이다. 중용의 중심적 가치가 그 중심을 잃고 표류하고 있는 우리 사회의 모든 이즘(ism)에 가치와 인간이 지향하고 추구하는 삶의 참 가치들에 '균형 잡기'를 하게 될 것이기 때문이다. 그렇게 해서 잃어버린 나의 중심을 되찾고, 흔들리는 가정의 중심을 튼튼히 하고, 흩어진 사회의 중심과 역량을 모아서 '합리적 균형과 조화(A sensible balance and harmony)'를 이룰 수만 있다면 바로 그것이 인류사회의 평화를 이룩할 또 하나의 대안으로서 한 방법이 될 수도 있음이라 믿기 때문이다.

그렇게 해서 국가에 대한 미래 비전을 갖고 국가를 부흥시키고, 미래인류의 문명창달과 번영을 그리고 인류의 행복가치를 향상시키고 누릴 수 있는 오늘, 지금, 이 순간의 의미에 부합하는 '시중'과 '카르페 디엠(Carpe diem=동양적 시중의 개념)' 같이 우리의 삶에 궁극적 목표가 되어야하지 않을까?

이유야 어쨌든 본 책(1권~4권)에서 독자들에게 전하려는 메시지의 키워드(key word)는 크게 세 가지이다. 첫째는 미래의 '균형과 조화(Balance and harmony)'에 대한 핵심적 가치를 인식시키려는 의도이다. 둘째는 새로운 행복(New happiness)의 가치추구이다. 첫 번째의 가치가 실현되고 나면 우리의 궁극적 목표인 행복이 보다 많은 사람들에게 주어질 수 있기 때문이다. 셋째는 변화의 가치(Value of change)이다. 이제 미래사회의 트렌드는 그 어떤 변화와 상황 속에서도 중심을 잃지 않고 균형과 조화를 이루어내는 가치가 우선시 되어야한다. 그리고 이것을 통해서 우리 자신의 삶과 더불어 사는 것의 '진정한 행복추구의 가치'를 구현하고 성인들의 가르침에서 삶의 지혜와 그 도리를 익히려는 인문정신의 메시지라고 이해하면 될 듯싶다.

'중용'에선 균형과 조화의 가치와 행복추구의 가치 말고도 더더욱 많은 가치를 총체적으로 담고 있다. 그러나 일단 우리가 이 '중용'을 통해서 알게 된 '균형과 조화'의 보편석가치만 세대로 이해하고 잘 실천할 수만 있어도 절반은 성공이다. 중용은 정치 · 경제 · 사회 · 문화 모두를 망라해서 중심적 균형과 조화로써 미래사회의 문명을 창달하라는 공자님의 인애사상인 인문정신의 메시지이다. 이는 인간의 삶에 근본적 원리기 때문이다. 중용은 이처럼 그 어디에도 적용되지 않는 곳이 없다.

이제부터 중용은 더 이상의 학문을 위한 명사적 고전에서 벗어나 동사적 인문사상이어야 한다. 다시 말해 이젠 현대인의 일상적 삶에서 동사적 개념의 생활실천의 철학적 영역이어야 한다. 그리고 동사적으로 우리의 일상에서 주어진 삶을 즐겨야 한다. 중용은 한시도 인간의 삶을 떠나 있었던 적이 없는 생활 속에 실용사상이다. 21세기 들어 서양문명과 학자들이 다시 동양사상의 심오한 뿌리를 배우고 탐구하기 시작했다. 이제 '중용'은 학문만을 위한 고전이 되어서는 절대 안 된다. '중용'이라는 고유명사에서 벗어나 하루빨리 현대인들에 일상으로 들어와 실천되어지는 '동사'적 학문으로 거듭나서 이 시대를 살아가는 사람들이 행복해야 한다.

그것은 움직임의 현상 속에서 인간의 삶이 창조되어지기 때문이다. 현대인들의 손과 발에서 활발하게 작용하여 사물과 사물, 인간과 인간, 자연과 과학의 관계에서 중화를 이루고 불균형과 부조화의 현상을 새롭게 승화 변화시키는 '동사적' 인문정신의 매개체로서 미래사회의 새로운 문명창달을 이룩해야하는 당위성이 있기 때문이다. 하여 이제 우린 '희망을 품은 동사와 함께 얼씨구 행복의 춤을 추고 놀아보자' 우리 인간이 추구하는 쾌락이나 행복도 명사가 아닌 구체적 '동사'로 만들어보자.

또한 제아무리 훌륭한 학문이라도 인간의 삶에 행복을 주지 못한다면 그것은 형식의 불과한 학문이고 무미건조한 철학일 뿐이다. 시대가 다르다 해서 삶과 행복의 근원이 바뀌는 것은 결코 아니다. 현대를 사는 우리가 21세기 미래의 주역인 문명인들이라고는 하지만 우리는 알 수 없는 문명과잉시대의 증후군과 같은 중병을 앓고 있는지도 모른다. 때문에 삶의 가치가 흔들리게 되고 '중심과 균형'을 잃게 되는 한 원인이 된다. 따라서 현대인들은 반드시 나의 '중심잡기'와 '행복 찾기'에 지침이 될 수 있는 진지한 중용적 학문에 관심을 기울이자.

우리의 일상적 생활은 모두가 관계와 관계 속에 이루어지는 현상과 작용의 결과물이다. 이를 실천하는 중심(中心=중용적 사고)은 결국 존재하는 나로부터의 시작이다. 일상에서 스스로 실천하고, 스스로 깨닫고, 스스로 쌓아 가는 것이 우리가 완성시켜가야 할 성덕(成德)의 가치이다. 최상의 덕은 바로 인(仁)에 근본이라고 한다. 이런 인문정신의 완성이 '행복의 삶'을 실현하는 궁극에 가치가 될 것임이 분명하다. 이것은 세상의 관계 속에서 나의 중심(中心)을 찾는 것이고 제대로 된 나의 삶을 실현해 가는 중도적 중용의 도리(道理)이다. 그 속에서 우리의 삶이 '균형과 조화'를 이룸으로서 모두가 행복할 수 있기 때문이다.

세상은 크게 보면 유형(有形)과 무형(無形)이다. 유형으론 하늘(天)과 땅(地) 그리고 바다(海)이다. 무형으론 과거, 미래(가상=미현실), 현실이라는 시간적 개념으로 나눌 수 있다. 그리고 현실은 과거와 미래 사이의 중심부분 혹은 경계점이다.

〈그림-4〉 세상에 존재하는 유·무형의 가치

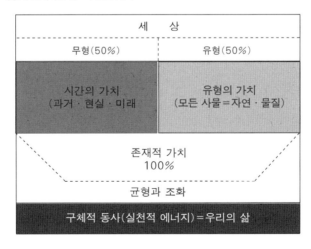

유형인 땅(地球)에는 자연과 과학, 동양과 서양, 북극과 남극, 열대와 냉대, 민주주의와 사회주의, 강대국과 약소국, 부국과 빈국, 보수와 진보, 상류층과 서민층, 정규직과 비정규직, 대기업과 중소기업 그리고 좌우와 상하, 음화와 양화, 빛과 어둠, 남과 여 등등 이와 같이 상대적 개념들이 존재한다. 이런 유무형의 가치가 현실이다. 그리고 이러한 현실을 한시도 떠나서 살 수 없는 것이 바로 우리 인간의 삶이다.

삶이란? 구체적 동사에서 실현되는 존재적 가치이다(Life is? Specific verbs in the present value is realized). 구체적 동사란? 가슴속에 일어나는 어떤 열렬한 감정이다. 이 열렬한 감정은 자신을 어떤 행동으로 이끌어가는 정열이다. 이 정열은 어떤 것을 이루기 위한 실천적 에너지이다. 정열은 구체적 동사에서 피어나는 결과의 향기다(Passion is the scent of flowering results in specific verbs). 그러나 이런 감정을 통해서 이루어지는 우리의 모든 실천적 행위가 우리의 일상에서 어떻게 실천되어지고 작용되어야 할까? 이러한 현실을 중시하는 생활사상이 바로 중용의 실천적 사상이다. 우리의 삶에 미래가 중요하고 그 미래가 과거를 낳지만 순간순간 혹은 찰나찰나를 이어내는 오늘, 지금, 이 순간보다 더 중요한 것은 이 세상엔 없다. 현대사회의 인간에게 삶은 오늘, 지금, 이 순간이 어떠냐에 따라 그 삶의 행불행이 좌우된다고 해도 과언이 아니다.

이처럼 우리의 삶에 있어서 그 본질은 하나이면서도 현상이나 작용은 이원적이면서 양극·양단의 절대 관계에 있다. 그리고 그 관계성은 떨어질 내야 떨어질 수 없는 대면적(對面的) 혹은 대립적

(對立的) 관계성에 놓여 있다. 서로 상반된 성질과 이질적 경계를 이루고 있지만 긴밀한 그 관계성을 떼어낼 수는 없다. 그러면서 한 편으론 수수작용(授受作用)을 통해 긴밀하고 밀접하게 교감을 주고, 받는 상대적 관계에 있다. 이것이 우리가 살고 있는 현실에서 이루어지고 있는 사물과 사물, 관계와 관계의 모든 현상의 작용이다.

이런 현실의 상황이 균형을 잃고 중심을 잡지 못하고 있다면 우리의 현실과 미래가 위태롭고 불안정하게 되는 것은 당연한 일이다. 뿐만 아니라 중심을 잃은 현실의 과거인들 안정적일 수는 없다. 현실에서 오욕을 만들면 과거는 그대로 오욕의 역사만을 남기게 되는 것이 세상의 이치이다. 그 일례로 과거 일본이 저지른 위안부역사가 바로 그것이다. 때문에 오랜 시간이 흘렀음에도 그 문제에 대해서 일본은 전 세계인류 앞에 당당할 수가 없다. 그럼에도 불구하고 오늘날 일본의 정치지도자들이 그토록 인정하려들지 않는 속심에는 그 오욕의 수치가 그들의 가슴속에 비수 같은 고통으로 작용하고 있기 때문이다. 때문에 수단과 방법을 가리지 않고 부정하려는 것이다. 그러나 부정한다고 해서 오욕의 역사가 말끔히 지워지는 것도 아님을 알아야 한다. 그것은 과거 그들의 역사에서 인류번영의 대한 철학과 가치라고 할 수 있는 '균형과 조화'의 가치를 이미 상실했기 때문이다.

그렇다면 오늘을 사는 현대인들의 현실적 의식과 사고는 실제 얼마만큼 그 균형과 조화를 이루고 있는지 알아보자. '불안정은 균형과 조화가 깨졌을 때 나타나는 현상'이다. 즉 불균형과 부조화의 현상이다.

그럼 현대인들은 이런 불안정의 현실에서 얼마나 중심을 잘 잡고 살아가고 있을까? 과연 그 중심에서 얼마나 흔들리지 않을 수 있을까? 혼신을 다해 각자의 삶에서 힘겹게 버티고 있다. 하지만 세상은 나와 우리가 그 중심을 잡고 편안히 잘살게 가만히 내버려 두지를 않는다. 마치 바람이 나뭇가지와 잎을 마구 흔들어대는 것과 같다.

이 세상은 거대 소용돌이의 물결이다. 그 소용돌이에서 잠시라도 한 눈을 팔거나 정신을 못 차리면 곧 중심을 잃고 소용돌이에 휘말리게 되고 만다. 그러기 위해서는 몸의 균형과 중심을 똑바로 잡고 거세게 휘몰아치는 소용돌이의 물살을 파도타기 하듯이 슬기롭게 헤쳐 나가는 지혜의 기술을 체득해야 한다.

프랑스에 극작가 S.R.N. 샹포르는 지혜에 대하여 이렇게 말했다. "지혜는 목숨을 오래 이어가게 하고, 정열은 삶을 살게 한다."라고 말했다. 샹포르는 기지가 뛰어난 것으로 유명하다. 그의 금언들은 프랑스 혁명시절 유행하는 속담이 되었다. 그렇듯이 그의 말 중에서 '지혜와 정열'에 대한 통찰은 대단하다. 그렇다. 세상을 사는데 지혜가 부족하면 삶이 고통스러울 수 있고 살아있어도 산 것이 아닐 수 있다. 그리고 정열은 가슴속에서 일어나는 열렬한 감정이다. 이 뜨거운 감정은 스스로 어떤 것을 이루기 위한 실천적 행위의 충만 된 에너지이기 때문이다. 때문에 많은 식자들이 현대사회의 젊음들에게 성공하는 삶을 위하여 강조하는 것이 열정을 가슴속에 품으라고 조언한다. 또한 독일에 철학자 헤겔은 "세계에서 정열 없이 이루어진 위대한 것은 없었다고 확신한다."고 말한 것처럼 인류의 역사에서 열정 없이 이루어진 위대함은 없다. 문명의 창달은 모두 이 열정의 소산이다. 이것이 모두 실천을 중시한 중용의 실천적 사상이다.

중용의 실천적 사상에서 강조되는 것이 절대 과유불급하지 않는 분수를 지키는 지혜이다. 그러기 위해서는 휘몰아치는 물살에 방향과 높낮이를 간파하고 그 현상을 바로 인식하는 자세가 무엇보다 중요하다. 그렇게 시시각각 일어나고 있는 상황을 현실에서 제대로 보고 파악하는 것이 매우 중요하다. 이렇게 중요한 것을 알게 하는 삶의 지혜가 중용에서 "중심보기의 실천적 이론"이다. 이 중심보기를 제대로 하면 암흑의 절망 속에서도 빛이 되어 헤쳐 나갈 길이 보이기 때문이다. 때문에 현대인들은 반드시 세상의 갖가지 불안정과 부조화의 현상 속에서 반드시 중심을 보자고 하는 것이고, 그 중심을 잃지 말자는 것이다. 만일 그 중심을 잃었다면 빨리 균형을 잡고 흐트러진 중심을 되찾자는 것이다. 그랬을 때에 나의 안위와 행복이 미래에 대하여 담보될 수 있기 때문이다.

그러나 그 중심을 보기 위해서는 이렇게 상반된 양단(양극)이 경계를 이루고 있는 자연의 현상들과 사물들의 작용에 대해서 그 본질의 특성을 이해할 필요가 있다. 서로가 다른 성질이 어떻게 작용하고 있고 어떤 관계를 맺고 있는지에 대한 사실적 관계이다. 앞에서 언급한 바와 같이 현상과 관계엔 반드시 경계를 이루고 있으면서도 양극을 단절하지 않고 이어내는 부분이 있다. 그것은 어느 한쪽이 존재하지 않으면 다른 한 쪽의 존재도 결코 존재를 인정할 수 없는 구조이기 때문이다.

이것은 서로 다른 쪽의 영역을 구분 짓는 경계이기도 하지만 더 큰 의미는 양측을 하나로 묶어 일체화 하려는 동질성적 상호 의존

관계[1]의 구조를 띠고 있기 때문이다. 각각인 것처럼 보이지만 결국은 각각이 아닌 일체적 속성의 관계인 셈이다. 이와 관련하여 국가경제분야에서 보더라도 국내경제에서나 국제경제에서 분업이 고도화될수록 각각의 분업 단위의 독립성은 줄어들고 있다. 이처럼 독립성이 줄어든다는 것은 그것만큼 상호의존성이 높아지는 것을 의미하는 것이다. 이렇게 상호의존성이 높아진 현대사회에선 불균형적 의존관계가 더욱 심화되어가고 있다. 그렇듯이 그 의무감이나 책임감도 마땅히 커져야한다.

예컨대 자동차 산업의 경우를 보자. 자동차의 원료, 부품, 조립가공, 운송 등의 각 부분이 분업화에 따라 각 부문별분업을 담당하고 있는 회사들이 수백 곳이 넘는다. 만일 이 중 한 부분에서라도 문제가 생기면 자동차산업 전체가 정상적인 생산 활동에 문제가 생기는 만큼 분업단위 간에 상호 의존성은 절대적이라고 보아야할 것이다. 이처럼 국제경제에서의 상호 의존성은 생산부문 뿐만 아니라 서비스, 금융 분야에 까지 매우 밀접하고 긴밀한 성격이어서 한 국가의 경제적 위기가 다른 국가까지 쉽게 파급되어 전이되는 양상을 보이고 있다. 2008년에 있었던 미국 발 금융위기가 그 대표적 사례라고 할 수 있다.

인간의 관계에 있어서도 상대가 존재하지 않으면 나와 우리의 존재성도 무의미하다. 따라서 너를 인정했을 때에 비로소 나의 존재가 성립된다. 그들과 저들을 인정했을 때에 우리도 함께 존재하

---

1) 의존관계(依存關係)- [논리] 어느 사물의 존재나 성질이 다른 사물에 의하여 규정되고 제약되는 관계. 귀결(歸結)과 이유 같은 논리적 의존 관계, 결과와 원인 같은 실재적 의존 관계 따위가 있다. 상호의존(interdependence)-분업의 고도화에 따라 각각의 분업 단위가 서로 맺는 관계는 더욱 밀접해짐을 뜻하는 말이다.

게 된다. 이런 관계성의 연결부분이 이어져 있지 않고 끊어지게 되면 그것은 남녀가 헤어져 홀로 되는 것과 같고 혼자는 결코 그 어떤 생명도 잉태할 수가 없는 불안전의 상태에 놓이게 된다. 뿐만 아니라 사람은 반드시 혼자가 아닌 둘로부터 시작하여 인간사회의 기초를 이루게 되는데 혼자서는 이 세상에 제대로 일어서서 걸어갈 수가 없다.

人(사람인)字의 의미를 한 번 살펴보자. 'ノ'이나 'ヽ'은 불안하기 짝이 없다. 이렇듯 'ノ(남)'과 'ヽ(여)'이 짝(合)을 이루어 '人'자를 완성하고 안정된 하나의 인간과 사회를 이루고 있을 때 비로소 '人'처럼 안정된 중심과 균형을 잡고 제대로 세상을 향해 앞으로 걸어갈 수가 있다는 의미이다. 이렇듯 세상에 모든 것들은 대립적 혹은 대면적 관계성을 가지고 있다. 상호의존의 관계 속에 하나의 정체성으로 존재하고 있기 때문이다.

그러나 그 관계의 사이에는 반드시 그것을 잇는 중간 부분 혹은 경계가 있다. 그러나 우린 그 중간 부분을 잘 모르고 또한 인정하려하지 않고 있다. 오로지 이것이 아니면 저것일 뿐이다. 그러나 이것과 저것의 사이엔 반듯이 그것들도 존재한다는 엄연한 사실을 잊어서는 안 된다. 그것이 양단의 '균형과 조화'를 이루는 중심점이 되기 때문이다. 그러나 반드시 인정해야함에도 불구하고 왠지 우린 현실에서 중심을 보고 인정하는 것에 불편함을 느낀다. 그것은 중심을 볼 수 있는 마음의 여유가 없기 때문이거나 어느 한 쪽으로 치우쳐가는 강한 의식과 집착 또는 상황에 쫓기기 때문이다.

하지만 오늘날 그것들이 이것이나 저것들처럼 나서지 않는다고 해서 그것의 존재마저도 부정해서는 곤란하다. 이것과 저것만이 있고 그것 따위는 없다고 고집 '부려서는 온전한 일체를 이룰 수 없다. 이렇듯 우린 그것에 해당하는 그 중간(경계 부분, 사이) 부분을 인정하지 못하는 것이다. 이처럼 이 중간에 대하여 인정할 것이냐, 말 것이냐를 논하는 것은 본말이 전도된 오견이다. 이쪽과 저쪽에 의해 그쪽(중간)이 생긴 것이 아니라 그쪽(중간)에 의해서 이쪽과 저쪽이 생긴 것이라고 생각할 수도 있기 때문이다. 다시 말해 중간 (중심)으로부터 시작하여 좌와 우가 생겨난 것이고 이쪽과 저쪽이 생겨난 것이다. 단 길고 짧음의 차이와 크고 작음의 차이가 있을 뿐이다.

이처럼 이 중간 부분을 인정하지 않고는 절대 이 '균형과 조화' 를 이룰 수가 없다. 이 중간부분을 확고히 설정하지 않고는 관계를 합리적으로 이루어 나갈 수가 없다. 그것은 불안정을 초래하는 결과만 될 뿐이다. 이것으로부터 안정을 이루고자하는 사상이 중용에 서의 핵심인 "중심이론"이라 할 수 있다.

그 불안정이란? 예컨대 서울시민의 생명줄인 한강이 팔당댐과 청평댐에 의해서 통제 관리되고 있으므로 인해서 수계(水戒)의 안정을 이루고 있다. 그러나 수계의 불안정을 초래한다는 것은 댐의 수계조절이 불능상태에 놓이게 된다는 의미와도 같다. 그렇게 되면 홍수조절의 불능으로 인한 댐이 붕괴될 우려가 있는 것과 마찬가지다. 우리가 안전하게 일상의 생활을 할 수 있는 것은 댐이 유효적절하게 수계의 '중심적 균형'을 잘 잡고 있기 때문이다.

이처럼 대면적관계이면서 대립적 관계에 놓여 경계를 이루고 있는 모든 사물의 작용이나 관계엔 이 '중심부분'에 역할이 매우 중요하다. 그럼 남과 여의 관계에서 그 중심부분은 어디일까? 그것은 관계에서 비롯된다. 관계가 있다면 두 남여의 사이에 중심이 형성되는 것이고 관계가 없다면 두 남녀의 사이엔 그 중심부분을 잇거나 경계를 이루는 중심은 없다. 예컨대 남녀가 결혼을 하여 부부로서의 관계를 맺고 있다면 그 중심부분의 영역은 가정이다. 이 가정이 가정으로서 중심을 잃지 않아야 가정이 화목하고 행복할 수 있는 것과 마찬가지다. 또한 남편과 아내의 사이에 중심부분은 부부라는 영역이 있다. 양단에 남편과 아내가 있는데 남편이 자신의 영역을 확대하면 확대한 만큼 아내의 영역이 축소된다. 또 아내가 영역을 확대하면 남편의 영역이 축소된다. 이렇게 되면 부부관계의 영역에 불균형이 생기고 그 부조화로 불협화음이 생기게 됨과 같은 이치다.

지구상에 절반은 남자이고 절반은 여자이다. 그렇다면 절반과 절반의 사이가 중심이다. 이 절반과 절반의 사이인 중심부분이 잘 유지되고 보전되어야 자연스럽게 남녀의 비율과 균형이 잘 유지될 수 있다. 남녀의 비율이 적절한 균형을 유지하고 있을 때에 인류 문명창달에 문제가 생기지 않게 된다. 그런데 과거 우리의 남아선호 사상과 같은 이기적인 생각에 의해 인위적으로 남녀 성별을 조작하고 또 산아제한과 같은 출산정책을 쓴 결과 인구의 불균형과 성별의 불균형을 초래하고 말았다. 그로인해서 남녀의 짝에 불균형이 만들어지고 그로인해서 제때에 결혼하고 제때에 출산을 할 수 없는 현대사회의 구조적환경이 전체 인구 감소의 큰 원인을 제공하는 빌미가 되기도 한다. 또한 남녀 관계의 불균형은 문화의 불균형을 만들고 사회 전반에 불균형을 다양하게 확산 전이 시켜갔다. 그로인해서 남성중심의 사회가 만들어지기도 하고 그로인해서 여성들의 삶은 중심을 잃고 남성중심 문화 속에 종속되어짐으로써 여성들의 삶은 상대적으로 불리한 조건과 환경에서 행복의 함량도 미달되어졌다고 보아야한다. 그러나 점차 시대가 바뀌면서 이러한 남녀관계의 중심도 조금씩 개선되어지고 균형을 이루고 있는 부분은 매우 다행한 일이 아닐 수 없다.

　다음은 보수와 진보의 중심부분은 어디인지 살펴보자. 보수는 새로운 것이나 변화를 반대하고 전통적인 것을 옹호하며 유지하려는 주의이다. 진보는 정도나 수준을 높이고 역사발전의 합법성에 따라 사회의 변화나 발전을 추구하려는 주의이다. 여기서는 진보나 보수를 획일적 기준에 의해서 좋다 또는 나쁘다고 할 수는 없다. 가령 보수는 무조건 나쁘고, 진보는 무조건 좋은 것이다. 라고 할 수도 없다. 그리고 반대의 경우도 마찬가지다. 또한 나쁘고 좋은 것의 사이가 중간이 되는 것도 아니다. 보수나 진보도 다른 여타의 주의들과 같은 맥락이다. 단 주의(主義)와 주의(主義)의 지향점이 서로 다를 뿐이다.

　보수주의와 진보주의 사이에 중심은 중도주의(中道主義)라고 할 수가 있다. 이 중도주의가 보수와 진보 사이의 공간을 채워주고 있는 공간부분(空間部分=中心部分)이 중심부분이다. 이 공간부분이 진보와 보수 사이를 끊어지지 않도록 잇고 연결하고 있는 중심부분이다. 그런데 선거 때만 되면 보수와 진보만이 좌우 양단으로 대립하고 있고 그 여타를 대변하는 다양성의 중도는 아예 살펴보려하지도 않고, 인정하려들지도 않는다. 그냥 있으나마나한 것 정도로 보수나 진보는 여타의 중도를 적당히 무시하고 넘어간다. 이것이 우리사회의 오랜 기간 형질의 왜곡 변형된 사회인식적문화가 그 중심을 무시하고, 인정하려하지 않고, 배려하지 않으려는 풍토의 폐단, 폐습이었다. 그러나 계속 그랬다가는 큰 코닥칠일이다. 결정적인 순간에 부동표가 승리의 향배를 가른다. 말은 없지만 이 부동표가 바로 조용한 중도의 세력들이다. 이렇게 엄연히 관계와 관계 속에는 여타주의인 중도(中間部分=中心部分)의 부분이 있음에도 부정하려는 것은 양단이 가지고 있는 독선과 우월주의 사고 인식 때문이다.

　중용 제6장 원문에 보면 '집기양단, 용기중어민' (執其兩端, 用其中於民)[2] 이란 말씀이 나온다. 이는 공자께서 말씀하시길 순임금께서 백성을 지혜롭게 다스리심에　그 예를 들어 하신말씀 중 일부이다. '백성들을 다스림에 상충하는 말은 그 양쪽의 말을 다 들어보고 나서 이를 절충하여 백성들이 중도(中道)[3] 를 가도록 하셨는데 바로 이것이 순임금의 도리였었다.' 는 말씀을 하신 것이다. 여기에서 '절충' 에 의미는 잘잘못에 대한 규명이나 판단보다도 서로 간의 이해관계를 떠나 상대에 대한 배려와 양보, 포용의 의미가 전제된 내용이다. 서로 잘잘못이 어디에 있던지 한 발짝씩　물러나서

---

2) 자왈, 순기대지야여, 순호문이호찰이언, 은악이양선, 집기양단, 용기중어민, 기사이위순호!(子日, 舜其大知也與, 舜好問而好察邇言, 隱惡而揚善, 執其兩端, 用其中於民, 其斯以爲舜乎!) 공자께서 말씀하시길, 순(舜)께서는 참으로 위대한 지혜를 지니신 분입니다! 순께서는 묻기를 좋아하셨고 대수롭지 않은 말에도 관심으로 살펴서 나쁜 것은 밝히지 않고 좋은 것은 밝혀서 알게 하셨지요. 상충하는 말은 그 양쪽의 말을 다 듣고 이를 절충하여 백성들이 중도(中道)를 가도록 하셨지요. 바로 이것이 순의 도리였지요.

3) 中道: 중용에서는 어느 한쪽으로 치우치지 아니하는 바른 길. 치우치지 아니하는 바른 도리를 말함이다. 불교의 아함경에서는 팔정도의 실천이나 십이 연기의 정관(正觀)을 이르고, 중관론에서는 집착과 분별의 경지를 떠난 무소득의 경지를 이르며, 천태종에서는 중제(中諦)의 도리로 본다.

역지사지(易地思之)의 마음으로 이해를 구하고 잘못된 부분과 입장에 대해서는 서로 용서와 이해를 구하고 잘한 부분에 대해서는 상대의 배려와 포용의 정신으로 화합하도록 했음이다. 이것이 어느 한쪽에 치우침이 아니라 중도(中道)로서 관계와 관계의 균형과 조화를 합리적 중심보기를 통해 균형을 유지토록 지도하셨다는 말씀이다.

이처럼 우리 인간의 삶에는 옳고, 그름이 있으나 그 뜻대로만 될 수 없는 부분도 있게 마련이다. 경우에 따라서는 어쩔 수 없이 불가항력적인 일도 충분히 있을 수가 있기 때문이다. 그 불가항력적인 선택이 중도의 길일 수도 있다. 중도는 흑백의 이분법적 논리가 아니다. 어느 일방의 옳고 그름의 판단 기준이 아니라 양단의 전체를 아우르는 균형과 조화에 더 큰 의미를 부여하는 의미이다.

예컨대 거대 여당이 정치의 상대인 야당이 맘에 들지 않는다고 야당을 무시하고 여당끼리만 정치를 한다면 정치판은 과연 어떻게 될까? 한마디로 그것은 있으나마나한 정치이다. 또한 우리사회의 질서를 파괴하고 문제를 야기하는 암적 존재들이 있다고 해서 그들을 모두 싹쓸이해 버릴 수 없는 것과도 같다. 힘이 센 사람들은 힘이 약한 사람들을 보호하고 이끌 사회적 책임과 의무가 있다. 이것은 힘이 약한 사람들도 힘이 센 사람들과 같이 이 세상을 살아갈 권리를 인정하는 것이다. 그렇지 않으면 힘이 약한 사람들은 어디까지나 자기들에 문제이고 자기들에 책임이 되어버리고 만다. 그들이 못사는 것도, 그들이 죽어가는 것도 모두가 그들의 문제고 책임이라고 단정해버리면 이것은 결국 강자의 논리에 지나지 않기 때문이다. 때문에 강자나 약자가 조화와 균형을 이루고 함께 살아가는 사회적 절충이 요구되는데 이것이 합리주의적 사고와 의식이라 할 수 있다. 이것이 중도주의(中道主義)의 본질적 의미로 해석되고 이해되었으면 한다.

이처럼 우리사회가 '균형과 조화'를 이루지 못했을 때에 사회적 혼란과 불안은 이루 다 설명하기 어렵다. 때문에 나로부터 중심을 잡고 내 가정, 우리사회의 균형과 조화를 이루면 곧 그것이 우리의 삶에 보람이요 행복에 기틀이 될 수 있다. 이미 우리 현대사회의 일상은 불안, 불안으로 골이 깊은 양극화가 안개 속 막장을 향해 달려가고 있는 형국이다. 이럴 때에 심하게 요동치는 불안정의 소용돌이 파고로부터 안정을 꾀하고 균형과 조화로써 하루빨리 안정을 되찾고 우리사회의 무너진 중심을 회복해야하지 않을까?

우리의 일상에서 중심과 균형을 이루어야 할 일들
Should the Center balance in our everyday things to do

⫸ 정치, 경제, 사회, 문화라고 하는 네 바퀴에 공기압을 맞추는 것.

국가가 자동차라면 자동차 앞 타이어 바퀴 하나는 정치의 바퀴이고, 다른 하나는 경제의 바퀴이다. 그리고 뒤의 바퀴 하나는 사회의 바퀴이고, 다른 하나는 문화의 바퀴이다. 이 앞뒤 네 개의 바퀴가 균형 있게 잘 굴러가야 나라가 잘 되는 것은 당연한 말이다. 한국의 자동차 산업은 국가의 산업발전을 선도하는 기간산업이자 전략산업으로서 산업의 중요한 위치를 차지하고 있다. 자동차산업은 철강, 기계, 전기, 전자, 화학, 섬유 등 광범위한 관련 공업제품을 결합하여 최종 상품을 생산하는 대표적인 종합기계공업으로서 기술집약형이고, 자본집약형 산업으로 전후방 산업연관효과가 매우 큰 산업이다. 그런데 현실은 그렇지 낙관적이지 못하다. 그것은 네 개의 바퀴에 정치, 경제, 사회, 문화의 공기압이 제각각이기 때문이다. 그러니 차가 앞으로 나가긴 나가는데 왠지 무겁고 절절 기는 느낌이다. 그리고 차체가 흔들리고 여러 곳곳에서 잡음 또한 크기만 하다. 그것은 네 바퀴의 타이어공기압에 불균형과 그로인한 부조화의 현상 같은 것이다.

지금 우리사회가 직면하고 있는 사회적 모든 갈등들이 바로 그것이다. 1조 달러의 수출국으로서 국가경제가 비교적 좋다. 그리고 문화의 발달로 살기가 좋아졌다고 한다. 그러나 그 내용을 들여다 보면 살기가 좋아진 사람들은 일부 계층이다. 그 일부를 제외하곤 더욱 팍팍해진 가정경제와 곤궁한 살림살이에 한숨이 절로 나온다. 불확실한 미래의 희망 때문에 행복을 느낄 겨를이 없는 것이 현대 사회가 안고 있는 고민 중에 하나이다.

이처럼 우리사회의 정치, 경제, 사회, 문화도 자동차의 앞뒤 네 바퀴처럼 조화와 균형[1]을 이루지 못하면 국가가 삐걱거리는 것은 불 보듯 뻔하다. 어느 나라든지 그 나라에 정치가 바로서야 국민이 신바람 나고 행복할 수가 있다. 정치의 궁극적 목표는 국가의 번영 과 국민행복에 있다. 그런데 한국의 정치 현실은 어떠한가. 그동안 정치가 국민에게 안긴 실망과 절망은 너무나도 많다. 때문에 국민 들은 정치에 지쳐 관심 갖기가 불안하다. 차라리 관심 가져 실망하 느니 무관심이 편하겠다는 생각이다. 때문에 기득권층을 제외한 대 다수는 구태의 정치를 끝내고 새 정치에 대한 열망이 간절하다. 이 러한 새 정치의 실천적 행동으로서 바람 빠진 정치타이어에 신선

---

1) 균형과 조화(均衡과 調和)- 균형이란? 어느 한쪽으로 기울거나 치우치지 아니 하고 고른 상태이다. 그것은 동심을 태우고 오르내리는 시소와 같다. 그것은 저 울 대가 가장 알맞은 상태에 놓여 있을 때의 평일(平一)한 상태이다. 우주의 가장 건전 한 운행은 형평이요, 가장 충실한 생성은 조화이다. 김충열,「김충열 교수의 중용 대학강의」, 예문서원, 2007, pp,107, 112 참고인용.

한 공기로 경제, 사회, 문화에 함께 부응할 수 있는 '균형과 조화'의 공기압을 맞추는 것이 무엇보다 선행되어야 할 것이다. 이와 같이 일정한 기준으로 공기압이 적합하게 균형을 이루게 된다면 산뜻한 주행으로 미래의 문명창달을 향해 힘찬 주행이 가능할 수 있으리라.

•))▶ 흑백의 편 가르기를 하지 않는 것.

흑백은 양단의 대표적 관계이다. 흑백 스스로 제 역할을 하려면 양단의 당사자는 그 중심²⁾이 있다는 것을 인정해야 한다. 이 세상은 흑백만 존재하는 것이 아니다. 빨간색, 파란색, 노란색 등 다양한 색이 있다. 그럼에도 다른 색들은 무시하고 흑백끼리 양단으로 나뉘어 대립적 관계를 짓는다. 그런 행태는 다른 색은 안중에도 없다는 뜻이기도 하지만 상대를 인정하지 않으려는 저의가 내면에 깔려있는 독선적 의식이라고 보아야한다.

상대보다 우월적인 지위를 확보함으로써 상대를 종속의 관계로 만들 수 있다는 착각을 하는 것이다. 이것은 우리 인간의 삶을 흑백의 양편 속에 가두는 편협한 사고로서 참 답답한 일이다. 이것이 바로 이분법적 사고의 논리이다.

---

2) 중심(中心)- 중심의 개념은 사물과 현상의 기초를 형성하는 본질이나 의미로서 본래부터 갖고 있는 사물 스스로의 성질이나 모습이다. 이런 생명의 본질적 존재와 인간의 본질적 개념에서 둘의 형태는 다르지만 실상의 중심적 본질은 같다. 중심사상이란? 어떠한 사물에 대하여 가지고 있는 구체적인 생각이나 사고를 말하는 것으로서 상당한 이론의 체계와 합리적 판단, 추리 등을 거쳐서 생긴 의식체계의 중심을 말한다. 또한 중용에서의 중심(중심)은 정치논리의 중과 도덕논리의 심이 합치하여 강화된 개념으로 이해되기도 한다.

이렇게 제한된 사고 속에서는 창의적인 사고가 억압을 받게 된다. 따라서 매우 근시안적이고 시야가 좁아진다. 흑과 백이 상이한 본질과 특성을 갖고 서로 경계를 이루고 있지만 좀 더 폭넓고 크게 따져보면 흑과 백은 따로따로인 둘이 아니다. 이것은 단지 추구하는 방향성과 역할의 속성이 다를 뿐 하나의 몸과 같은 존재이다. 마치 우리의 한 몸에 있으면서 역할이 다른 동맥과 정맥 또는 손과 발과도 같다. 그러나 또한 우리 몸에 손발만 있는 것도 아니다. 보는 눈과, 듣는 귀와, 말하는 입 그리고 숨을 쉬게 하는 코도 있다. 이처럼 여러 다양한 형태의 역할들이 있고 그 각기 다른 기능들의 다른 작용을 하고 있을 뿐이다. 이처럼 나 하나의 몸에 달려 존재하는 각 부분을 소중하게 받아드리고 인정해야 한다. 마찬가지로 우리사회의 다양성에 존재를 인정함으로써 '균형과 조화'를 이루고 미래로 힘차게 나가는 창의적 원동력으로 빛나는 문명창달을 이루고 우리 모두의 삶이 행복할 수 있으리라는 희망이다.

◆ 우리의 소외계층에게 희망을 주고 삶이 엇나간 불구자에게
　희망의 의수나 의족을 만들어 자립에 환경을 조정해주어야 한다.

이것은 함께 길을 갈 수 없는 사람들과 함께 희망의 길을 가고자함이다. 이 세상은 잘나가는 사람들만의 세상이 아니다. 우리가 잘 아는 아프리카의 속담 중에 '빨리 가려면 혼자 가고, 멀리 가려면 함께 가라(If you want to go quickly, go alone, go away with)'라는 속담이 있다. 그렇다. 우리에 목적은 함께 멀리멀리 가고, 함께 오래오래 행복하게 사는 것이 지상 최대의 궁극적 목표라

고 해야 할 것이다.

그러나 현대사회의 사회적 시스템이나 정서는 어떠한가? 그저 남보다 한 걸음이라도 먼저 빨리 내달리기를 독려하고 경쟁 일변도에 교육이 이루어지고 있다. 그 목적은 간단하다. 빨리 간다는 것은 마치 성공한다는 의미로만 인식하고 있기 때문이다. 빨리 간다는 것은 머리가 좋고 뛰어나서 공부도 잘하고, 재능도 많고 똑똑해서라는 생각이다. 그래서 빨리 성공하고 좋은 자리에서 돈을 많이 벌어 하루 빨리 부귀영화를 누리자는 목적일 게다. 사람치고 그 부귀영화를 마다할 사람 또한 어디 있으랴. 그래서 그 빨리빨리 대열에 합류하고 자기의 최대 속도를 내기 위해 죽을힘을 다해 악세레터를 밟고 끝날 줄 모르는 레이싱에 무모한 자신의 삶을 던진다. 그러나 우리 인간의 삶이 어찌 그리 간단하랴. 빨리 남보다 먼저 가고 싶다고 해서 누구나 빨리 갈수 있는 것이 아니지 않는가. 그래서 많은 젊은 청춘들이 그것을 믿고 빨리 가기 위한 무모한 도전에 합류했다가 그 인생의 마라톤 레이스에서 낙오를 하고 절망하는 경우를 우리 주변에서 너무 많이 보았다.

우리는 자기 자신의 체질에 맞게 속도에 균형을 잡고 달려야 한다. 절대 과유불급이 되면 낙오하기가 십상이다. 빨리 가겠다는 속도에 대한 강박관념을 버리고 멀리멀리 자신의 인생길에 완주가 목표가 되어야하기 때문이다. 또한 자신의 완주도 중요하지만 나와 함께하는 우리 또는 저들, 그들에 완주도 중요하기 때문이다. 이처럼 세상은 나만이 아니라 함께 살아야하는 것이기 때문이다. 그래서 함께 가려면 뒤처지는 사람들에 대한 사회적 배려가 고려되어야 한다.

이 나라의 대통령은 자기를 지지한 사람들만의 대통령이 아니다. 자기를 지지했건 지지하지 않았던 간에 모두 이 나라, 이 국민의 대통령이어야 하듯이 말이다. 희망의 팔다리가 있는 사람들은 스스로도 알아서 길을 잘 갈수 있다. 하지만 이 나라, 이 세상엔 스스로 길을 갈 수 없는 사람들이 너무 많다. 이들에겐 이들이 길을 스스로 갈 수 있도록 방법과 환경을 조성해주어야 한다. 그것이 우리 사회의 화합과 통합을 이루고 소통하며 조금이나마 갈등을 해소할 수 있는 유일한 길이 될 것이다.

말로만 화합하고, 소통하는 것이 아니라 실제 사회계층간의 화합을 이루고 소통하여 사회의 통합을 이루고 꽉 막혀있는 단절을 극복해야 한다. 이것은 밝은 세상, 밝은 미래를 여는 일에 희망의 의수나 의족을 만들어주어서 더불어 살고 더불어 행복하고자 함이다. 이렇게만 될 수 있다면 이 또한 '균형과 조화로움의 아름다운 세상'이 될 것이다.

⑪ 어느 한쪽으로 치우치지 않는 사고와 유연성

과거 우리의 의식과 사고에 수직적 의식과 사고가 있었다면 오늘날 현대사회는 수평적 의식과 사고가 병행되고 있다. 그러나 이젠 그 수평적 사고와 수직적 사고만으론 곤란하다. 여기에 반드시 간과해서는 안 되는 중심적 사고(中心的 思考)가 있다는 사실을 인식하고 인정해야 한다.

사고는 무엇을 헤아리고 판단하고 궁리하는 의식이다. 이러한 사고는 인간관계에 있어서 이성적 판단과 이해 그리고 작용을 돕는다. 또한 사고에는 직관적 사고, 분석적 사고 또는 집중적 사고 따위가 있는데 이러한 의식체계는 모두 심상이나 지식을 사용하는 마음의 작용으로서 인간관계의 의한 모든 문제를 해결하게 된다. 따라서 이러한 합리적 사고는 관계의 발전과 커뮤니케이션에 도움을 준다.

수직적 사고나 수평적 사고는 이미 우리가 잘 알고 있다. 이미 경험에서 알았듯이 이것으로 세상의 의식과 사고를 모두 수용하는 데는 한계가 드러났다. 그것도 세상과 인간의 삶을 이원화 된 구조 속에서 이분법적 사고의 논리체계의 범주를 크게 벗어나지 못한 것이기 때문이다.

그러나 이젠 상하로 작용하는 의식의 사고와 수평으로 작용하는 의식의 사고 사이에 존재하는 중심적 사고와 의식이 더욱 요구되고 있다. 인간의 삶은 광범위한 세상 속에서 급변하는 환경에 직면하고 있다. 이렇게 다원화 되고 다변화하는 구조 속에서 수직적 사고와 수평적 사고만으로 현대사회를 지탱하고, 살아가고, 이해하고, 조율하는 데는 한계가 있을 수밖에 없다. 따라서 이에 대응하는 '중심적 사고'가 있다. 이 중심적 사고란? 획일 된 수직적 사고나 수평적 사고가 아닌 근원적 혹은 다원적 사고의 개념으로서 수직적, 수평적 그리고 여타의 사고를 모두 포괄하는 '마음의 작용'이라 정의할 수 있다. 또한 이 중심적 사고는 어떤 사고의 편중된 사고가 아니라 객관화된 사고의 중심위치라고 보아야 한다. 바로 이렇게 객관화된 사고가 사고의 합리성을 도모하고 관계 속에 발현되는 사고를 조율하게 된다.

흔들리고 있는 현대사회의 수평, 수직의 이원화 사고와 의식을 이제는 수정 보완해야 한다. 21세기 미래지향적 사고는 다원화된 문화구조와 환경 속에서 보다 안정되게 유지될 수 있는 사고의 의식체계가 중심적[3] 사고이다. 이것을 수학적 개념으로 이해한다면 y의 사고와 x의 사고가 교차하여 만들어내는 사고의 변곡점이 이 중심적 사고의 이론체계라 할 수 있다. 이것을 순수 우리말로 표현한다면 '어울림의 사고' 또는 '사고의 어울림'이라고도 표현할 수 있다. 또한 사고의 어울림은 편협으로부터 탈피하여 조화와 균형을 이루고 중심을 지키는 유연성이다. 이 유연성은 막힌 사고를 뚫어내고 뒤틀린 사고를 바로 잡는 합리적 사고가 된다. 이것은 강직한 사고가 아니라 유연성의 사고로서 수평적 사고와 수직적 사고의 충돌에서 발생하는 갈등을 중화[4]하고 조절해내는 합리적 의식체계의 중심점이 된다.

이것은 어떠한 변화의 소용돌이 속에서도 그 의식의 본질을 잃지 않고 지켜낼 견고한 핵심적 사고이다. 이러한 사고체계의 변화가 인간의 삶에도 희망과 행복을 잃지 않고 지켜내는 원천이 될 수 있을 것이다.

---

3) 중심점(中心點)- 광범위한 인간관계의 질서와 회통에 대한 중요성과 조화와 균형의 기준점이 되는 것으로서 첫째는 자신의 도덕인격을 확립해야 하고, 둘째는 사람과 사람사이의 원만한 소통이고, 셋째는 천지만물과 함께 동참하여 조화와 균형으로 중화(中和)를 이루어내야 하는 것. 김충열, 「김충열 교수의 중용대학강의」, 예문서원, 2007, pp.123~124 참고인용.

4) 중화(中和)- 이것은 가장 안정된 경지를 찾아 늘 변화하고 움직이는 것으로서 형평의 원리를 말한다. 치중화, 천지위언, 만물육언!(致中和, 天地位焉, 萬物育焉!)은 천지음양이 작용하여 만물을 생육한다는 뜻으로서 중용 제1장 원문 끝 구 질이다. 중화는 천지만물이 지속적으로 하염없이 운행하고 작용하여 성취하는 우주 존재의 지극한 이치이다. 김충열, 「김충열 교수의 중용대학강의」, 예문서원, 2007, p.127 참고인용.

➽ 강자는 약자를 배려하고 보호해야하며, 약자는 강자를 이해하고
   존중해야 하는 것.

자로(子路)는 중국 춘추시대 노나라의 유학자이다. 공자의 제자
로 십철(十哲)의 한 사람이다. 자로는 정사(政事)에 매우 뛰어났으
며 공자의 제자 중에 공자를 제일 잘 섬긴 제자였다고 한다. 자로
가 공자님께 정말로 강(强)한 것이 어떤 것인지에 대해서 질문을
하였다. 그러자 공자께서 말씀하시길[5] '네가 묻는 것이 남방의 강
함이냐, 북방의 강함이냐, 아니면 네 자신의 강함이더냐? 강함에
있어서는 하나는 너그러움과 부드러움으로 일깨우고, 옳지 않은 행
위에 대해서도 보복하지 않는 것이 남방의 강함인데 바로 군자는
그런 곳에 머무는 것이다. 또 하나는 병기와 갑옷을 지닌 채 잠을
자도 죽을 때까지 싫증내지 않는 것이 북방의 강함이니라. 그럼으
로 강자는 또한 그런 곳에 머문다. 따라서 군자는 관유(寬柔)에 강
함과 강강(剛强)의 강함과도 잘 어울리나 속된 것에 말려들지 않아
야 이것이 진정한 강이요, 중용의 도리에 따라 어느 한쪽으로도 기
울지 않으니 이것이야말로 강중에 강, 진정한 강이니라. 따라서 나
라에 도리가 확립될 때에도 이를 극복하려는 의지가 불변한 것도
강이요, 나라에 도리가 무너져 죽음에 이르러서도 불변하면 이 또
한 진정한 강이니라.' 이것은 중용 제10장 원문에 말씀이다. 제자
가 스승에게 진정한 강자의 도리에 대해서 물으니 스승인 공자께서

---

5) 중용 제10장 원문- 子路問强. 子曰, 南方之强與, 北方之强與, 抑而强與. 寬柔以
敎, 不報無道, 南方之强也, 君子居之. 衽金革, 死而不厭, 北方之强也, 而强者居之.
故君子和而不流, 强哉矯, 中立而不倚, 强哉矯, 國有道, 不變塞焉, 强哉矯, 國無道, 至
死不變, 强哉矯!

강자의 도리와 본분에 대해서 하신 말씀이다.

어느 시대이건 늘 강자가 판치는 세상이다. 그러나 자로는 진정 남방의 강함과 북방의 강함에 대하여 스승에게 묻고 있다. 자로는 관유(寬柔)에 강함과 강강(剛强)의 강함으로 그 자질과 품위를 갖추고 그의 본분에 맞게 자신이 행동하고 실천하고 있는가에 대한 의문을 던지고 있다. 현대사회의 강자들도 자로의 생각처럼 기실 그렇기만 하다면 미래의 희망이 없는 것은 아니다. 그러나 실망스럽게도 현대인들의 지금 이 현실은 그렇지 못하다는 생각에 미래가 암울하고 씁쓸하다.

강자는 강자에게 강해야하고 약자에게 강해서는 곤란하다. 강자는 약자를 배려하고 보호해야할 의무와 책임이 전제되어야한다. 또한 약자는 강자의 진정성을 이해하고 존중해야한다. 그래야 강자와 약자가 함께 더불어 살아가는 공존의 삶이 될 것이다. 가령 강자만이 있는 세상이라면 세상이 평화로울까? 그렇다면 거기에는 약자도 없고 강자도 없을 것이다. 그런 구조적 환경 속에서 과연 그들이 균형과 조화를 이룰 수 있을까라는 기대에 대해서는 더욱 회의적이다.

강자는 그 강자의 속성과 매너리즘에서 벗어나서 그 약자와 강자의 경계를 뛰어넘는 자로와 같은 의식이어야 한다. 강자는 약자와 더불어 있을 때에 강자의 존재감이 생긴다. 즉 강자의 진정한 본분은 강자를 위한 것이 아니라 약자를 위함에 그 강자의 복적과 당위성이 있다고 보아야 한다.

그러나 우리의 현실을 한 번 생각해보자. 한국에서는 그 대표적 사례가 소위 말하는 강남3구이다. 강남3구는 우리의 강자들이 만들어 놓은 특별한 영역의 사회이다. 강자는 강자들끼리만 살려고 하고 약자들을 배척하고 있다. 그래서 강남에 사는 사람, 강북에 사는 사람으로 우리의 삶과 세상은 이미 선명하게 차별화 된 사회이다. 그런 인식과 현실이 우리의 의식 속에 뿌리 깊다. 그래서 많은 약자들이 어떻게 해서라도 강자의 대열에 합류를 해보려고 무리해서 끼어들어가 보지만 그들에 대한 호의는 찾기 어렵고 매우 비호감적이다. 그들에 경계와 차가운 시선은 대단하다고 한다. 이것은 이미 우리사회의 고착화 된 병폐 중 하나로서 새삼스러운 우려가 아니다. 그러나 이것도 어디까지나 우리사회의 일부 강자들에 대한 보편적 시각과 견해로서 모두가 다 그렇다고 볼 수는 없다.

때문에 약자들은 하는 수 없이 그 지역에서 밀려나게 되고 약자들끼리 따로 의지하면서 도 다른 차별화의 대상으로 살아간다. 이렇게 물과 기름같이 융합되지 않는 차별화된 우리의 삶에서는 진정한 균형과 조화를 이루고 있는 세상이라 할 수가 없다. 이를테면 맛의 균형과 조화를 생각해 볼 때 '라면과 김치'가 주는 맛에 균형과 조화는 참으로 매력적이다. 라면이 비싸서도 아니고 김치가 귀한 것이기 때문도 아니다. 본질도 다르다. 라면은 주식의 부류지만 김치는 그 본질이 부식이다. 주식이라 해서 유난히 뻐기고 폼 낼 것도 아니고 부식이라 해서 주식 앞에서 마냥 주눅들 일만도 아니다.

그러나 라면을 먹을 때에 김치가 없다면 그것은 찐빵을 먹을 때에 단팥이 없는 것과 같고, 시원한 맥주를 마실 때에 거품이 없는 것과 같은 부조화의 꺼림칙한 느낌뿐일 것이다. 바로 강남3구의 맛이 이런 느낌은 아닐는지. 이것은 한국사회의 얼룩진 역사가 안고 있는 불구에 문명이고 그 문명이 빚어낸 부조화의 현상이다. 이것은 우리사회의 전형적 불균형 사례의 하나라 할 수 있다. 또한 현대사회에서 약자가 변하려 해도 약자는 쉽게 변하기가 어렵다. 세상을 변화시키는 데는 약자보다는 강자가 먼저 변해야 세상이 바뀐다. 그것이 군자의 도리인 강자의 본분이요, 진정한 관유(寬柔)에 강함과 강강(剛强)의 강함일 것이다. 하지만 이제부터라도 라면과 김치처럼 강자와 약자가 균형과 조화를 이룩하면 더욱 더 아름답고 행복한 세상이 될 수 있을 것이란 믿음엔 변함이 없다.

➡ 다수의 의견은 소수의 의견이나 주장도 배려하고
참고하여야 한다.

다수의 의견이라 해서 반드시 옳기만 한 것은 아니다. 그리고 소수의 의견이라 해서 반드시 틀린 것만도 아니다. 그러나 세상은 항시 다수 대 소수의 대결이다. 이른바 이것이 다수결의 원칙(majority rule)에 근거한 이론이다. 이 다수결의 원칙은 집단의 의사를 다수의 의견에 의하여 결정한다는 원칙을 말한다. 이 원칙은 민주국가의 입법부 같은 다양한 의사결정체에서 사용되고 있고 입법부와 기타 의사결정단체에서 자주 사용한다. 메이 원리(May's Theorem)에 의하면 다수결원칙은 '공정한 합리적 결정원칙'이라 한다. 공정성(Fairness), 익명성(Anonymity), 중립성(Neutrality), 결정성(Decisiveness), 단일성(Monotonicity)과 같은 특성을 가지고 있다.

그러나 다수결원칙이 절대적으로 옳은 것은 아니다. 다수의 의견이 소수의 의견보다 덜 위험하고 다수의 의견이 소수의 의견보다 덜 독단적이라는 것뿐이다. 또한 다수결원칙은 질보다 양을 기초로 하여 수적 우세로 문제를 해결하려는 수단의 방법이 될 수도 있다. 잘못된 의견이 다수에 의해 지지를 받는 대신에 올바른 의견이 소수의 의견으로서 배척받게 되는 경우도 왕왕 있다. 이럴 때에 민주정치는 다수의 횡포 정치로 전락할 가능성을 완전히 배제할 수 없다. 그러므로 다수결원칙은 가장 합리적인 것 같지만 그 한계를 가진 의사결정의 룰이다.

　이처럼 '다수결의 원칙'은 민주주의 사회에서 정치, 경제, 사회 전반에서 가장 소중히 여겨지는 원칙이기도 하다. 그러나 이 원칙은 비교적 나은 방법일 뿐 완벽하고 완전한 것은 절대 될 수 없다. 다수결은 더 많은 사람들의 생각이 전체를 대표하는 즉, 51%가 49%를 지배하는 원칙으로서 이 원리가 지니는 장점의 이면에 있는 여러 가지 단점과 위험성 또한 한 번 생각해 보아야 하는 문제이기도 하다. 또한 옳기 때문에 다수가 아니라 다수이기 때문에 옳은 것이 되는 경우 같은 것이다. 따라서 틀렸기 때문에 소수가 아니라 소수이기 때문에 틀린 것이 될 경우와 같은 것들이다.

　이것은 어떤 것이 옳고 틀린 것이냐에 대한 논쟁이 아니라 강자와 약자의 극단적 논리에 비약일 수도 있다. 하지만 다시 말해 다수는 즉 강자이고, 소수는 약자가 되는 것이다. 그러니 소수나 약자는 늘 틀린 것이고 옳지가 않은 것처럼 되어버리는 세상이 될 수도 있다. 그래서 소수의 정의가 다수의 반정의 앞에서 늘 패배하고 무릎을 꿇고 마는 것이다. 틀렸기 때문에 패배하는 것이 아니라 소수이기 때문이 틀렸고 패배하게 되는 것이라면 이는 분명 공정이 될 수 없다.

여기에는 힘(권력과 재화)이라고 하는 것이 작용하기 때문이다. 키가 큰사람들은 키가 작은 사람들을 은근히 깔보고 무시한다. 그것은 논리로 안 되면 강제적 힘으로라도 눌러버리겠다고 하는 오만한 강자의식이 작용하고 있기 때문이다. 우리 속담에 법보다 주먹이란 말이 있다. 또 그런 주먹 앞엔 법도 무용지물이 될 수도 있다. 그것이 힘이고 권력에 속성이란 것이다. 힘이 센 권력자들은 법보다 주먹이 앞서기 때문이다. 이처럼 정당성이 없는 다수가 다수란 이유 하나로 반정의가 정당화 된다면 참으로 어처구니없는 일이다.

그러나 세상엔 이 어처구니없는 일들이 오늘도 우리의 현실에서 아무렇지도 않게 수시로 일어나고 있다. 마치 맑은 하늘에 구름 끼듯이 수시로 생겨나고 있다. 이제 다수가 소수를 인정하고 일방적이지 않는 것. 반정의가 다수를 이용하여 무리수를 두지 않는 것. 그런 것들이 합리적인 의식이고 방법이다. 그런 것이 우리사회의 '균형과 조화'이다. 우리의 삶에 균형과 조화가 필요하듯이 우리 사회에도 다수와 소수가 하나로 어우러져서 궁극에 목적을 이루어내는 합리적인 합의의 의식과 절차가 필요하다. 한국사회의 균형잡힌 멋진 몸매를 위해서는 다원화된 의식과 다양성의 수용과 포용이 필수이다.

그러나 당장의 근시안적 사고와 의식으로는 이러한 일상의 근원적인 문제를 풀어내기 어렵고 판단하기 어려운 일들이 많다. 그것이 현대사회의 우리가 안고 있는 삶이다. 인류의 미래와 역사도 마찬가지이다. 지금 당장은 나의 이해관계와 득실 때문에 소수의 의견에 반대를 했어도 훗날 시간이 흐른 뒤에 다수가 틀리고 소수가 옳았다는 뒤바뀐 상황이 올 수도 있다.

때문에 문제의 중심을 바로보지 않고 판단하는 것은 늘 시행착오와 오류를 범할 개연성이 크다. 즉 다수이든, 소수이든 서로 상대가 틀렸다고 하기 이전에 문제의 핵심인 그 중심을 똑바로 보아야한다. 그 중심을 바르게 보기 위해서는 반드시 중심에 서서 그 문제의 중심을 보아야 그 중심이 보인다는 것을 잊어서는 안 된다. 즉 중심을 본다고 하는 것은 어느 한쪽만을 보는 것이 아니라 한 가운데에서 전후좌우 양쪽을 다 헤아려보는 것을 의미한다. 이것이 우리의 일상에서 일어나는 사물과 현상에 대하여 끊임없이 관찰하고 고민해야할 과제이다. 이렇게 함으로써 관계와 관계 속에 지속적인 균형과 조화를 이룰 수 있기 때문이다.

이것은 균형과 조화를 이룸으로써 본체의 중심과 본질의 중심을 잃지 않기 위함이다. 특히 현대사회체제 속에서 인간의 삶에 보편적 줄기인 정치, 경제, 사회, 문화가 그 중심을 잃으면 우리 사회의 본체가 무너지고 본질도 없어지고 말기 때문이다. 우에서 좌로 몰리면 우는 없어지고 만다. 또한 좌에서 우로 몰리면 좌도 없어지고 만다. 결국 어느 한쪽이 없어지는 것은 그 중심이 허물어지고 매몰되어졌기 때문이다.

따라서 그 중심을 지켜내는 사상과 의식의 근본행이 불편불의(不偏不倚)[6] 나 과유불급(過猶不及)이다. 이렇게 우리의 일상에서 이

---

6) 불편불의(不偏不倚)- 어느 한편에 치우치지 않고, 어느 무엇에 의지하지도 않는 것으로서 사람의 의식과 육근동작을 바르게 하는 것이다. 이것을 붓다의 가르침

두 가지의 의미만 잘 이해를 하고 실천하면서 살아도 자기의 중심 절반은 지켜낼 수가 있지 않을까 믿어 의심치 않는다.

- ⮞ 자연스러워야 할 것에 억지를 부리지 않는 것.
- ⮞ 자연적 현상을 방해하지 않는 것.
- ⮞ 자연의 메커니즘과 사이클이 지속되게 하는 것.

물은 위에서 아래로 흐른다. 그것은 물이 가지고 있는 물의 속성(本性)때문이다. 물은 앞이 막히면 때를 기다렸다가 다시 흐른다. 앞이 막히면 또한 좌우나 뒤로 돌아서 가기도 한다. 지형과 주변 환경에 따라서 속도에 완급을 조절하기도 한다. 물은 자연만물의 생명을 잇게 하고 위대한 영성을 지닌 생명생성의 절대자격인 화학적 결합물이다. 이런 자연만물의 절대자격인 물도 독선적이거나 순리에 역행하지는 않는다. 반드시 현실과 타협하고 주변의 여건과 사정에 부합하고 합리성을 추구한다.

물에 대한 톨스토이의 교훈을 한 번 보자. "물을 닮을 필요가 있다. 방해물이 있어도 물은 거침없이 흐른다. 둑이 있으면 물은 흐름을 멈춘다. 둑을 없애면 물은 다시 흘러내려 간다. 물은 둥근 그릇이나 네모난 그릇을 따지지 않는다. 물은 여유로우며 활달하기 그지없다." 마치 옛 역사에서 전설처럼 전해지는 현자들의 지혜로

에서는 원만행에 이름이요 곧 중도행이다. 또한 공자의 가르침에서는 과유불급(過猶不及)이다. 정도가 지나침은 차라리 미치지 못함만 못하다는 뜻이다.《논어(論語)》의 〈선진편(先進篇)〉에 나오는 말로, 중용(中庸)의 중요성을 이르는 말이다. 이처럼 사람은 자신의 입장이나 주견에 치우치기 쉽고, 자력을 확립하지 못했기 때문에 늘 그 무엇에 의지하기 쉽기 때문이다.

움과 품성, 품행을 닮은 모습과도 같이 느껴지게 한다. 이렇게 물은 우리의 일상에서 무언의 가르침을 준다. 겸손을 일깨워 준다. 물은 자기가 처해진 환경에 따라 변화하고 적응한다. 그리고 물은 수증기로, 수증기는 구름으로, 구름은 눈비로, 눈비는 지상으로 내려와서 다시 작은 도랑을 거쳐 냇물이 되고, 강물이 되고, 바다로 간다. 그리고 그렇게 지나오는 사이 필요에 따라 자기를 아낌없이 자기를 만물에게 보시를 한다. 때론 지나오면서 부딪치고 깨지는 사이 아픔을 견디며 세상의 오염을 정화하는 일도 잊지를 않는다. 때문에 많은 선각자와 철학자들이 범부들에게 삶을 살아가는 세상의 이치와 진리를 가르칠 때 이 물의 속성을 비유하여 인성을 키우도록 조언하는 것인가 보다.

다음은 조수철 교수가 고전을 통해 본 물에 대한 교훈이다. 헤르만 헤세의 '싯다르타'에서 싯다르타가 강가에서 득도하기 전 사색했던 장면들을 보자. "강물의 소리는 아직 괴로움에 가득 차 살피듯 울려 왔으나 여기에 다른 소리가 섞여 들렸다. 환희의 소리와 번뇌의 소리, 선한 소리와 악한 소리, 백가지, 천 가지의 소리가 어울려 퍼지는 것이었다. 싯다르타는 이 소리에 귀를 기울였다. 그는 이미 많은 것을 구별할 수 없게 되었다. 모든 대극적인 것이 하나로 통일되는 순간이었다." 이렇게 싯다르타는 강물의 흐름 속에서 드디어 해탈을 하게 되는 경지가 되었다.

중용에서 "공자께서는 위로는 하늘의 운행법칙에 순응하고, 아래로는 물과 흙의 품성을 본받고 따랐다(上律天時, 下襲水土)."라는 표현이 나온다. 명심보감에도 좋은 비유가 있다. "물이 너무 맑으면 고기가 살 수 없고, 사람도 너무 남의 옳고 그름을 따지면 친구가 없다." 이 말씀은 처세에 대한 말씀으로 대인관계에서 다른 사람의 잘못을 용서해주고, 유연하게 대처할 것을 물에 비유했다.

맹자에서는 "물은 용솟음쳐 흘러나와 밤낮을 쉬지 않고 흘러서 흙구덩이를 채우고서야 다시 흘러가서 사해에 이르니"라는 표현이 나온다. 모든 일을 단계적으로 이루어야 하며, 웅덩이 같은 자신의 약점을 잘 살펴보면서 앞으로 나아가야 한다는 가르침을 물에 비유했다. 쉼 없이 흐르는 물은 앞을 다투지 않는다(流水不爭先)라는 표현이 있다. 노자의 도덕경에도 물의 교훈이 있다. "최고의 선은 물과 같다. 물은 만물을 이롭게 하나 스스로를 내세우지 아니하며, 많은 사람이 싫어하는 낮은 곳에 스스로를 둔다. 따라서 도에 가깝다."라는 말씀이다.

물의 여러 가지 특성 중 가장 뚜렷한 것은 지속적으로 낮은 곳으로만 흐른다는 점이다. 사람도 이와 같아야 함을 물에서 배우고 있다. 항상 겸손할 것을 물의 흐름이 가르치고 있는 것이다. '이해하다, 알다, 깨닫다, 납득하다' 라는 의미에 Understand은 무슨 의미일까? 이는 아래에(under) 선다(stand)는 뜻이다. 파스칼은 "인간이 알고 있는 것이 물 한 방울이라면 인간이 앞으로 알아야 할 일은 대양과도 같다"고 갈파한 바도 있다. 쥐꼬리만 한 지식으로 오만해서는 안 된다는 교훈을 물에 비유하고 있다. 또한 '法' 자에 의미를 살펴보자. '물(水='氵')의 흐름(去)'이다. 이에 대한 직역은 '물이 간다' 이다. 물이 간다는 것은 물의 흐름이다. 즉, 법(法)이라고 하는 것은 물의 흐름과 같이 자연의 이치에 근거한 이론이란 뜻이다. 물은 높은 곳에서 낮은 곳으로 흐르며 따라서 자연스럽고 상식적인 것이 바로 법(法)임을 알게 함이다. 훈(訓)자를 보자.

냇가(川)에서의 말씀(言)이다. 해(海)자를 보자. 모든 물(水)은 어머니(母)의 품처럼 받아들인다는 의미이다. 영원(永遠)을 보자. 이 영(永)은 물(水)이 여러 갈래로 흐르는 모양이다.[7] 이 처럼 물은 우리 인간의 삶에 많은 가르침을 보이고 있다. 그래서 물은 자연만물의 생성에 없어서는 안 되는 근본이다.

또한 바람은 어떠한가? 바람이 없으면 만물이 어떻게 숨을 쉬고, 춤을 추고, 삶을 노래할 수 있을까? 바람은 자연만물의 기운이다. 살아감에 존재를 느끼게 해주는 물과 같은 생명생성의 원천이다. 이런 바람도 앞이 막히면 돌아간다. 앞이 막히면 잠시 머무르기도 한다. 물이 멈추고 바람이 멈추는 것은 자연만물에 생명이 잠시 멈춤과 같다. 그것은 시간의 멈춤과 같다. 꽉 막힌 밀폐된 공간에선 물과 바람은 그 생명성을 지속해서 유지하기란 어렵다. 그것은 본성을 지속적으로 유지하기가 어렵고 멈춤의 시간이 길어질수록 그 생명성과 영속성을 잃기 쉽기 때문이다.

그러나 물과 바람에 대하여 우리가 절대 잊어서는 안 되는 것이 있다. 물과 바람이 한없이 자애롭고, 겸손하고, 부드러운 성품이나 한 번 분노를 일으켜 울분을 토하면 산천초목이 사시나무처럼 떨고 그 공포와 두려움은 가공할 위력으로 인간세상에 모든 신을 다 동원해도 막아낼 수 없다는 것을 알아야 한다.

또한 하늘에 구름은 어떤가? 구름의 길을 막을 수 있을까. 흘러가는 구름을 잡아둘 수 있을까. 시시각각 천태만상 헤아릴 수 없이 변하는 구름의 모양을 변하지 못하도록 할 수 있을까. 만일 하늘의 구름이 변하지 않고 흘러가지 않는다면 하늘은 지금처럼 아름다

---

7) 조수철 서울 의대교수 · 정신과학 [과학읽기] 물이 주는 교훈- 참고인용.

울수 있을까. 땅에서 숨 쉬고 사는 만물의 생명들은 과연 무사할수 있을까?

달과 해는 동쪽에서 서쪽으로 길을 간다. 그런데 어느 날 우주의 질서와 규칙을 깨고 해와 달이 서쪽에서 동쪽으로 길을 바꾼다면, 강물이 아래로 흐르지 않고 위로 역류를 한다면 어떨까? 당연히 이것은 억지다. 지금처럼 자연은 자연스러워야 한다. 이것은 자연의 메커니즘이다. 바람은 바람의 길이 있고, 물은 물의 길이 있다. 또한 사람은 사람의 길이 있다. 사람이 사람의 길인 인도로 가지 않고 차도로 간다든가 하면 언제 어떤 병고가 생길지 모를 일이다. 바람은 바람의 길로 가고, 물은 물의 길로 가고, 사람은 사람의 길로 가는 것이 순리이다. 이것이 자연의 길 도(道)이다.

여기서 중요한 것은 이러한 자연의 생명들이 각자 가고자하는 길에 중심을 지키는 일이다. 그러나 이 자연의 자연스러움이 부자연스럽고 자연스러움의 본성과 기질에 억지를 부리는 것들이 있다. 그것이 바로 인류가 낳은 과도한 욕망과 문명창달의 탐욕적 기질이다. 마구잡이로 대자연의 자연스러운 현상과 작용, 메커니즘에 가차 없이 매스를 들이대고 방해하는 것은 이 지구상에 인간만이 유일한 주범이다.

있던 것을 없게 하고, 없던 것을 있게 하고, 바람의 길을 막고, 그토록 겸허한 물의 길을 막으려하지만 도가 지나친 인간의 욕망과 탐욕은 자연의 자연스러움을 방해하고 부자연스러움과 병폐를 양산하는 억지가 되고 만다. 그 억지는 결국 부메랑이 되어 우리에게 천재지변(天災地變)으로 돌아와 불균형과 부조화의 현상에 언제 어떻게 보복을 가할지도 모를 일이다. 그래서 인간은 자연의 숭고

함과 그 위대함에 맞설 수 없다.

그래서 중용에서 공자께서는 "위로는 하늘의 운행법칙에 순응하고, 아래로는 수·토(水·土)의 품성을 본받고 따랐다."고 하는 것이다. "비유컨대 천지처럼 실리지 않은 것은 없고, 덮이지 않은 것도 없다. 비유컨대 사계처럼 번갈아 운행하고, 해와 달이 교대로 빛을 발하는 것과 같은 것들이다. 만물은 함께 화육되지만 서로를 방해하지 않고, 도가 함께 실행되지만 서로 어긋남이 없다." 이것은 중용 제30장 원문[8] 내용의 일부이다. 이처럼 공자께서는 대자연의 자연스러운 현상과 작용, 메커니즘에 비유하여 인간의 삶이 지극히 자연스러운 균형과 조화 속에서 운행되어야함을 강조하고 계시다.

인간이 자연에 대하여 인위적인 억지를 부려서는 절대 '균형과 조화'를 이룰 수 없고 자연에서 삶의 지혜를 본받으라는 교훈이시다. 자연적 현상에 순응하며 내 삶의 억지를 부리지 말라는 것은 나와 내 가족, 내 이웃에게, 우리의 사회에 균형과 조화를 이루라는 진지한 충고이다.

---

8) 중용 제30장 원문이다. 仲尼祖述堯舜, 憲章文武. 上律天時, 下襲水土. 辟如天地之無不持載, 無不覆幬. 辟如四時之錯行, 如日月之代明. 萬物竝育而不相害, 道竝行而不相悖. 小德川流, 大德敦化. 此天地之所以爲大也. 공자께서는 요임금과 순임금을 본받으며, 문왕과 무왕이 세운 법도를 지켰다. 위로는 하늘의 운행법칙에 순응하고, 아래로는 수·토(水·土)의 품성을 본받고 따랐다. 비유컨대 천지처럼 실리지 않은 것은 없고, 덮이지 않은 것도 없다. 비유컨대 사계처럼 번갈아 운행하고, 해와 달이 교대로 빛을 발하는 것과 같은 것들이다. 만물은 함께 화육되지만 서로를 방해하지 않고, 도가 함께 실행되지만 서로 어긋남이 없다. 작은 덕성이 냇물처럼 흐르고, 큰 덕성이 돈독하게 화육된다. 이런 것이 바로 천지의 위대한 까닭이다.

•》 경우에 따라서는 내가 하기 싫은 일도 해야 하는 것.

•》 경우에 따라서는 자기의 손해도 감수해야 하는 것.

우린 대인관계에 있어서 매우 이기적이다. 내가 하기 싫은 일은 남이 대신해주기를 바란다. 남보다 자신의 이익이 더 많기를 갈망하는 것이 우리사회의 보편적 인식이고 인지상정이다. 그럼에도 불구하고 누구나 자신이 원하는 대로만 모든 일이 되는 것도 아니다. 이 세상에 남을 위해 자신의 이익을 양보하고, 남을 위해 하기 싫은 일을 자청할 사람이 또한 어디 있겠는가. 이를 부정하고 이의를 제기할 사람은 아무도 없다. 하지만 꼭 그런 것만은 아니다. 세상이 돌아가다 곧 멈추어버릴 것만 같은 답답한 현실 속에서도 지구가 계속 돌아가고 세상이 멈추지 않는 것은 그렇지 않은 사람들이 균형과 조화로써 그 중심을 수호하고 있기 때문이다.

중용 제13장 원문 말씀에 '충서위도불원, 시제기이불원, 역물시어인(忠恕違道不遠, 施諸己而不願, 亦勿施於人)'[9] 이라 했다. 이는 '충서의 도리가 멀리 있는 것이 아니며 먼저 자신에게 베풀어서 자신이 싫어하는 것이면 남들에게도 행하지 말아야 한다.'는 말씀이다.

---

9) 중용 제13장 원문에 일부이다. 忠恕違道不遠, 施諸己而不願, 亦勿施於人. 君子之道四, 丘未能一焉, 所求乎子, 以事父未能也. 所求乎臣, 以事君未能也, 所求乎弟, 以事兄未能也. 所求乎朋友, 先施之未能也. 충서의 도리는 멀리 있는 것이 아니며 먼저 자신에게 베풀어서 자신이 싫어하는 것이면 남들에게도 행하지 않아야 한다. 군자의 도리에는 네 가지가 있는데, 정작 나는 하나도 실천한 것이 없다. 자식에게 바라는 것처럼 부모를 모셔야 하는데 그렇게 하지 못했고, 신하에게 바라는 것처럼 임금을 섬겨야하는데 그렇게 하지 못했고, 아우에게 바라는 것처럼 형님을 존중해야 하는데 그렇게 하지 못했고, 친구에게 바라는 것처럼 친구에게 베풀어야 하는데 그렇게 하지 못하였다.

사실 우리가 미처 알지 못하고 세상사가 일일이 드러나지 않아서 그런 것이지 이렇게 남모르게 이 말씀과 뜻에 부합하도록 살아가는 사람들이 많이 있다. 때문에 세상은 멈출 것 같으면서도 여전히 돌아가고 있다고 믿고 싶다. 만일 이렇게 균형과 조화로써 그 중심을 수호하고 있는 사람들이 없다면, 자신의 이기주의에 매몰되어 남을 배려하지 않고 서로 자신의 이익만을 위해 몰두한다면 살아 숨 쉬고 있다는 것이 얼마나 슬픈 세상의 현실일까?

자기 자신의 이익을 더 많이 지키고 챙기기 위해 나날이 피투성이 전쟁을 치러야하는 것이 오늘날 현대사회의 우리가 당면한 현실이다. 마치 먹잇감을 놓고 서로 뺏기지 않으려는 성난 하이에나의 혈투와 뭐가 다를까. 그러다보면 결국은 약육강식의 강자만이 살아남게 될 것이고 그 강자들만의 세상이 될 것이다. 그러나 사람이 짐승들과 다른 것은 인간의 도리와 하늘의 이치에 부합하도록 살아야 하기 때문이다. 곧 그것이 충서(忠恕)[10] 의 도리이다.

충서란? 자기에게 충실하여 정성을 다하며, 그러한 자세로 다른 사람에게 배려와 베푸는 마음의 지극한 성(誠)을 말함이다. 이러한 충서의 의식과 정신이 우리사회에 넘실거리는 강물처럼 충만할 때에 인류의 선진문명창달이 가능할 것이다. 그러기 위해서는 남보다 내가 먼저가 아니라 나보다 남이 먼저라는 배려가 전제되어야 한다. 그러기 위해서는 불가피한 상황에서 나에 손해도 감수할 줄 알

---

10) 충서(忠恕)- 忠: 가운데 마음. 즉 가슴 깊이 우러나오는 성심. 恕: 상대의 입장을 이해하는 마음이나 인애의 마음. 충서란? 군자의 도를 행하는 첩경이다. 충서로써 도를 행하면 그 도는 크게 어긋나지 않는데 먼저 나한테 베풀어 봐서 내가 싫어하는 것이면 남에게 베풀지 않는 것. 김충열,「김충열 교수의 중용대학강의」, 예문서원, 2007, p.189 참고인용.

아야한다. 부당한 방법으로 나의 손해를 남에게 전가시켜서 나의 이익으로 챙기지 말아야한다. 또한 대인관계의 자연스러움을 부자연스럽게 않게 만들지 않는 것이 함께 어울려 살아감에 자연스러움이다. 관계의 현상을 굴절시키지 않는 균형과 조화의 중심잡기이다.

무조건 나를 희생하고 남을 위해 무조건 양보하라는 것이 아니라 내가 양보할 일이 있으면 양보하고 이익을 볼 일이 있으면 이익을 보되 너무 기울지 않는 하후상박의 정신으로 일을 도모한다면 이것이 바로 타인을 배려하고 우리사회의 균형과 조화의 중심을 지켜가는 중용의 정신이 될 수 있음이다.

최근 들어 한국사회의 최대 이슈 중 하나로 떠오른 '동반성장'에 관한 논의가 확산되고 있는데 참으로 다행이 아닐 수 없다. 이런 취지에서 정부서도 동반성장위원회를 두고 대기업과 중소기업 간의 사회적 갈등문제를 발굴, 논의하고 민간부문의 합의를 도출하려는 동반성장 문화 확산의 구심체 역할을 하고 있다. 이것은 불공정 거래, 양극화 심화에 대한 사회적 갈등을 넘어 대기업-중소기업의 기업환경과 그 본질적 관계를 창조적으로 변화시키는 협업 관계의 모델, 네트워크의 강화 전략, 대기업-중소기업 간의 윈윈(win-win)하는 성장 모델, 성과공유제, 중소기업역량강화정책 등 대한민국의 산업경쟁력을 강화시키는 한국형 동반성장의 모델이라는 점에서 다소 우려는 있지만 우리사회의 불균형을 다소 해소할 수 있는 방안의 하나인 것만큼은 확실하다. 불균형을 다소나마 해소할 수 있다는 전기가 마련됨에 따라 균형의 중심축을 바로 세우고 튼실한 산업경제의 구조개선이 이루어질 수 있다는 전망이 가능해졌다.

그러나 이것이 그리 쉽지 않다는 생각이다. 인간이기 때문에 그렇기도 하고 인간이기 때문에 가능한 일이기도 하다. 그러나 결국은 마음먹기에 달린 문제이다. 소인의 편의 설 것이냐? 아니면 대인의 편의 설 것이냐의 관점이다. 어쨌든 우리 인류가 지향하는 미래사회는 지금과 같아서는 곤란하다. 지금처럼 힘겹게 겨우겨우 돌아가는 것만으로는 절대 우리가 행복할 수 없다. 강자들의 노력만 가지고는 민족번영의 문명창달을 기대할 순 없다. 강자와 약자가 함께 손을 맞잡아야 한다. 대기업은 대기업대로, 중소기업은 중소기업대로 관계를 멀리하고 자기만 살겠다고 하는 것은 자칫 공멸을 초래할 수도 있다. 또한 기왕지사 손해를 볼 수밖에 없는 상황이라면 약자가 좀 덜 손해보고, 강자가 좀 더 손해를 보는 통찰과 배려가 이루어진다면 우리사회의 심화되는 양극화와 갈등구조를 조절하고 합의를 이루는 시발이 될 수 있다. 균형과 조화의 중심축이 될 수 있다. 우리사회가 좀 더 힘차게 팽팽 잘 돌아서 지금보다는 좀 더 많은 사람들이 충서의 도리에 가까운 보람된 삶에서 지금보다 좀 더 행복했으면 하는 바람이 간절하다.

·⫸ 명분과 대의를 존중하고 순응하는 것.
·⫸ 제도나 규정을 잘 준수하는 것.

우리사회의 제도나 규정은 법이나 관습에 의하여 세워진 모든 사회적 규범이고 규약의 체계를 말함이다. 대의명분 또한 사람으로서 마땅히 지켜야 할 도리와 본분이며 어떤 일을 꾀하려 할 때 내세우는 합당한 절차와 구실이다. 또한 설득력 있는 이유를 말함이다. 또한 천륜(天倫)이나 인륜(人倫)의 예절도 우리의 일상적 삶에서 요구되는 사회적 규범에 속하는 제도이다. 부자사이, 형제사이에서 마땅히 지켜야 할 도리와 사람으로서 지켜야 할 예절에 순서이다. 그런 뜻으로, 임금과 신하, 부모와 자식, 남편과 아내, 어른과 아랫사람, 벗과 벗 사이에 지켜야 할 예법의 도리임을 이르는 말이다.

이처럼 제도나 규정은 인간의 삶의 매우 중요한 것으로서 인류의 역사와 더불어 끊임없이 진화되고 발전되어 왔다. 이것을 통해서 사회적 합의를 이루고, 인류역사의 전통과 질서의 체계를 유지발전시켜왔다. 이것은 사회의 균형과 조화를 꾀한 인류사회의 체제중심의 근본적 룰(rule)이다. 그러나 오늘날 이러한 사회적 규범과 제도가 잘 실행되고 운용되고 있는가에 대한 물음에는 매우 비관적이다. 또한 안타깝게도 명쾌한 답이 없다. 이러한 사회적 규범이나 제도가 엄연히 존재하고 있음에도 어떤 사람들에게는 절대적이요, 어떤 사람들에게는 마치 치외법권(治外法權)[11]적 권리처럼 제도나 규정이 무용지물이 되고 악용하는 되는 사례들이 있다는 것은 다수의 성실하고 선량한 국민들을 무시하고 깔보는 후안무치이다.

강자는 강자대로 우리사회의 사명과 책임이 있다. 우리사회에 책임 있는 강자가 많으면 많을수록 좋다. 곧 그것은 이 나라의 국력이기도하기 때문이다. 강자가 약자들로부터 존경받고 큰 보람을 느

---

11) 치외법권(治外法權)- 외국 원수, 외교 사절 등이 국가 간 체재하고 있는 국가의 국내법을 적용받지 않고 본국법의 적용을 받는 권리로서 특히 재판권, 경찰권, 과세권으로부터의 면제를 목적으로 하는 주된 내용이다.

낄 수 있다면 약자에게도 큰 희망과 삶의 용기가 되리라. 그러나 일부 사회적 물의를 일으키고 있는 것은 약자들보다도 우리사회의 몰지각한 지도층 인사나 강자들인 경우가 대부분이다. 그러나 마치 강자 전체가 모두 다 사회적 물의를 일으킨 것처럼 확대 인식하는 것은 옳지 않다.

또한 제도나 규정의 불합리성과 미진함도 매우 많다. 그러나 제도나 규정에 앞서 수신하는 자세가 더욱 중요하다. 범죄가 없는 세상에 제도나 규정은 불필요한 규율일 뿐이다. 수신한 강자는 제도나 규정을 위반할 일이 없고 따라서 세상으로부터 비판받을 일도 없다. 수신한 사람은 무릇 모든 것에 본이 되기 때문이다. 수신에서 도덕적 개인 수양을 특별히 중시하는 것은 유가사상의 근본적 특색이다. 수신에서는 달도(達道)와 달덕(達德)[12]이 그 제도의 요체이다.

중용 제20장 원문에 일부이다. 수신이도, 수도이인. 인자인야, 친친위대(脩身以道, 脩道以仁. 仁者人也, 親親爲大)라 함은 '자신을 수양하는 것은 도리에 있고, 도리를 실천하는 것은 인(仁)에 있다. 인이라 함은 사람다운 것이며, 그 중 부모를 사랑하는 것이 가장 중요하다.'라는 말씀이다. 또한 오자천하지달도야. 지인용삼자, 천하지달덕야(五者天下之達道也. 知仁勇三者, 天下之達德也)라. '임금과 신하의 관계, 부자지간의 관계, 부부지간의 관계, 형제지간의 관계, 붕우지간의 관계 (君臣, 父子, 夫婦, 兄弟, 親舊) 이 다섯 가

---

12) 달도(達道)와 달덕(達德)- 五者天下之達道也. 知仁勇三者, 天下之達德也. 이(君臣, 父子, 夫婦, 兄弟, 親舊) 다섯 가지가 천하에 통용되는 도리. 지·인·용(知·仁·勇) 삼자는 세상에서 사람이 마땅히 지녀야 할 품성을 말하는 것으로서 이것은 중용 제20장 원문에 일부이다.

지가 천하에 통용되는 도리라고 하였다. 지 · 인 · 용(知 · 仁 · 勇) 이 세 가지는 세상에서 사람이 마땅히 지녀야 할 품성이다.'라고 했다. 이처럼 강자의 덕목이란? 모름지기 수신으로 달도와 달덕을 잘 갖추고 우리사회의 제도나 규정을 잘 준수하는 사람일 것이다. 그러니 수신한 자가 어찌 제도나 규율을 경시하고 위반할 것이며 사람 사는 일에 남의 마음을 아프게 할 것인가? 결국은 문제를 일으키는 강자는 수신을 함에 달도와 달덕을 제대로 이루지 못했기 때문이다. 따라서 이러한 강자는 이 시대의 진정한 지도자나 강자라 할 수가 없다.

그러나 약자들은 우리사회의 제도나 규율을 못 지키면 본인도 두렵고 사회적으로도 큰일이 난다. 그러니 어찌 배짱 좋게 제도나 규칙을 위반할 것인가. 그러나 강자들은 배포 때문인지 웬만한 제도나 규정을 위반하는 일엔 눈썹하나 미동조차하지 않는다. 오히려 사회가 본인들의 정서에 태클하고 반칙하는 것으로 인식한다. 때문에 그들은 그들의 반칙에 일말의 망설임이 없고 뉘우침이 없다. 하여 규범이 해이하고 도덕불감증이 매우 심각하다. 이러한 현상들과 사회적 비판을 의식한 일부 강자들이 '노블레스 오블리주'[13] 를 나름 실천하려 고민하고 있으나 그러한 실천적 운동이 우리사회의 전반적으로 확대되기는 매우 쉽지 않은 상황이다. 14세기 초기 로마시대에 왕과 귀족들이 보여준 이 도덕적 책임의식은 사회성의

___

13) 노블레스 오블리주(프랑스어:Noblesse oblige,)란- 프랑스어로 "귀족성은 의무를 갖는다"를 의미한다. 보통 부와 권력, 명성은 사회에 대한 책임과 함께 해야 한다는 의미로 쓰인다. 즉, 노블레스 오블리주는 사회지도층에게 사회에 대한 책임이나 국민의 의무를 모범적으로 실천하는 높은 도덕성을 요구하는 단어이다. 하지만 이 말은 사회지도층들이 국민의 의무를 실천하지 않는 문제를 비판하는 부정적인 의미로 쓰이기도 한다. 위키백과 참고인용.

공공정신에서 비롯된 매우 귀중한 정신혁명적 의식으로서 동양의 중용적 실천사상에 깊게 부합한 의식이라 할 수 있다. 우리사회의 강자들이 조화와 균형을 이루어야 하는 주체의 중심축이기 때문이다. 이들이 그 중심의 축을 굳건히 지키고 있을 때에 우리사회가 머리끝에서 발끝까지 강건한 사회가 될 수가 있다.

그런데 정작 우리사회의 중심인 지도층이나 강자들이 우리사회의 중심인 허리를 마구 흔들어서 사회적 불안과 불균형을 조장하고 있다면 이는 우리사회의 명분과 대의의 가치인 규범과 제도에 불응하는 반사회적, 반국가적 행위임을 인식해야 한다. 이것은 국가와 사회의 질서를 흩트리고 제도나 규정에 도전하는 부도의 행위이다. 규범이나 제도를 존중하고 잘 지키는 것도 법이나 관습에 의하여 세워진 모든 사회적 합의정신인 균형과 조화를 이루는 체계의 첩경이다. 이것이 흔들리지 않을 때에 사회가 안정되고, 미래의 문명국가건설에도 안정된 균형을 이룰 수 있다고 믿는다.

⟫ 부부의 책임을 다하는 것.
⟫ 부모의 책임을 다하는 것.

중용 제15장 원문에 말씀이다. '시왈, 처자호합, 여고슬금. 형제기흡, 화락차탐. 의이실가, 낙이처노!(詩曰, 妻子好合, 如鼓瑟琴. 兄弟既翕, 和樂且耽. 宜爾室家, 樂爾妻帑)'라 했다. 이 말씀은 '시경에 이르기를 처자식의 화목함이 마치 거문고와 비파소리처럼 조화롭고 아름답운답네. 형제들이 의기투합하여 화기애애하고 또 즐겁기만 하네. 마땅히 집안이 모여 한 가족을 이루니 늘 처자식이 즐겁네.' 라는 말씀이다.

이 대목에서는 가족애와 행복이 넘친다. '가정' 은 우리사회의 모든 관계와 관계, 조직과 조직의 구성 요건 중 가장 기본이 되는 기초사회구성요소이다. 이 최소 관계의 밀접한 관계에서 모든 관계의 시발이 이루어진다. 넓은 의미의 가정은 인간관계에 초점이 주어지는 가족(family)이 핵심이다. 이렇게 가정이란? 의식주를 비롯한 일련의 가족자원 관리활동 일체를 포함하는 개념이다. 다시 말해서 가정은 가족이 안주할 수 있는 삶의 터전을 의미한다. 한 가정의 핵심은 가족이며 가정의 목표는 가족구성원의 행복과 복지 향상이지만 이러한 목표를 달성하기 위해서는 다양한 환경과 가족 구성원간 기능이 조화와 균형을 잃지 않고 작용되어야 한다.

위에서처럼 부부의 책임을 다하고, 부모로서의 책임을 다하면 가정이 화목하고 가족이 행복하다. 이렇게 한 가정의 중심을 지키고 균형과 조화를 이루는 데는 부부의 책임이 매우 중요하다. 이러한 가족의 구성과 기능은 산업의 발달, 도시화의 확대와 영향으로 많은 진화와 문명적 변화를 겪고 있다. 세태의 변화에 따라 자식의 역할과 책임이 효(孝)라는 명제 하에 강조되던 시대는 이미 지나갔다. 이제는 부모와 부부의 역할만이 더욱 중시되는 시대이다. 현대사회에서 빈번하게 발생하고 있는 가정 파탄이나, 가족의 해체 같은 문제와 그로인해서 발생되는 2차, 3차의 문제는 여러 가지 원인적 요인과 문제가 있겠으나 가장 큰 문제는 시대를 따라가지 못하는 우리 사회의 잘못 된 문제의식과 잘못 된 진단에 오류 때문이다.

지금 우리에게 무너진 가정의 중심을 바로 세우는 데는 가정을 꾸리고 경영하는 부부의 역할이 절대적이다. 때문에 군자의 도는 평범한 부부로부터 시작되고 부부는 인륜의 중심을 이루는 도덕질서라고 하였다. 이처럼 유가의 사상은 모든 이론을 아우르는 것으로서 인간 중심사상이고 그 원천은 가정에서 출발한다.

이렇게 부부로 구성되어지는 가정은 소우주라는 공간에서 그 질서의 중심을 잡고 그 중심에 부모의 존재로 있다. 부모는 가정의 질서를 통해서 아버지는 아버지답게, 어머니는 어머니답게, 자식은 자식답게, 형은 형답게, 아우는 아우답게, 남편은 남편답게, 아내는 아내답게(父父, 母母, 子子, 兄兄, 弟弟, 夫夫, 婦婦) 존재하고 행한다는 우리사회의 윤리질서가 자연스럽게 형성되었다. 이런 가정의 균형과 조화가 처자식의 의기투합과 화기애애함을 이룬다. 마치 거문고와 비파소리처럼 조화롭고 아름답게 가정에 화목과 평화가 유지될 수 있기 때문이다. 이렇게 부부로서, 부모로서 책임을 다하는 가정은 외부로 점점 확장되어나가서 우리사회의 본이 되는 질서가 되기 때문이다. 그러나 요즘 같은 시대에 부부로서, 부모로서 책임을 다한다는 것이 얼마나 어려운가? 그래도 우리의 삶에 결코 포기할 수 없는 과제임엔 틀림이 없다.

⋙ 상하의 분별과 분수를 아는 것.
⋙ 신뢰를 조성하는 것.

우리 사회에서 직장생활을 하는 사람은 누구나 느끼는 일이다. 아랫사람은 아랫사람대로, 윗사람은 윗사람대로 고민되는 일이지만 그렇다고 뾰족한 대안이 없는 일들이다. 까다로운 부하직원, 몰지각한 상사와의 인간관계가 바로 그렇다. 이것은 중용 제27장 원문 일부의 말씀이다. 거상불교, 위하불배(居上不驕, 爲下不倍).[14] 사람이 사회생활이나 대인관계를 함에 있어 상하의 분별과 예절로서 알맞게 처신함을 일깨우는 말씀이다. '위에 있어도 교만하지 않고, 아래에 있어도 예절을 어기지 않는다.' 는 말씀이다. 현대사회에서 대인관계를 원만하게 갖기는 그리 쉽지가 않다. 윗사람의 노릇도 어렵지만 아랫사람의 노릇은 더욱 어렵다. 아랫사람이 윗사람에게 예절을 갖추는 것은 당연하다. 뿐만 아니라 윗사람도 아랫사람에게 결례를 하거나 경우가 없게 해서는 비판에 대상이 된다. 자칫 위에 있다 해서 아랫사람을 무시하고 자만에 빠지고 교만한 언행은 윗사람의 덕목이 아니다. 그러나 상하관계의 분별을 통하여 대상에 맞게 처세를 하는 것은 당연한 예절이요, 당연한 처세이다. 간혹 몰지각한 상사를 만나 부당한 대우와 불이익을 받는 직장인들이 필요 이상의 스트레스를 많이 받게 된다. 그런 관계와 직장의 풍토 속에서는 신뢰조성이 매우 어렵다. 그래서 아랫사람은 윗사람을 잘 만나는 것이 복이라 하고, 윗사람도 아랫사람을 잘 만나는 것이 복이라고 자조적인 말들이 오간다.

인간관계는 상하 불문하고 상호 합리적 우호관계가 되어야 하고 상경하애(上敬下愛)의 신뢰를 바탕으로 조직의 균형과 조화를 이루는 것이 중요하다. 중용 제14장 원문 일부이다. 소부귀, 행호부귀. 소빈천, 행호빈천. 소이적, 행호이적. 소환난, 행호환난. 군자무입

---

14) 이것은 중용 제27장 원문 일부의 말씀이다. 溫故而知新, 敦厚以崇禮. 是故, 居上不驕, 爲下不倍 옛것을 배우고 새로운 것을 알며, 소박한 심성을 두텁게 하고 예절을 숭상한다. 그런 까닭에 위에 있어도 교만하지 않고, 아래에 있어도 예절을 어기지 않는다.

이불자득언(素富貴, 行乎富貴. 素貧賤, 行乎貧賤. 素夷狄, 行乎夷狄. 素患難, 行乎患難. 君子無入而不自得焉)[15] 이라 했다. 이것은 군자가 인간관계의 처세를 함에 있어 공자께서 하신 말씀이다. '부귀하면 부귀한대로 살고, 빈천하면 빈천한대로 살고, 이적의 나라에선 이적의 풍속에 적응하고, 환난에 처하면 환난에 적응하여 살아간다.'는 뜻으로 그가 처한 어떤 상황에서도 분수에 알맞게 처신하는 지혜의 말씀이다.

군자는 이렇게 어떤 상황에 처해서도 균형과 조화로써 그 중심(中心=가운데 마음)을 잃지 않기 때문에 적응하지 못할 일이 없다는 말씀이다. 어떤 상황이라는 것은 복잡한 현대사회에서는 모든 인간관계의 상황과 그 환경이다. 이런 상황에서 자신의 처지를 알고 분수를 지킨다는 것은 예나 지금이나 어렵기는 마찬가지다. 그러나 이러한 이치를 알고 행하면 마음의 안정을 이룰 수 있지만 무분별하여 경고망동 하는 처신은 인간관계의 화를 초래할 뿐이다. 때문에 자신의 입장에서도 올바른 처신과 상하 관계의 분별이 중요하지만 조직 전체의 균형과 조화를 위해서도 매우 중요한 대인관계의 처세술이라 할 수 있다.

---

15) 君子素其位而行, 不願乎其外. 素富貴, 行乎富貴. 素貧賤, 行乎貧賤. 素夷狄, 行乎夷狄. 素患難, 行乎患難. 君子無入而不自得焉 군자는 그가 처한 상황에 따라 분수에 맞게 처신하며, 그 밖의 어떤 기대도 하지 않는다. 부귀하면 부귀한대로 살고, 빈천하면 빈천한대로 살고, 이적의 나라에선 이적의 풍속에 적응하고, 환난에 처하면 환난에 적응하여 살아간다. 군자는 이렇게 어떤 상황에 처해서도 그 중심(中心=가운데 마음)을 잃지 않기 때문에 적응하지 못할 일이 없다.

·⑩▶ 지역 간 빈부격차를 해소하는 것.

·⑩▶ 계층 간 불신과 갈등을 해소하는 것.

우리사회의 심화되고 있는 빈부격차와 계층 간 불신과 갈등은 어제 오늘의 문제가 아니다. 분야별로 많은 논의가 되고는 있지만 더욱 심화되고 있는 사회양극화의 골은 더욱 깊어만 간다. 그 현상들을 잠시 되짚어보자.

이제 우리사회의 갈등은 특별한 것이 아닌 일반화 된 보편적 현상이 되어버렸다. 각 분야별 갈등을 보면 계급갈등, 권력갈등, 지역갈등, 이념갈등, 각계 계층 간 갈등과 같은 갈등의 다원화와 다변화가 만연하는 갈등증후군시대에 살고 있다고 보아야 할 것이다. 그 갈등의 원인은 제각기 자기와 자기가 속한 공동체와 자기 문화가 자기를 중심으로 절대화하는 데서 발생했다고 말할 수도 있다. 이런 갈등의 현상과 작용은 절대적인 가치나 규범의 부재에서 비롯된 결과이기도하다.

우리사회의 갈등이란? 한정된 자원 속에서 공정한 분배의 원칙이 무산 될 때 싹튼다. 결국은 불공정, 불공평의 배분원칙 때문에 생겨나는 일들이다. 즉 바라는 욕구가 있는데, 그 욕구를 충족할 수 있는 수단이나 방법이 제한적일 때 그에 대해 극심한 경합과 갈등이 생긴다고 보면 된다. 요즘 사회는 이익집단의 갈등욕구가 한꺼번에 봇물처럼 분출되어 사회적 혼란이 가중되기도 한다. 또한 힘의 논리가 우리사회를 짓누르기도 한다. 목소리 큰 사람이 유리하고 숫자가 많은 쪽이 유리하다고 믿는 세상이다. 물리적인 힘은 또 다른 힘과 부작용을 양성하여 서로 먹고 먹히는 정글의 법칙이 우리사회의 지나친 경쟁구도와 강자논리를 미화하고 정당화함으로써 사람 사는 이 사회가 마치 동물세계의 먹이사슬과 같은 약육강식의 논리와 같은 의식이다.

이와 같은 의식들이 약자들의 삶을 유린하고 더욱 궁지로 몰아서 사회적불안과 생존의 위협을 가중시키고 있기 때문에 사회적 갈등은 점점 증폭되어 가고 있다. 지금 우리사회가 직면하고 있는 사회적 모든 갈등들이 바로 이러한 문제를 풀지 못함 때문이다. 정부는 사상 최대 1조 달러의 수출국이 되었다고 대단한 자부심과 긍지를 갖고 정부경제정책에 대한 성과를 대국민홍보를 했다. 그리고 국가경제도 좋고 문화의 발달로 살기가 좋아졌다고 한다. 그러나 그 내용의 실상을 들여다보면 살기가 좋아진 사람들은 상위 일부 계층이다. 그 일부를 제외하곤 더욱 팍팍해진 가정경제와 곤궁한 살림살이에 한숨이 절로 나오는 지경이다. 그것은 불확실한 정치와 불확실한 미래의 희망 때문에 대다수의 많은 중산층과 서민층들은 그 행복을 느낄 겨를이 없이 생사에 내몰리고 있는 것을 부인할 수 없다.

또한 지역감정의 갈등은 어떤가? 지역감정의 갈등도 구조적 갈등에 원인을 주된 요소로 작용하고 한다. 산업화의 물결과 그 결과에 대한 수익의 배분을 둘러싸고 수혜지역과 소외지역으로 차등화된 의식과 인식이 지역적 감정으로 발화되어 점점 심화되기 시작했다. 이것은 도시화에 의한 도·농 간 대립이나 중앙집권화에 의한 수도권과 지방권간의 대립이 되었고 이로 인해 지역 간 빈부의 격차는 더욱 심해졌다. 이른바 영·호남 사이의 대립적 갈등현상이 그 대표적 지역감정의 사례일 것이다.

이제 우리 현대사회의 갈등은 앞에서 살펴본 바와 같이 그 구조적 요소에서부터 돌발적 요소에 이르기까지 상호 밀접한 연관관계에 놓여 있다. 그러나 이처럼 서로 일치된 조건과 상호작용 속에서 친화적 연대를 이루고 있지 못하다. 이제부터라도 우리가 할 일은 우리사회의 갈등이 좀 더 위기 상황으로 치닫기 전에 안정적이고 합리적인 해결방법을 통해 사회통합을 어떻게 이룰 수 있는가에 대한 진지한 고민과 디테일한 해법이 있어야 한다. 그렇게 해서 갈등의 양자 사이에 놓인 갈등구조의 장벽을 헐어내고 멀고 먼 양극단의 거리를 단축시키고 불신을 좁혀가는 것만이 심각한 갈등문제의 해법이 되리라 믿는다. 상호 배려하고 살피는 포용과 통찰의 가치가 우리를 더욱 인간답고 행복하게 하는 더 큰 의미의 가치가 될 수 있음을 알아야 한다. 그렇게 되기 위해서는 각각의 편향된 의식을 뛰어넘어 신뢰를 바탕으로 불신을 해소하고 균형과 조화를 이루는 일에 적극적이어야 한다.

우리사회의 공정이 실종되면 우리의 삶에 근간이 상실되는 것이다. 우리사회의 정의가 실종되면 우리의 삶에 근본이 방황하게 되므로 사회의 혼란이 야기되고 규범과 질서가 파괴된다. 공정사회란? 약자와 강자 사이의 간극을 조절하여 조화와 균형을 이루는 것이다. 이와 같은 내용들이 우리가 지켜가고 잃지 말아야 할 소중한 중심적 가치들이다. 이런 내용들이 균형과 조화를 이루게 하는 근본적 요소들이다.   돈과 권력의 전횡이 이루어지고 있는 사회 이것이 바로 불공정사회다. 강자가 약자를 배려하지 않는 사회 이것이 불공정사회다. 권력이 특권을 악용하여 사리사욕을 채우는 것 이것이 불공정사회다. 사회의 화합과 통합을 저해하는 힘들이 반정의(反正義)이다. 다수가 소수의 정의를 짓밟는 것도 반정의 이다. 법치를 무시하는 것, 반칙하는 것 이 모두가 불공정이고, 불법이다. 따라서 법과 제도가 있는 것도 정의와 공정사회의 실현을 위함이다.

갈등의 해법은 균형과 조화이다.

The solution of the conflict is the balance and harmony.

필자가 오래전부터 이글을 쓰게 된 배경의 키워드는 우리의 삶에 근원적 갈등과 행복추구, 행복조건에 대한 탐구와 관조 때문이다. 어느 시대 어떤 사회, 어떤 집단이건 그 누구를 막론하고 삶의 갈등과 문제는 늘 있어 왔다. 그러나 그런 문제들에 대한 명쾌한 해답은 역시 없었다.

정치 · 경제 · 사회 · 문화를 비롯해서 단체와 단체, 사회와 사회, 개인과 개인 모두를 막론하고 아주 작은 것에서부터 매우 큰 문제에 이르기까지 다양한 형태로 문제가 표출되어 갈등을 빚고 있다. 사람이 숨 쉬고 사는 곳에는 모든 형태의 갈등들이 마치 칡넝쿨 같이 복잡하게 뒤엉켜 있다. 또한 그 갈등의 유형도 가지각색으로 다양하다. 갈등(葛藤)의 사전적 의미는 칡과 등나무라는 뜻으로, 칡과 등나무가 서로 복잡하게 얽히는 것과 같이 개인이나 집단 사이에 의지나 처지, 이해관계 따위가 서로 달라 적대시되거나 대립하여 충돌을 일으키는 것을 이르는 말이다.

우리사회가 안고 있는 심각한 갈등구조에 대한 분석들이 여러 언론 매체나 주변에서 많이 나왔다. 그것은 우리사회의 갈등이 그만큼 매우 심각하다는 반증이기도 하다. 2009년 삼성 경제연구소에서 발표한 '한국의 사회 갈등과 경제적 비용'이라는 보고서에서 우리나라의 사회 갈등 지수는 경제협력개발기구(OECD) 27개국 가운데 4번째로 높은 것으로 나타났다. 그것은 매우 심각한 수준이다. 2008년 미국에서 발생한 금융 위기는 세계적으로 확산되면서 세계 각국 글로벌경제에 매우 커다란 타격을 주었다. 또한 이러한 경제위기는 우리 사회의 갈등지수도 높이는 데에 크게 작용 되었다.

사회갈등지수란? 한 사회의 노사 갈등, 윤리적 갈등, 문화적 갈등, 세대 갈등, 남녀 갈등, 계층 갈등, 지역 갈등과 같은 그 사회에 존재하는 모든 갈등을 합쳐 수치로 표현한 것이다. 이처럼 사회갈등지수가 높으면 높을수록 국가의 민주주의 성숙도와 정부 정책의 효율성이 낮다. 또 효율성이 낮을수록, 소득 불균형이 높을수록 사회갈등지수는 더욱 높아지게 된다.

갈등에는 기본적으로 세대와 세대 사이 갈등을 비롯해서 남녀 성별 간 갈등, 지역과 지역 간 갈등, 이념과 이념 간 갈등, 단체와 단체 간 갈등 등이 매우 복잡하게 얽혀서 사회 전체에 깊게 뿌리 내리게 된다. 이런 갈등구조는 우리 사회의 중요 이슈에는 예외 없이 깊게 파고들어 너나 혹은 이편저편으로 나뉘어 치열하게 싸운다. 바로 그 같은 대표적 사례가 우리사회에 있었던 무상급식 찬반논란, 한미 FTA 비준논란, 상비약 슈퍼 판매논란 그리고 2011년 12월 17일 갑작스레 발표된 김정일 사망과 관련한 대북정책 및 조문 논란 등등과 같은 일들이 우리사회 각 분야에서 국민적 갈등에 대한 이슈가 되어 좌우 대립적 갈등을 빚기도 했었다.

삼성경제연구소가 발표한 한국사회의 갈등지수 사례를 인용해 보면 0.71이다. 이것은 OECD 27개국 중 터키, 폴란드, 슬로바키아에 이어 네 번째로 높은 수치이다. OECD 평균 갈등지수는 0.44이다. 지수가 가장 낮은 덴마크는 0.24로 한국의 3분의1에 불과한 수준이다. 우리나라의 사회적 갈등비용은 해마다 국내총생산의 27%에 이른다고 한다. 따라서 매년 300조 원 가량의 사회적 갈등비용이 낭비되고 있는 셈이다. 전문가들은 한국의 사회갈등지수가 이렇게 높은 이유에 대해서 정부의 정책이 국민의 뜻과 부합하도록 그 목소리가 정부정책에서 제대로 반영되지 않고 있기 때문이라고 진단하고 있다. 어느 국가, 어느 사회이건 갈등이 전혀 없을 수는 없다. 하지만 이런 사회적 갈등들을 풀어나가는 방법에 따라 우리사회가 얼마만큼 성숙할 수 있느냐, 얼마만큼 발전할 수가 있느냐의 대한 중대한 문제가 걸려있다.

중용 제6장 원문에 일부에 말씀이다. '집기양단, 용기중어민, 기사이위순호!(執其兩端, 用其中於民, 其斯以爲舜乎!)' [1] 라 했다. 이 말씀의 뜻은 '양쪽에서 상충하는 갈등은 그 양쪽의 말을 다 듣고 이를 합리적 절충을 통하여 백성들이 중도(中道)를 가도록 하셨지요. 바로 이것이 순임금의 높고 위대한 덕망과 도리였지요.' 라는

---

1) 중용 제6장 원문에 말씀이다. 子曰, 舜其大知也與, 舜好問而好察邇言, 隱惡而揚善, 執其兩端, 用其中於民, 其斯以爲舜乎! 이는 공자께서 말씀하시길, 순(舜)께서는 참으로 위대한 지혜를 지니신 분입니다! 순께서는 묻기를 좋아하셨고 대수롭지 않은 말에도 관심으로 살펴서 나쁜 것은 밝히지 않고 좋은 것은 밝혀서 알게 하셨지요. 상충하는 말은 그 양쪽의 말을 다 듣고 이를 절충하여 백성들이 중도(中道)를 가도록 하셨지요. 바로 이것이 순의 도리였지요.

말씀이다.

이는 문제의 중심에서 상호 이해득실의 이해관계를 조절하고 각자에게 해당되는 이익을 갖도록 관계와 관계 속에서 중심을 잡고 합리적 균형과 조화를 이루도록 함이다. 양단(兩端)이란? 일치되지 않는 대립적 관계의 양극단이다. 세상의 모든 사물과 일에는 서로 대립적 상반되는 양면이 있다. 예컨대 공정과 불공정, 정의와 반정의, 자본과 비자본, 순기능과 역기능, 두텁고 얇은 것, 크고 작은 것, 밝고 어두운 것, 좌와 우, 보수와 진보, 상하 등등 이와 같은 것들이다. 이렇게 입장이 다르고, 견해가 다르고, 작용이 다른 사회적 현상들이 서로 얽기고 설키고 하면 이것이 곧 우리의 일상적 현실에서 갈등의 원인으로 싹이 트게 된다. 이렇게 갈등의 싹이 막 틀 때에 서둘러 합리적으로 갈등의 싹을 제거하면 더 이상 갈등은 자라지 않는다. 그러나 그 갈등을 방치하게 되면 칡넝쿨처럼 자라 여기저기 잘라내도 여전히 싹은 자라고 완전히 제거하긴 매우 힘들고 어렵다. 하지만 이렇게 상반된 대립의 갈등은 집기양단을 통해서 좌우 균형과 조화를 합리적으로 이룰 수 있는데 이때에 합리적 기준점이 바로 중심축(中心軸=中心點)이 되는 것이다.

사람 사는 사회에서의 갈등은 어느 시대건 마찬가지로 동일한 현상이다. 그것은 여러 가지의 이유가 있을 수 있다. 그러나 그것을 압축해보면 뛰어난 사람과 뛰어나지 못한 사람들과의 관계에서 필연적으로 발생하는 상존적 충돌현상이다. 이런 충돌현상은 개인 대 개인을 비롯해서 집단 대 집단, 국가 대 국가, 문명 대 문명, 사회 대 사회, 이념 대 이념, 남성 대 여성 또는 다수 대 소수 등과 같이 다양한 주체들과 다양한 형태의 양면성이 다양한 계층

간, 다양한 원인적 작용에 의해서 다면적 또는 상시적으로 생겨나는 갈등 요인이 된다. 그러나 이러한 갈등요인들은 인간관계 속에서 바람이나 구름과 같은 현상들이다. 이런 현상들이 조건이 맞아 떨어지면 합의점을 이루게 되는데 이것은 마치 바람에 의해서 허공을 떠돌던 구름이 합리적 균형을 찾아 합의를 이루고 눈·비가 되어 내리게 되는 것과 같은 이치이다.

우린 인류가 조성해 놓은 사회라는 공간 속에서 이런 현상들을 일상적으로 접하게 되고 그것을 통해서 이해관계의 당사자가 갈등에서 합리적 합의점을 찾게 된다. 그렇게 갈등의 대립적 관계에서 서로 합리적 합의를 이루는 것은 갈등의 당사자들은 매우 다행한 일이다. 그러나 이렇게 합리적 합의점을 쉽게 이루기는 어렵다. 그것은 상호 대립의 관계에서 합의의 조건을 먼저 이루어야 가능한 것이기 때문이다.

중용 제4장 원문에 말씀이다. '지자과지, 우자불급야. 현자과지, 불초자불급야(知者過之, 愚者不及也. 賢者過之, 不肖子不及也)' [2] 라 했다. 이는 공자께서 말씀하시기를 '안다는 사람들은 욕심이 지나쳐서 그냥 지나쳐버리고 어리석은 사람들은 그 도리에 미치지 못함 때문이다. 또한 뛰어난 사람들은 지나치게 드러내고 그렇지 않은 사람들은 그것을 따를 수가 없다.' 라는 뜻이다.

지자란 많이 배워서 아는 것이 많은 사람들이다. 이렇게 지식인들이나 학자들은 자신들의 능력만을 믿고 탐욕을 부리다가 중용의

---

2) 중용 제4장 원문에 말씀이다. 知者過之, 愚者不及也. 賢者過之, 不肖者不及也.
안다는 사람들은 욕심이 지나쳐서 그냥 지나쳐버리고 어리석은 사람들은 그 도리에 미치지 못함 때문이다. 뛰어난 사람은 지나치게 드러내고 그렇지 않은 사람은 그것을 따를 수가 없어서다.

도리를 지나쳐버리게 되고, 어리석은 사람들은 능력이 미치지 못하니 지자를 따를 수가 없다. 어진사람들은 인위적인 앎 때문에 자연히 중용에 도리를 지나치게 되고, 재능이 모자라고 어리석은 사람들은 결국 중용의 도리에 미칠 수는 없으나 지자가 닦아 놓는 길로는 힘써 가려고 노력을 한다.

그러니 많이 배우고 지식이 풍부하며 똑똑한 사람들을 어찌 우자나, 불초자가 능가 할 수가 있겠는가? 그러나 우자나 불초자는 현자나 지자를 능가할 수는 없지만 탐욕을 부려 중용의 도를 지나치거나 오히려 혼돈을 일으키지는 않는다. 다시 말해 순박하여 이해타산이 부족한 사람들은 자신의 이익을 도모하기 위하여 남을 위해하거나 사회의 질서를 어지럽히고 역행하지는 않는다는 뜻이다.

이처럼 인간의 삶에서 지위가 높거나, 낮거나를 막론하고 사회적 갈등과 충돌은 일상적 현상이다. 그렇듯 갈등에 근본적 원인마저도 완전히 제거할 수는 없다. 그것은 사람의 마음에 작용이기 때문이다. 그 마음이란 것은 불가에서 말하는 108번뇌의 한 작용이다. 하지만 그 원인을 만드는 주체는 우자나 불초자보다 지자나 강자들의 책임이 더 크다. 무엇보다도 뛰어난 사람들이나 강자들은 그 힘과 능력을 내세워 탐욕의 욕구를 충족시키려는 지나친 과욕을 가슴속에 품는데서 모든 문제들로부터 기인되고 발아되는 것이 대부분이다.

지자도, 우자도 세상이라고 하는 넓은 우주공간에서 나름대로 살아가게 되는데 잘난 사람은 잘난 대로 살고 못나 사람은 못난 대로 살게 된다. 이것은 지극히 자연스러움의 현상이다. 문제는 지자가 지자답지 못한데 있는 것이고 그 지자답지 못함으로 생겨나는 부자연스러움이 우리사회의 부조화와 불균형적 현상을 조장하여 우자와 불초자들을 상대로 갈등을 빚고 있다고 보아야 한다. 또한 지자들 끼리에 혈투일 수도 있다.

지자가 지자답게 사는 것에 이의를 제기할 사람은 이 세상에 아무도 없다. 오히려 그 지자다움을 본받고자 노력하고 지자의 존경스러움에 찬탄을 하리라. 단, 지자가 지자답지 못하고 지자로서의 도리를 못한다면 우자와 다를 바 없고, 우자보다 나을 것이 없다는 말이다.

그런데 지자가 지자의 도리를 하지 못하는 가장 큰 이유는 바로 지자들의 탐욕이나 과욕에서 모든 문제가 비롯된다고 해도 과언이 아니다. 그 탐욕이 앞서다보니 좌우를 살필 겨를이 없고 힘들게 뒤처져 따르는 사람들을 잠시 기다렸다가 함께 가려는 배려가 없다. 오직 자신의 명예와 영달 그리고 부를 축적하는 일에만 혼신의 몰두를 한다. 또 그것을 이루기 위해 온갖 편법과 수단방법을 가리지 않기 때문이다. 그러니 어찌 자신보다도 못한 우자(약자)들을 배려하고 돌아볼 아량이 있겠는가라는 뜻이다.

우자들은 본래 타고난 기질이 부족하고 순박하여 남을 위해할 약삭빠른 재능과 능력도 없고 심성 또한 선량하기 이를 데 없다. 그렇듯이 오늘날 인간이 살아가는 사회는 우자들이 문제가 아니라 문제는 늘 지자들과 강자들에게 있었다. 이처럼 우리사회에서 문제를 만들고 세상을 시끄럽게 하는 것은 늘 지자들이 지자의 덕목과 도리를 저버린 데서 비롯되었다. 그러다 너무 지나쳐서 가끔은 정의에 단죄를 받기도 하지만 그것은 일부에 불과하다.

현대사회에서 인간은 함께 더불어 살아야 한다. 과거에 비해 현대사회는 매우 복잡한 관계 속에 각각의 관계를 맺고 살아간다. 그리고 각각의 역할과 책임이 주어져 있다. 그럼에도 함께 더불어 가야할 길을 지자는 지자대로, 우자는 우자대로 따로따로 길을 간다. 어쩜 함께 더불어 가는 것을 불편해 하는 것은 아닌지. 혹은 함께 가면 손해를 본다고 생각하는 것이 더욱 솔직한 표현일 수도 있겠다.

아무튼 현대사회는 자기 밖에 모르는 이기주의(egoism)가 팽배하고 이기적 존재(Selfish beings)가 넘쳐나는 세상이 되어버리고 말았다. 그러다보니 부자는 더욱 큰 부자가 되고 빈자는 더욱 빈자가 되어 간다. 그것이 바로 오늘날 인정하기 싫은 우리사회의 뿌리 깊은 양극화(Social polarization)의 현상이고 고질적 병폐이다.

그 양극화는 양극화로만 끝나는 것이 아니다. 우리사회의 각계각층의 갈등을 부추기고 조장한다. 그 갈등들은 상대의 신뢰를 불신하고 또 다른 불신의 벽을 자꾸만 높이 쌓아만 간다. 이것은 순진무구한 우자들이 만들어 놓은 사회가 아니라 소위 지자임을 자처한 강자들의 과욕이 부른 사회적 병폐(Social stigma)가 만연한 것의 결과이다. 이것은 지자들의 강인한 윤리의식과 도덕적 책임과 그 사회적 중차대한 역할을 잊고 있기 때문이다.

인류의 미래사회는 지자들의 의해서 문명창달이 이루어지고, 살아봄직한 세상이 만들어지고 있다. 그 속에서 삶의 보람과 행복을 갖게 된다. 그렇다면 문제의 근본적 원인은 확연해졌다. 현대사회가 이렇게 세상의 중심을 잃고 흔들리는 불확실성의 미래에 대해서 무엇을 어떻게 진단하고 처방해야 할지가 조금은 보이는 것 같다.

현대사회에서도 뛰어난 사람들은 언제나 자신을 지나치게 드러낸다. 하지만 그렇지 않은 사람들은 결코 그것을 따를 수가 없다. 많이 배우고 똑똑한 우리사회의 엘리트들은 자기들의 탁월한 재능과 능력으로 무장하고 탁 트인 문명의 도로에서 무제한적 속도를 잊은 채 무서운 질주를 한다. 안전속도를 무시한 채 무의식적 질주로 과속을 한다. 그러다보니 주변을 볼 수가 없다. 반드시 봐야할 것을 못보고 지나치게 된다.

뒤에서 안전속도를 지키며 어렵게 따르는 사람들은 더욱 뒤떨어지고 간격은 더욱 멀어진다. 그러니 우리사회의 지자와 우자와의 간격은 까마득하게 벌어질 수밖에 없다. 현대문명사회의 **빠른** 속도로 주체 간 주행의 간격이 커지면 커질수록 우리사회의 양극화는 더 걷잡을 수 없이 심화되어 간다. 이것을 예방하고 차단하지 않으면 인류사의 치명적인 양단에 단절이 생길지도 모를 일이다. 양단의 단절이란? 양단의 불통은 물론 인류 문명창달의 불균형이 초래되어 결국 인간의 삶에 중심이 무너지게 되는 것을 의미한다.

이 세상은 지자나 현자 혹은 강자들만의 세상이 아니다. 아무리 지자나 현자가 뛰어나도 지자나 현자들만의 능력만으론 이 세상이 돌아가지 않는다. 또한 보수에 가치만으로 세상을 지탱하기도 어렵고, 진보에 가치만으로도 세상을 열어갈 수 있는 것도 아니다. 진보와 보수가 서로 머리를 맞대야 한다. 진보는 철저한 성찰이 필요하고 보수는 합리적 균형과 조화를 이루어야 한다. 우리사회의 보수가 끊임없이 진보적 가치를 고민하고, 진보가 끊임없이 보수적 가치를 고민할 때 갈등의 문제가 해결될 수 있다고 본다. 또한 진보와 보수 양진영간의 문제만도 아니다. 여기에는 양진영의 중심축

(central axis)이 되는 중심 진영도 있다. 그리고 보수와 진보 양진영은 자신들을 지탱하고 있는 중심의 중도적 가치를 절대 훼손해서는 안 된다.

따라서 이렇게 우리사회의 깊고 깊은 모든 갈등 문제점에 대하여 제대로 바라보지 못하고 그 심각성을 인식하지 못한다면 한국사회의 미래는 희망을 장담하기가 어렵다. 그러한 문제들에 대해서 우리 사회의 지자들은 설왕설래만 할 것이 아니라 이제는 전문가들이나 사회각계각층에서 그 인식의 궤를 같이하고 이에 대한 공통분모를 만들고 합의점을 명확히 돌출해내야 한다. 현대사회에서의 지자다움의 역할과 책임 있는 사명이 무엇인지 일깨우고 그 소중한 가치를 인정하고 높게 평가해야 한다. 반면에 지자들은 그 사회적 책임과 역할을 더욱 공고히 해야 한다.

그럼 우리사회의 고질화 된 갈등구조에 대하여 문제는 무엇이고 과연 갈등구조의 병폐를 어떻게 치유할 해법이 있을지에 대하여 좀 더 면밀히 접근해보기로 하자.

먼저 한국사회 갈등의 역사적, 사회적 발단과 과정에 대해서 잠시 생각해보자. 이제 우리사회의 갈등은 특별한 것이 아닌 매우 일반화 된 보편적 현상이다. 그럼에도 불구하고 언제부턴가 우리사회 각계각층의 갈등이 좀 더 과격해진 양상이다. 갈등이란? 어느 나라, 어느 사회이건 모두 있다. 또 있어야 정상이기도 하다.

그러나 한국에서의 갈등은 유난히도 심각하고 지속적이라는 데 큰 문제가 있다. 더욱 문제가 되는 것은 갈등을 유발하는 사람들에게 득이 되는 갈등유발적인 사회구조를 갖고 있다. 그것에 대한 새로운 인식의 변화가 없는 한 우리사회의 고질적 갈등요소를 해소하기란 매우 어려울 것 같다. 그리고 그렇게 깊은 역사적 인과가 있게 하는 많은 원인 중의 하나는 사회내부에 갈등을 방지하거나 조정해내는 자율적 메커니즘의 공동체가 성립되어 있지 않다.

때문에 갈등이 생기면 항상 집단적, 물리적 혹은 공권력에 의해 해결하려는 사회인식과 구조가 용인되고 있고 그와 같은 구조 속에서 갈등을 일으켰어도 오히려 그것에 대한 책임적 비용을 지불하지 않고 이익을 볼 수 있기 때문이라는 것이 학자들의 사회학적 분석과 견해이다.

때문에 사회적 갈등과 같은 원인에 의한 손실에 대하여 최근 들어 사법부의 해석과 판단은 매우 단호해 졌다. 노조의 불법행위에 대하여 과거와는 달리 엄격하게 민사적 책임을 묻는 추세이다. 2013년 한국철도공사(코레일)에 최장기 불법 철도파업을 주도했던 전국철도노조 집행부 186명을 상대로 77억 원의 손해배상 청구 소송을 법원에 냈다. 대법원은 철도노조의 2006년 파업에 대해서도 2011년 69억여 원의 배상 판결을 확정한 판례가 있다. 또한 울산지법은 현대자동차가 2010년 울산공장 생산라인을 불법 점거한 현대차 비정규직 노조간부 등 27명을 상대로 낸 손배 소송 1심 선고 공판에서 노조는 회사의 피해에 대하여 90억 원을 배상토록 판결한 사례도 있다. 이와 같이 최근 사법부가 불법 파업에 대한 인식은 노조가 그 책임을 져야하고 그 피해와 손실에 대해서도 포괄적으로 책임을 인정하는 추세이다. 2000년대 전과는 매우 달라진 양상이다. 사법부에 이와 같은 판결들은 우리사회의 고질화와 갈등구조의 병폐에 대하여 고리를 끊고 사회적 안정을 이루어 그 중심을 잃은 갈등구조의 해법을 합리적으로 해결하려는 고민의 판결이다. 따라서 그것은 사측과 노조에 합리적 관계를 유도하고 균형과 조화를 통해서 갈등을 해소하고 발전할 수 있는 해법을 찾도록 하기 위함이고 법치주의에 정당성과 매우 타당한 결론이랄 수 있다.

우린 지금 현대사회의 각 분야별 갈등을 보면 계급갈등, 권력갈등, 지역갈등, 이념갈등과 같은 갈등의 다원화와 다변화가 만연하는 갈등증후군시대(Conflict syndrome era)에 살고 있다. 우리가 본격적으로 산업화사회에 진입한 것은 1960년대 때부터이다. 우리 사회의 갈등구조는 그 때부터 본격적으로 시작되었다고 할 수 있다.

서구 산업화사회가 갈등구조로 들어선 것은 우리보다 150년 전 더 먼저인 1810년경이다. 이때를 세계적인 석학 미래학자인 앨빈 토플러는 제2의 물결이라 했다. 이때는 기계문명의 발달로 대량생산이 이루어지고 대량 소비, 매스 미디어 등이 전 산업에 확산되면서 공장식의 시스템에 산업의 토대를 둔 산업화가 중흥을 이룬 때이다. 이것이 제2의 물결이다.

또 산업화사회의 중흥을 끝낸 현대사회를 제3의 물결이라 칭한다. 제3의 물결은 후기 산업화사회이며 정보화사회로서 산업화사회를 종식하고 정보사회로의 일대 변혁을 의미한다. 이 정보화사회의 특성은 발대량화, 다양화, 지식기반생산과 기술의 변혁과 융합의 가속화를 의미한다.

한국사회도 60년대를 넘어서면서 부터 서서히 산업화사회로 진입했고 차츰 사회적 갈등이 모든 분야에서 적나라하게 표출되기 시작했다. 평화시장 피복업체노동자인 전태일 열사가 분신자살을 하면서부터 본격적으로 사회갈등이 노골화되는 계기가 되었다. 박정희정권시대 이후 산업화의 고도성장으로 한국의 전통사회가 심각하게 흔들리고 해체되는 상황을 맞았다.

공동체사회가 이익사회로 전환하면서 더욱 그 갈등의 골이 심해졌다고 볼 수 있다. 그런데 실은 '갈등 없는 사회'란 없다. 그 갈등의 원인은 제각기 자기와 자기가 속한 공동체와 자기 문화가 자기를 중심으로 절대화하는 데서 발생한다고 말할 수도 있다.

이런 갈등의 현상과 작용은 절대적인 가치나 규범의 부재에서 비롯된 결과라고 볼 수도 있다. 우리의 의식기반을 조성한다고도 일컬어지는 한국의 종교문화가 이러한 사회적 갈등의 모습과 현상을 직시하지 못하고 우리사회의 균형과 조화로써 중심을 지켜가는 역할에 아무런 기여를 못했다. 그것은 매우 유감스럽고 불만스런 일이라 하지 않을 수 없다. 이런 종교사의 현실이 일면 우리사회의 갈등구조를 더욱 부추기고 조장하는 데 오히려 상당한 몫을 했다고 해도 과언이 아닐 수 있다.

하지만 이런 사회적 갈등은 어느 사회에나 있기 마련이다. 그러나 현대사회가 발전하면 발전할수록 갈등의 빈도나 강도는 더 확산되고 증폭되는데 그것을 조정하거나 억제하는 사회적 기능과 역량의 사회적 메커니즘은 너무나 미약하고 전무했다. 이럴 때에 종교문화가 좀 더 성숙한 의식기반을 위하여 사회적 현상을 직시하고 그 중심잡고 역할을 했어야 한다.

우리사회의 갈등이란? 한정된 자원 속에서 공정한 분배의 원칙이 무산 될 때 생길 수 있는 갈등들이다. 우리사회의 갈등이란 결국 따지고 보면 불공정, 불공평의 분배원칙 때문에 생겨난다. 즉 바라는 욕구가 있는데, 그 욕구를 충족할 수 있는 수단이나 방법이 제한적일 때 그에 대해 경합을 하면서 갈등이 생긴다고 보면 된다.

그런 욕구는 물질적인 욕구와 정신적인 욕구로 나눌 수 있다. 인간사회에서 자원은 유한하고 인간의 욕망은 무한하다. 때문에 갈등은 일어날 수밖에 없다. 그러나 딱히 그런 갈등에 대한 해결방법과 명쾌한 대안으로서의 비전과 키를 갖고 있지 못하다는 것에 더 큰 문제가 있다고 보아야한다.

우리사회에서 갈등이 본격적으로 시작된 것은 70년대 이후부터이다. 그 다음 사회 계급적 갈등의 격차가 화이트칼라 노동자와 블루칼라 노동자 간의 소득 격차가 굉장히 빠르게 벌어졌다. 그러면서 계급격차의 갈등이 더욱 심화되었다. 그 다음 어느 지역을 개발하고 어디에다 투자를 해야 더 빨리 기업의 부가가치와 생산성을 올리고 많은 이익을 낼 수 있느냐 하는 것 따위가 갈등요인에 관건이었다.

때문에 도시지역경제와 농촌지역경제의 격차가 더욱 벌어지게 되고 동시에 도시와 농촌 간의 지역격차가 굉장히 빠르게 확산되게 되었다. 특히 압축 성장으로 인한 지역격차를 분석해 보면 산업화가 되면서 사람들이 지역 간 이동을 많이 했다. 이렇게 인구인동이 급격해졌고 이것이 지역에 따라 지역공동화 현상과 공동체 파괴와 같은 지역적 새로운 사회 이슈로 발전되어갔다.

공동체라는 것은 한 지역에 오래 정착해야 형성되는 조직체이다. 이동이 빈번하다 보니 한국사회는 어느 지역을 가나 이방인사회처럼 공동체 형성에 부조화와 불균형이 더 심각하게 생겨났다. 공동체에 균열이 생기고 깨지게 되면 여러 가지 부정적 문제들이 발생하게 된다. 낯선 사람들을 경계하게 되고 협동력이 떨어지고 개인주의와 이기주의가 공동체의 협동심을 파괴하게 된다.

따라서 빈번한 싸움이 벌어질 뿐만 아니라 범죄율이 증가하게 된다. 사람이 살기 좋은 곳이란 것은 무엇보다도 각종 범죄가 없어야 한다. 범죄가 없어야 불안을 떨치고 신뢰가 조성이 된다. 신뢰가 조성이 되어야 모든 문화적 소통과 교류가 이루어진다. 공동체의 가장 기본적인 특징은 협동심이고 균형과 조화이다.

과거 산업화 과정에서 노동계에서는 쟁의, 쟁투, 쟁송 등의 용어를 사용하여 사회갈등에 대한 표출을 했다. 이런 용어들은 모두 불협불화(不協不和)에 개념이다. 모두가 다 화합하여 잘 지내되 각자의 개성이 잘 존중된다면 먼저 불협과 불화에서 '화이부동(和而不同)'3) 할 수 있다. 그리고 좀 더 신뢰가 쌓이고 두터워지면 '화이찬동(和而贊同)'으로 바뀌게 된다.

그러나 많은 사람들이 자기의 이익을 위해서, 더 많이 갖기를 원하고, 시기 질투하고, 싸우고, 모함한다면 이것은 아수라장이나 난장판보다도 더한 생지옥과 같은 관계가 될 것이다. 그러나 어떤 기본 규범을 정해놓고 그 테두리 안에서 서로 배려하고 능력껏 일해서 일한 만큼의 그 대가를 정당하고 공정하게 받는다면 거기에는 다툼이나 시기 질투가 있을 수 없는 조용하고 행복한 사회일 것이다.

---

3) (논어-자로 편) 군자화이부동(君子和而不同) 소인동이불화(小人同而不和)- 군자는 화합하여 서로 다름을 인정하고 화합하지만, 소인은 서로 같은 듯하지만 어울리지 못한다. 군자는 서로 달라도 잘 어울리고, 소인은 서로 같지만 잘 어울리지 못한다. 군자는 화합하면서도 부화뇌동 하지 않지만 소인은 부화뇌동만 할 뿐 화합하지는 못한다.

요즘 우리사회는 이익집단의 욕구가 한꺼번에 봇물처럼 분출되어 무질서와 혼란이 가중되기도 한다. 힘의 논리가 우리사회를 짓누르고 있다. 목소리 큰 사람이 유리하고 숫자가 많은 쪽이 유리하다고 믿는 세상이다. 물리적인 힘은 또 다른 힘을 양성하여 먹고 먹히는 정글의 법칙이 우리사회의 지나친 경쟁구도와 강자논리를 미화하고 정당화 시킨다. 그럼으로써 사람 사는 이 사회에서도 마치 동물세계의 먹이사슬과 같은 약육강식의 논리와 의식이 약자들의 삶을 유린하고 더욱 궁지로 몰아 생존의 불안과 위협을 가중시키게 된다.

우리는 큰 나무, 작은 나무, 풀, 넝쿨, 바위, 돌, 흙이 자연에서 자연답게 잘 조화를 이루고 있는 환경을 우리는 '자연의 숲(Natural forest)'이라고 한다. 이 숲 속에 풀벌레, 개구리, 나비, 온갖 새들이 깃을 내리고 어울림의 품속에서 한 생을 펼친다. 숲과 대자연은 이렇게 '화이부동(和而不同)'하며 공존하고 있다. 화이부동은 우주만물공존의 대법칙(大法則)이다. 대자연의 입장에서 볼 때 어쩌면 우리 인간만이 대자연을 가장 많이 갉아 먹는 있는 큰 해충적 존재가 아닐는지?

화(和)는 각자가 지닌 자기만의 특성을 다른 이와 하나로 화합하는 것이라 할 수 있다. 동(同)은 각자가 갖고 있는 특성을 지닌 채 다른 것과 융합하지 않고 '같은 척 꾸미는' 것을 말한다. 즉 '화이부동'은 사람이 사람답게 살아감에 도리에 맞게 서로 화합하고 도리에 맞지 않으면 따르지 않는다는 뜻이다. 즉 부화뇌동 하지 않는다는 것이다. 반면에 '동이불화(同而不和)'는 서로를 인정하지 않고 각자의 이익이나 기호가 같은 것에만 어울릴 뿐이고 이해가 달라질 경우 언제든지 화합하지 않고 돌아선다는 뜻이다. 이처럼 전통사회에서는 다툼을 놓고 군자(君子)는 '같지 않으면서도 조화를 이룬다.' 하고 소인(小人)은 '모두 똑 같은데 불화를 일으킨다.' 라고 했다. 이는 사람이 사회생활에서 군자다움의 본과 소인다움의 본이 무엇인지를 새삼 일깨우는 가르침이다.

사람들은 각기 자기주장을 할 수도 있고, 그 주장이 가장 옳다고 할 수도 있다. 이처럼 그야말로 박제된 절대만이 판을 치고 있는 것이 요즘 현대사회의 갈등을 충동질하고 있어 오늘날 우리가 사회 곳곳에서 심화되고 있는 갈등들을 염려해야 할 이런 지경에 이른 것은 아닌가 하는 생각을 해본다. 자기가 옳다고 믿는 것을 주장하는 것은 좋지만 그것을 신념으로까지 발전시켜 비타협적 투쟁을 하는 것은 전혀 다른 문제이다. 나는 한국사회에서 비타협적 주장이 난무하는 것은 권위 있고 신뢰할 만한 조정체계(referee system)가 없기 때문이라고 생각한다. 따라서 현대사회의 갈등구조의 주된 원인은 우리사회의 불평등과 불공정의 현상으로 인해 생겨나는 충돌현상이다. 그리고 상호 이해관계가 합리적이지 못할 때 갈등이 싹트게 된다. 그것은 그 중심축(中心軸)의 부재성에서 좌우 양단이 균형과 조화를 이루지 못하고 그 중심을 잡지 못함 때문이다.

이제 우린 양단의 시각에서 벗어나 중심의 시각으로 전환이 필요하다. 중심의 시각은 양단의 갈등을 최소화하고 양단의 입장을 합리적으로 조정, 발아, 발전시키는 튼실한 관계의 중심축 작용이 될 수 있기 때문이다.

　　현대사회는 곳곳에서 심각한 사회갈등이 증폭되어 표출되고 있음으로 사회가 매우 불안정하다. 대다수의 국민들에게는 좀 더 안정된 사회적질서가 필요하다. 이러한 사회의 갈등현상은 우리가 직면한 사회의 현실이 합의된 기구나 절차 방법에 의해서 합리적으로 문제를 인식하고 합법적 해결로서 갈등의 원인을 극복하려는 게 아니다. 그러한 갈등의 행동들은 정해진 규칙과 제도를 벗어나서 불법적, 비합리적 방법과 수단으로 해결하려는 사회세력들 간의 충돌되어지는 대립적 현상이다.

　　이것은 기존의 사회인식과 제도로는 갈등문제의 본질을 해결할 수 없다는 사회인식이 전반에 만연되고 있고 사람들은 그 기존의 틀을 뛰어넘어 정당성의 욕구를 표출하고 그것을 추구하는 것이 오히려 합리적 정신에 부합한다고 믿고 있다. 이런 성격의 사회적 갈등의식과 주장은 한 사회를 통합된 전체성(intergrated whole)의 현상으로 인식하고 바라보는 논리이다. 이러한 인식은 현대사회의 구조와 기능의 정상적 현상에서 벗어난 매우 위험한 생각이다.

　　현대사회에서 벌어지는 갈등의 요체들은 정상성이 파괴되고 무너져 내린 불안정적사회의 모습이다. 그것은 우리를 지탱해온 토대의 중심이 무너져 내린 사회이다. 우리사회의 튼실한 중추적 역할인 중산층이 무너져 내린 사회이다. 이처럼 사회의 여러 영역과 범주에서 집단과 집단, 지역과 지역, 문화와 문화, 개인과 개인 등등 양단의 갈등이 극단적으로 표출되고 있다. 그 중심엔 정상성은 없고 좌우의 양단만이 있다. 그 양단의 대표적 관계가 보수와 진보 같은 두 부류의 이념적 갈등들이다. 좌와 우는 있는데 중심(中心=가운데 마음)[4]은 없다. 우리의 인체에서 중추적 기능을 맡고 있는 허리가 없는 것과 같다. 이것은 우리 현대문명사회의 신체적 불구를 전혀 의식하지 못하고 있음과 같다.

현대사회에서 표출되고 있는 구조적 갈등의 원인적 요소들과 그 현상들을 한 번 살펴보자. 우리사회의 정치 · 경제 · 사회 · 문화를 보면 바람 빠진 타이어의 공기압이 제각각인 자동차의 모습과 같다. 자동차 앞바퀴 하나는 정치의 바퀴이고, 다른 하나는 경제의 바퀴이다. 그리고 뒤의 바퀴 하나는 사회의 바퀴이고, 다른 하나는 문화의 바퀴이다. 이 네 개의 바퀴가 일정한 사회적 시스템에 의해서 균형 있게 잘 굴러가야 국가발전과 경제번영을 조화롭게 이룰 수 있다. 그런데 현실은 매우 그렇지 못하다. 그것은 네 개의 바퀴가 사이즈도 각각이고 공기압도 제각각이다. 그러니 차체가 흔들리고 여러 곳곳에서 잡음 또한 크다. 그것은 네 바퀴의 불균형과 그로인한 부조화의 현상이 자동차의 안전한 주행을 방해하고 있기 때문이다.

정부는 국가경제도 좋고 문화의 발달로 살기가 좋아졌다고 하는데 그 내용의 실상을 들여다보면 살기가 좋아진 사람들은 예외적 일부에 불과하다. 그 일부를 제외하곤 더욱 팍팍해진 가정경제와 곤궁한 가정경제 살림살이에 한숨이 절로 나온다. 불확실한 미래의

---

4) 중심(中心=가운데 마음)- 중심의 개념은 사물과 현상의 기초를 형성하는 본질이나 의의로서 본래부터 갖고 있는 사물 스스로의 성질이나 모습이다. 이런 생명의 본질적 존재와 인간의 본질적 개념에서 둘의 형태는 다르지만 실상의 중심적 본질은 같다. 중심사상이란? 어떠한 사물에 대하여 가지고 있는 구체적인 생각이나 사고를 말하는 것으로서 상당한 이론의 체계와 합리적 판단, 추리 등을 거쳐서 생긴 의식체계의 중심을 말한다.

희망 때문에 대다수의 많은 중산층과 서민층들은 그 행복을 느낄 겨를이 없이 하루하루 생사의 생업전선에 내몰리고 있다. 그러나 문제는 그 어떤 뾰족한 대안이나 특별한 해법이 없다는 것이 현대사회가 안고 있는 고민 중에 하나이다. 이처럼 우리사회의 정치, 경제, 사회, 문화에서 자동차의 네 바퀴처럼 균형과 조화[5]를 이루지 못하면 국가가 삐걱거리는 것은 불 보듯 뻔하다. 일정한 기준으로 공기압이 적정을 이루고 있을 때에만 미래로의 힘찬 주행이 가능하다.

다음은 우리사회의 고질적 병폐 중 하나로서 좌우와 흑백 편 가르기 의식이다. 무조건 편부터 갈라놓고 본다. 그러다보니 주류와 비주류 간의 편향된 의식의 확대와 대립이다. 그리고 자본 중심의 논리, 무조건적 신자본주의 의식에 매몰, 약육강식, 적자생존과 같은 강자독식논리의 팽배 현상, 약자나 소수가 철저히 무시되고 배제되는 사회구조, 수단과 방법을 가리지 않고 이익을 차지하려는 이기주의, 명분과 대의를 부정하고 역행하는 사회적 관행, 제도나 규정을 부정하고 원칙과 공정에 도전하는 반칙, 강자들에 의식과 도덕의 불감증, 계층 간 소통의 부재, 비타협과 부조화 현상, 일방적 사고방식의 팽배현상, 원칙중시의 부정과 경시풍조, 불공정의 용인과 무의식, 평등원칙의 위반, 다원화와 다양성의 부정과 배척, 상하 무분별한 행동의식, 계층 간 불신의 조장, 지역 간 이기주의,

---

5) 균형과 조화(均衡과 調和)- 균형이란? 어느 한쪽으로 기울거나 치우치지 아니하고 고른 상태이다. 그것은 동심을 태우고 오르내리는 시소와 같다. 그것은 저울대가 가장 알맞은 상태에 놓여 있을 때의 평일(平一)한 상태이다. 우주의 가장 건전한 운행은 형평이요, 가장 충실한 생성은 조화이다. 김충열,「김충열 교수의 중용대학강의」, 예문서원, 2007, pp,107, 112 참고인용.

빈부격차, 자신의 책임감 결여와 회피, 부부의 책임감과 성실성 회피, 부모봉양의 책임감 회피, 자연스러움의 인위적 억지를 부리는 것, 자연적 현상을 방해하는 것, 편법난무 등이 우리사회의 모든 부정적 갈등구조와 요인들로서 미래의 화합과 발전을 가로막고 있다. 이 모든 것들이 그 발전에 중심을 흔들어대는 근본적 병폐의 한 원인이다.

이렇게 다양한 원인과 현상들에 의해서 갈등의 넝쿨들은 우리의 삶을 송두리째 휘감고 꼼짝하지 못하도록 억압, 결박하고 있다. 인류문명창달의 비전과 우리의 삶에 근원적 행복가치들 조차 불투명하게 시야를 가리게 한다. 이러한 원인들과 문제에 대한 해답을 산출해내야 하는 것이 이 시대를 살아가는 현대인들이 풀어가야 할 숙제이고 소명의식이다. 이 숙제의 문제를 제대로 들여다보고 이해하고 풀어갈 수 있는 사람만이 이 험난한 문명의 현대사회를 제대로 살아갈 수 있지 않을까? 그러나 그런 숙제들을 지혜롭게 잘 풀 수 있는 사람들은 전체 4천만 인구에서 몇 퍼센트나 될 수 있을까?

사회갈등이란? 반드시 이익 집단 사이에서만 빚어지는 것은 아니다. 현대사회 속에서의 갈등은 이제 개개인들의 삶의 일상적인 전개 과정이다. 우리의 일상에서 항상성으로 발생하고 삶의 관계 속에 갈등을 빚는다. 이러한 문제는 갈등을 극복하거나 해결할 수 있는 제도와 통합적 메커니즘이 매우 제한적이다. 이에 대한 적절한 대응성의 결핍과 불완전성이 매우 심각하다. 때문에 지금 우리 사회에서는 심각한 갈등의 불치병이 전염병처럼 무한대로 확산 방치되고 있다.

사회학적 관점에서 학자들이 볼 때나 전문가들도 어떤 사회이건 갈등은 있게 마련이라고 치부한다. 사회가 존립하고 발전하기 위해서는 반드시 불가피하게 갈등이 발생할 수밖에 없다. 문제는 그것을 조정하고 타협해가면서 해결할 수 있는 사회적 메커니즘과 시스템의 존재 여부에 갈등해소의 해법이 있을 법하다. 그러나 갈등의 해법이란 것이 원론적 이론의 수준에 머물고 있다. 극심한 사회적 양극화 현상도 마찬가지다. 분명히 갈등해소에 방법이 있음에도 불구하고 기득권 세력들은 확연히 드러내려하지 않는다. 이것 또한 기득권 세력의 이기주의와 윤리의식 부재 현상 때문이랄 수 있다.

이처럼 우리사회의 갈등은 그 자체가 기존의 제도와 규정, 합의에 대한 약자의 반발이 아니라 오히려 기득권자들의 지나친 이기주의와 강자들의 윤리의식의 부재에 기인한 갈등도 매우 크다. 그리고 그 합의에 의해 부과되는 강제성에 대한 도전이기도하다. 이런 사회갈등의 병리현상들을 극복하거나 해결할 수 없고, 사회 통합도 이룰 수 없는 사회라면 그 사회는 이미 정상적인 사회적 기능을 상실하여 사회가 붕괴될 수 있는 상황에 놓여 있다는 것을 의미하게 된다.

이것은 불공정과 불평등으로 부터 완전한 사회적 합의를 이루지 못한 합의의 부재다. 어떤 이해관계의 합의는 합리적 합의가 전제되어야 완전한 합의가 가능하게 된다. 이런 점에서 사회갈등은 기존사회구조에 의한 해결을 전제로 하게 되고 갈등의 주체들은 그것에 의해 이루어진 결정들에 대해 인정하고 비록 최선은 아니라 해도 차선책으로라도 수용할 수 있어야 한다. 그러한 해결책을 수용하고 받아들일 수 있는 사회적 포용력이 요구된다.

사회학이론에서 주장하는 신맑스주의나 신베버주의[6]가 전통적 이론의 굴레를 벗고 기존의 이론을 보완하고 새로운 시각으로 변화된 진화를 하고 있다. 이런 이론이 비판되고 또는 수정되면서 상호 대립적인 갈등에서 보다 합리적 관계로 발전하고 사회적 갈등해소를 위해 좌에서 우로 또는 우에서 좌로 그 합리적 중심체계를 이동하고 있는 것은 매우 바람직한 변화이다. 이런 사회학이론의 변화와 진전은 사회 불평등의 문제에 있어서 다양한 변인을 사용함으로써 사회가 대립과 갈등에서 보다 안정적인 사회를 지향하게 된다. 여기에서 우리사회가 바르게 인식해야 할 갈등에 대한 인식 관점은 맑스주의적 관점이나 베버주의적 관점의 어느 한 편이 아닌 양자 간의 종합적 인식이다. 어느 면에서는 우리사회의 역사적 정황이나 미래의 방향을 중심으로 하여 이 문제를 바라보는 일종의 절충적 관점에서 합리적 갈등해소의 대안을 생각해보는 것도 매우 중요하겠다. 이러한 이론들은 중용에서 말하는 중심적 이론과 사상에 바탕을 둔 사회학이론이다. 현대사회에서 어떤 현상에 중심적 관점에서 이해하려는 사고는 전체를 아우르는 합리적 견해로서 다양성의 수용과 균형과 조화를 중시하는 사회적 갈등해소의 절충적 대안이다.

한편 우리사회의 갈등문화는 다소 갈등의 현상과 필요성이 사회발전을 이루는 견인차의 역할이 되기도 했다는 학자들의 견해도 있

---

6) 신맑스주의와 신베버주의- 전통적 마르크스주의가 중시하던 경제결정론적 이론에서 생산관계에 따른 이분법적 개념을 벗어나 중간적 개념을 중시하게 된 사회학적 이론이다. 신베버주의도 신맑스주의와 비슷한 개념이다. 베버의 이론과 신맑스주의의 이론이 접목된 것으로서 사회불평등의 문제들에 대해서 다양한 변인을 사용하여 사회가 갈등이기보다는 안정적 변동을 지향하는 사회학이론이다.

다. 그러나 차선에서 만족하고 머물러서는 곤란하다.

지금의 현대사회는 하루가 다르게 급변하는 사회구조이다. 때문에 우리사회의 중심축이 시시각각으로 변화하고 있고 따라서 그에 대한 다양한 사회적 갈등도 증가하고 있다. 이러한 일상의 현상과 과정에서 우리의 중심을 잃지 않고 지켜내기 위해서는 그 중심 지키기가 무엇보다도 중요하고 그 중심 지키기의 기술적 테크닉이 무엇인지 절실하게 요구되고 있다. 그것이 조화와 균형, 균형과 조화를 이루게 하는 과정이다. 즉, 혼자 빨리 가는 지혜가 아니라 함께 멀리 가는 궁극의 목표에 부합하는 지혜가 절실히 요구되고 있다.

᠁⋙ 갈등의 유형과 성향

현대사회의 갈등에 유형과 성향을 크게 나누어 보면 우리사회의 갈등은 대략적으로 내용을 중심으로 한 정서적 갈등과 이익 중심적 갈등이 있다. 그리고 이데올로기적 갈등 등으로 구분할 수 있다. 정서적 갈등은 개인의 정신적 취향이나 동조 성향에서 빚어지는 현상이다. 이것에 대부분은 일종의 동조성 결여에서 빚어지는 비적응성의 구체적 현상으로 보아야 한다.

일반적으로 우리사회의 갈등에서 중심적 주제가 되는 것은 이익의 이해관계에서 비롯된다. 그것은 기대되는 어떤 이익이나 보장된 이익이 기대에 미치지 못하게 되면 그 사회의 일체적 동조성에서 일탈하게 된다. 이렇게 이익 중심적 갈등은 대부분이 경제적 가치와 그 성격에 의해 좌우되는 것으로서 갈등의 문제도 경제적 관점에서 제기되고 대립의 양상이 심화되는 것이 일반적 현상이다.

그러나 이보다 심각한 의미의 사회적 갈등은 정치 이데올로기적 갈등이다. 이런 갈등들은 대다수 사회 구성원들을 한 결 같이 갈등의 구조 속으로 끌어들여 편입시키고 기존사회를 재편토록 주도한다. 그리고 그것을 기반으로 사회변혁을 꾀함으로써 이데올로기적 욕구를 충족시키게 된다. 이처럼 이데올로기의 갈등과 신념은 모든 욕구를 충족시키고 실현시키는 방법으로서 말 그대로 모든 것을 다 해결해 줄 수 있는 관념체계로 이해하게 되고 사회 변혁적 지향의 이데올로기로 이끌게 된다. 이것은 매우 위험하고 심각한 갈등의 원흉으로 변질될 수도 있고 본래의 본질적 갈등마저도 왜곡시키고 조장시켜서 본래의 갈등과 문제해결에 아무런 도움이 되지 못하는 결과를 만들기도 한다.

이처럼 현대사회의 갈등은 모든 분야에서 다양한 차원으로 중첩되어 전개되고 있다. 하지만 이런 사회갈등들은 사전에 조정되거나 합리적으로 타협을 이룰 수도 있다. 그러나 때로는 해소 과정을 경과하여 갈등의 골이 더욱 깊어질 수도 있다. 그러나 갈등의 원인은 신속하게 대응하여 하루 빨리 해소하는 것이 갈등의 양 주체들에게 경제적 손실과 에너지 낭비를 최소화하는 가장 바람직한 방법이다. 갈등을 완화하고 그것을 해소하기 위해서는 갈등의 주체들이 상호 합리적 기준과 대안을 갖고 있어야한다. 그렇지 않으면 문제의 갈등을 쉽게 해소할 수가 없다.

따라서 현대사회의 갈등 요인들을 완화시키거나 원만하게 해소하기 위해서는 문화의 관습과 교육제도, 법적제도와 같이 삶의 근간이 되는 것들을 토대로 갈등의 원인과 문제의 중심을 바로 보고 인식할 필요가 있다. 그러나 우린 사물을 볼 때 사물의 중심을 바로보지 못하는 시행착오와 오류를 범하고 있다. 그 이유 중 하나가 보고자하는 사물의 중심에 바로서서 사물을 보지 않기 때문에 사물에 중심을 보지 못하고 있다.

문제를 알려면 그 문제의 핵심인 중심에 서야한다. 문제의 중심점에서 문제의 좌우를 살펴볼 때에 그 중심과 균형점의 위치를 알 수가 있다. 그랬을 때에 합리적 균형과 조화를 이끌어 낼 수가 있다. 중심을 본다고 하면서 중심(center)에서 중심을 보지 않고 측면(side)에서 중심을 본다면 중심은 보이지 않고 측면 밖에 볼 수가 없다. 좌와 우의 무게중심을 잡는다고 하면서 중심축(中心軸)을 합리적으로 이동시킬 수 없다면 좌우의 무게중심은 그 균형점을 찾을 수가 없다. 이를테면 불교적 용어에서 정견(正見)[7]이나 정관(靜觀)과 같은 의미이기도 하다.

이처럼 중심을 본다거나, 중심을 잡는다는 것은 균형과 조화를 이루는데 필수적 사고의식이다. 그렇다면 현대사회의 갈등을 해소하기 위해서는 갈등의 근원적 문제를 바로 보고 인식해야하는데 바로 보려면 먼저 갈등의 주체들이 문제의 갈등해소를 위해 문제의 갈등 앞에 바르게 서서 그 중심의 균형점(均衡點=中心點)이 어디인지를 파악하여야 한다. 이것이 중용적 '중심보기'이다. 이 중심보기가 이루어지면 문제의 갈등도 충분한 조정과 조율이 가능해질 수 있다. 이것이 '신맑스주의와 신베버주의'가 지향하는 불균형

---

7) 정견(正見)- 정견은 팔정도(八正道)의 하나이다. 모든 편견을 버리고 현실세계의 참모습을 바르게 인식하고 판단하는 지혜를 가르침이다. 이것은 불교를 수행하는 방법의 한 가지이기도하다.

적 사회에서 갈등해소의 합의를 이루게 하는 접근방식이다.

우리사회의 문화적 관습도 사회갈등을 규제하고 해소하기 위한 기본제도의 하나이다. 기존사회와 문화는 궁극적으로는 상호 이반된 사회갈등을 완화하는 기능을 갖는다. 기존의 사회질서와 체제를 암묵적으로 떠받치고 있는 문화가 그것에 기반을 둔 사회적 갈등을 해소하고 규제하는 자동적 메커니즘이다. 그뿐만이 아니라 그 조절 기구로서의 역할까지 맡고 있다. 만일 이러한 성격의 문화와 관습이 형성되지 않았거나 지속적인 기능이 단절되었다면 그 사회는 이미 사회갈등의 범람 속으로 휘말려 전락되어 버릴 수도 있다.

우리사회의 모든 규율은 현대사회 갈등을 해소시키거나 일상적 삶에 근간을 지키고 극복하기 위한 사회존속 메커니즘의 궁극적 장치이다. 법은 사회 구성원 간의 사회화를 확보하는 질서이며 최종적 규제의 장치이다. 따라서 현대사회의 갈등은 이런 법적 규제를 통해 그 폭발의 비등점을 일정 수준 이하로 조절하고 낮출 수 있다. 때문에 법은 현대사회가 갖는 사회갈등을 규제할 수 있는 최종적 수단이고, 효과적인 장치이고, 대응의 무기라고 할 수 있다.

이들 사회적, 제도적 장치는 현대사회의 갈등을 극복하고 조정하여 화해와 통합으로 합일시키기 위한 사회제도적 장치이다. 일종의 사회갈등을 규제하는 메커니즘이기도하다. 사회갈등은 그런 제도적 장치가 공정하고 공평하게 정상적으로 기능해야만 극복될 수 있다. 이렇게만 되면 보다 공고하게 통합사회로 가는 과정에서 다소의 갈등문제들을 완화내지는 해소하는 합의를 이룰 수 있다. 따라서 현대사회에서의 다양한 문화와 다양한 가치관의 충돌에서 합리적 '균형과 조화'를 지향해 갈 수 있다.

➠ 근대화와 사회갈등

현대사회에서 사회적 갈등을 정상적으로 표출시키고 그것을 하나로 통합된 사회로 나가는 발전적 과정과 패러다임(paradigm)[8] 또는 시민사회의 역할이 매우 중요하다. 그러나 현대사회는 그렇지 못하다. 사회갈등의 표출과 해결방법 그리고 그 통합과정이나 수단이 제도적으로 정착화 되지 못했다고 봐야한다. 때문에 우리사회의 갈등도 일시적 침잠된 상태에 놓일 수밖에 없다. 이처럼 침잠된 사회갈등의 폭발이 휴화산과 같은 상태에서 언제 다시 활화산 같이 폭발할지 모르는 상황이다. 지난 역사에서 그러한 계기를 제공했던 것이 바로 급속하게 전개된 근대화 과정이다.

지난날 우리 역사의 근대화는 정치적으로는 민주주의의 제도화를 이루었고 경제적으로는 산업화에 의한 발전과 생산의 증대를 이루었다. 사회적으로는 유동적 사회구조의 형성을 이루고 문화적으로는 대중문화의 확산과 범람을 가져다준 복합적 원인의 사회변동 현상을 경험했었다.

과거 한국사회에서 전개된 근대화의 과정은 단순히 서구 근대성을 수용했거나 모방한 것과는 다른 성격을 보여주었다. 그것은 우리나라가 처해있던 시대적, 역사적상황과 조건들 때문이다. 우리나라의 지정학적 성격은 두 말할 것도 없고 제국주의적 강대국의 종속 국가로서의 한계 그리고 분단국가의 격심한 이데올로기적 갈등

---

8) 패러다임(paradigm)- 한 시대의 사람들에 견해나 사고를 근본적으로 규정하고 있는 인식의 체계이다. 또는 다양한 사물에 대한 이론적인 틀이나 구조를 말하는 것. 미국의 과학사가 쿤(Kuhn, T. S.)이 그의 책《과학 혁명의 구조》(1962)에서 제시한 개념이다.

은 우리나라를 정상적인 근대화의 건설에 이바지할 수 없는 장벽과 같은 걸림돌이었다.

지난 40여 년간 추구했었던 근대화는 크게 두 가지 특징을 갖고 있다. 그 하나는 전략적 근대화의 축이고 다른 하나는 동원적 근대화의 축(軸)이다. 전자의 경우 근대화의 효과를 급속하게 달성하기 위해선 그 효과를 확보할 수 있는 영역 내에서만 집중적으로 추구했고 불균형과 불균등을 바로 잡기 위한 근대화의 성격을 띠고 있다. 동원적 근대화의 경우 근대화의 성과를 급속히 이룩하기 위해서는 언제나 공권력이 동원되었다. 동원적 근대화는 국가주도하에 의해 진행되는 근대화로 대부분이 정부정책의 기조들이다. 국가권력의 영향력이 비대해지므로 자연 국민의 정치적 참여와 갈등 표출에 대한 욕구 표현은 스스로 억제되고 위축 될 수밖에 없는 상황이다.

때문에 이러한 것들은 일정한 절차나 과정에 대한 합리성이나 합법성은 대부분 무시되기가 십상이다. 이런 것은 오로지 근대화의 경제적 발전만을 중시하고 추구한 억압된 관념의 산물이다. 그러나 이런 과정에서도 경제발전과 산업화는 더욱 성과를 냈다. 따라서 정부는 이처럼 경제발전을 이룩하기 위해 무한정 지불해야했던 사회세력들에 사회적 비용과 노동자들 그 밖에 다른 갈등 표출의 사회세력들에 대한 욕구와 사회적비용을 철저히 차단할 수밖에 없었다.

그 결과 산업화에 의하여 과도하게 지불해야했던 이들 노동자와 사회세력들의 요구나 행동은 점점 더 확대되고 강한 정당성과 명분을 갖게 되는 빌미를 제공하게 되었다. 이것은 정부 공권력으로부터 자행되던 사회의 불균형과 부조화의 현상에서 균형과 조화의 현상으로 반전되는 일대 전환기를 맞게 되었다. 이것이 오늘날 좌우양단 양극화의 원초적 갈등현상의 뿌리이다. 그런 뿌리들은 오늘날 현대사회의 비정규직과 정규직이라는 돌연변이 생태적 기능으로 외계의 숙주처럼 무서운 존재로 자리 잡고 말았다.

이렇게 지난 역사의 근대화는 전략적 근대화, 동원적 근대화라는 두 얼굴로 정치, 경제, 사회, 문화 모든 영역에서 근대화 물결에 수혜층과 반수혜층, 수탈층과 피수탈층이라는 이분법적 상호 대립관계의 사회구조를 극도로 조성시켜 우리의 일상에 깊게 뿌리를 박았다.

또한 정치적으로는 근대화를 지향하고 구축하는 과정에서 통치세력과 저항세력 간에 대립이 촉발되는 사회적 모순된 기반을 마련하는 빌미를 주었다. 따라서 경제적으로는 국가로부터 과보호를 받았던 부르주아(bourgeois)적 계급과 부당하게 노동력 착취와 이용을 당했던 프롤레타리아(proletarian)적[9] 계급과 같은 양극단이 형성되는 대립의 현상이 불가피했다.

또한 사회적으로는 중심부적사회와 주변부적사회가 서로 대립하게 되었고, 문화적으로는 전통 지향적 문화양식과 물질 중심적 지향이 감각위주의 대중문화 사이에서 눈치를 보는 갈등이 조성되기도 했었다. 이처럼 근대화가 몰고 온 사회양극화의 양날의 대립은 다행이도 우리사회의 갈등으로 즉시 표출되지는 않았다. 하지만 이것은 동원적 근대화를 주도했던 정치세력과 통치체제의 억압적 강제성 때문이었다.

---

9) 프롤레타리아(proletariat)- 자본주의 사회에서 생산 수단을 가지지 못하고 자기의 노동력을 팔아 생활하는 임금 노동자. 공산주의자들은 프롤레타리아가 공산혁명의 주체가 되어 자본주의를 타파해야 한다고 역설했다.

이처럼 근대화에 의한 사회적 갈등을 표출 직전에 바로 차단되었던 것은 지배세력과 그것에 맞섰던 피지배세력의 대립적 사이에서 후자들이 겪어야 했던 한계성이기도 했다. 하지만 시간이 지나면서 점점 자기세력 강화의 길로 접어들게 된 저항세력에 사회갈등 영향력 증대는 마침내 지배세력과 피지배세력의 저항 사이에서 일종의 항전을 예고하듯 격앙된 갈등관계로 돌입하게 되었다. 따라서 지배세력의 강제력과 저항세력의 도전은 우열의 상하 수직적 관계로부터 점차 대등한 수평적 관계로 점차 바뀌어가는 시대적 변화를 겪게 되었다.

지난 한국사회의 역사성이 보여준 침잠된 잠재성의 근대화로 인해 조성된 사회갈등의 표출은 이제 우리 현대사회의 사회적 불만을 표출시키는 갈등의 일상화가 되고 말았다. 사회 통제력이 결여된 현실 상황에서 그러한 표출을 통해 사회갈등을 조정 완화할 수 있는 사회적 메커니즘이 이들 사이에서 사회 갈등적 연관성이 더욱 공고히 강화되기도 했다. 이런 양면성의 사실들은 서로 접합된 사회갈등의 구조화를 정립시키게 되었고 그것에 대한 합리적 규제성을 상실한 채 표류하는 불안정한 사회를 맞게 되었다. 이것이 오늘날 사회 양극화에 대한 현대사회의 고민이 심각한 갈등문제의 핵심이 되었다.

이제 이런 모든 문제들을 합리적으로 조율하고 조정해내는 사회적 소통의 기능과 메커니즘 그리고 갈등해소의 사회적 패러다임이 절실한 시점이 되었다. 따라서 우리에게 주어진 과제와 현대사회가 풀어내야 할 갈등해소의 명제는 더욱 선명한 과제가 되었다. 이 문제의 해법에 따라서 현대인들의 행복과 불행이 좌우될 수 있음을 이제는 새롭게 인식할 때이다. 이제 이에 대한 마음의 준비와 대비책이 무엇인지 진지한 고민을 해보아야 할 때이다.

ᐧ᚜᚜》 현대사회의 갈등구조와 연관성

이제 우리사회의 곳곳에 산재해 있는 갈등구조는 간단하거나 일시적 현상의 문제가 아니다. 어쩌면 그것은 바다 속 거대 빙산이 수면 위로 일부 머리만 조금 떠올랐을지도 모를 일이다. 바다 수면 아래에 거대 암초 같은 빙산은 수면 아래 가라앉아 있는 부분과 수면 위에 떠 있는 부분으로 구분할 수 있지만 사실은 하나의 거대한 빙산이다. 마치 우리사회가 이 같은 사회갈등구조를 이루고 있다고 해도 과언이 아닐지 모를 일이다. 이것을 확실히 인식하기 위해 논리적 표현상 구분한다면 크게 구조적 현상과 돌발적 현상으로 구분해 볼 수 있겠다.

구조적 현상의 사회갈등은 갈등의 속성이 상시적 존재이고, 돌발적 현상의 사회갈등은 상황에 따라 다양한 형태로 표출되는 속성을 지녔다. 다시 말해 구조적 갈등의 구조와 바탕위에서 어떤 상황과 특정 갈등의 문제가 부가적으로 더해질 때 나타나는 현상이 바로 돌발적 갈등이다. 그러나 돌발적 갈등보다는 구조적 갈등문제가 더욱 심각하고 해결하기 어려운 갈등요소를 갖고 있다. 그러나 이런 사회적 갈등문제를 이제는 근본적으로 해소하고 바꿔 가야할 필요가 있다. 그랬을 대에 주변의 돌발적 현상의 갈등들도 하나하나 한층 쉽게 완화되고 제거될 수 있기 때문이다.

그렇게 하기 위해서는 그 갈등구조의 본질과 그 해결에 중심이 무엇인지 깊게 들여다보아야 한다. 가령 밝음과 어둠의 명암적 관계에서 그 경계의 중심이 어딘지를 합리적 기준과 사고로 살펴보면 분명히 그 양단의 경계가 확연하게 보일 것이다. 이쪽이나 저쪽이나 어느 쪽으로든 합리적으로 그 '균형과 조화'의 중심축을 이동시킬 수 있으면 양단의 증폭된 갈등은 충분히 완화될 수 있다.

이것이 현대사회의 심각한 양극화의 갈등을 합리적으로 조정, 조율해내는 시스템의 기본 원리라 할 수 있다. 사회학적 관점에서 본다면 '균형과 조화'는 매우 유익하고 합리적 대안으로서의 현대사회의 갈등문제를 해소하는 중화의 동사적 실천사상에 작용이라 할 수 있다.

• 구조적 현상의 사회갈등

우리사회에서 구조적 현상의 갈등은 이데올로기적, 지역감정적, 사회 계급적 이렇게 3가지로 나누어 볼 수 있다. 이 3가지가 서로 뒤엉켜서 사회갈등의 독소적 꽃을 피워낸다. 이데올로기적 대립은 지금까지도 우리나라 현대정치사에서 매우 기본적이고 근본적인 사회갈등 요인으로 작용해왔다. 과거 냉전 체제에서 이어진 이데올로기의 대립적 차원에서 지속적으로 그 나름의 역사적 토대를 갖고 있기도 하다.

그 결과 이데올로기의 대립에서 승자가 부과하는 일방적인 의무와 규제 그리고 패자가 수용해야 하는 강요된 복종들이 이 지배 이데올로기와 저항 이데올로기라는 이분법적 갈등구조로 점차 정착되었고 이로 인해 양자 사이에서는 건설적, 공존적 경쟁의 가능성이 차단될 수밖에 없는 양단의 양극이 되었다. 다시 말하면 이데올로기의 이분법적 대립으로 말미암아 한 편은 위, 다른 한 편은 아래의 입장에서 그 영향력을 행사하는 양상이다. 그리고 위는 늘 옳은 정의이고 아래는 늘 옳지 않은 반정의로 인식되어져 왔다.

또한 지역감정의 갈등은 어떤가? 지역감정의 갈등도 구조적 갈등에 원인을 주된 요소로 작용하고 한다. 한국 현대정치사의 산물인 지역감정은 60년대 이전까지만 해도 그렇게 심각한 문제로 제기되지는 않았다. 하지만 산업화의 물결과 그 결과에 대한 수익의 배분을 둘러싸고 수혜지역과 비수혜 또는 소외지역으로 차등화 된 의식적 인식이 지역적 감정으로 발화되어 점점 심화되기 시작했다. 이것은 단순히 도시화에 의한 도시와 농촌 간 대립이나 중앙집권화에 의한 수도권·지방권간의 대립 차원이 아니다. 그것이 이른바 영·호남 사이의 대립적 현상이 그 대표적 지역감정의 사례라 할 수 있다.

정치권을 비롯한 사회지배세력 내에서는 이런 지역감정을 극복해야 한다고 주장하면서도 실제로는 이중적 대응성을 보여준 것은 현실정치의 한계성이라 할 수 있다. 표면적으로는 지역감정 해소와 극복을 주장하면서도 내면적으로는 그것에 의해 지배세력의 이득을 더욱 강화한 논리적 모순과 실천적 행위가 극복되지 못한 양상이다.

다음은 우리사회의 계급적 갈등을 보자. 이 계급적 갈등이 형성된 것은 산업화 이후이다. 이 논의에 대해서는 여러 주장이 분분하게 제기되기도 한다. 그러나 사회계급의 인식은 다른 계급의 존재성에 대한 인식을 통해 자신의 계급적 의식을 갖게 된다. 60년

대 시작된 산업화가 70년대 후반기부터 본격적으로 전개되면서 노동계급과 산업사회의 부르주아 계급이 등장하게 되었다. 점차 이들 사이에서는 계급의식에 의한 대립관념이 형성되기 시작했고 그로 인해 도시에서는 신 중산층이 형성되었다.

하지만 이들은 이 두 계급의 이분법적 대립을 완화시켜 줄 수 있는 완충적 역할을 하지 못했다. 오히려 국가체제의 특정 계급을 위한 옹호의 도구처럼 인식되고 활용되었다. 그로 인해 국가는 마치 특정 계급의 점유 대상물처럼 되어 버린 결과가 되었다. 노동자계급에 의한 국가기구통제나 포위는 중요한 사회갈등을 해결하기 위한 목표로 설정되었고 부르주아적 계급은 그들의 지속적인 지배체제를 유지하기 위한 수단과 방법으로 존속시켜져 왔다. 이것이 산업화가 낳은 계급사회이고 오늘날 현대사회갈등에 구조적 갈등의 근원적 원인이기도 하다.

• 돌발적 현상의 사회갈등

돌발적 현상의 사회갈등은 주로 구조적 사회갈등의 요소를 바탕으로 깔고 있다. 집단이기주의에 의한 이익과 정치사회적 문제점을 그 갈등요소의 배경에 중심점으로 해서 일어난다. 1945년에서 1960년까지는 신탁통치를 중심으로 한 찬탁과 반탁운동이 우리사회의 본격적인 정치, 사회적 갈등의 문제점으로 부각되기 시작하면서 사회갈등에 뿌리가 내리기 시작했다. 그리고 양분된 남북한 통일정부수립론에 의한 사회갈등이 그 뒤를 이었다.

다음은 1948년 대한민국정부수립, 주한미군철수문제 등 반민특

위활동에 대한 지지와 반대가 양분된 한국사회의 정치, 사회적 갈등의 커다란 이슈가 되었다. 한국전쟁의 기간에는 내각책임제 개헌론과 대통령 국민직선제개헌론 등을 중심으로 하는 권력구조개편의 갈등이 빚어졌었다. 이렇게 대부분의 사회갈등이 정치적이었고 그 갈등의 주체도 주로 정치세력들이었다. 이것은 지배세력들 사이에서 권력을 장악하기 위해 모두 벌린 정치적 술수의 갈등들이었다.

5.16 군사혁명 이후 권력구조가 재편되면서 산업화에 의한 수혜계층이 등장하고 상대적으로는 소외계층이 증대됨으로써 이러한 현상들은 소외계층의 사회적 불만을 고조시키게 되었다. 정치쿠데타에 의한 정치·사회정화법, 민간인의 정치활동 규제, 한일회담반대, 박정희 대 김대중의 대통령선거, 학생들의 반정부시위 등은 우리사회갈등 표출의 중심을 이루었다. 전태일 열사의 분신, 노동자와 소외계층의 사회적 갈등이 부가적으로 표출됨으로써 70년대는 정치를 중심으로 하는 정치세력 간의 갈등과 사회적 욕구를 추구하는 민간사회 갈등까지 부각되어 동시 다발적으로 갈등구조가 더욱 확산되는 현상을 보여 주었다.

80년대 갑작스런 신군부의 등장 그리고 90년대 중반까지는 이전 군부쿠데타 세력의 연장선상에 있었다. 때문에 이들에게 맞서는 민주화 세력이 정부를 상대로 극심한 갈등의 대립으로 이어졌고 민주 대 반민주 구도의 사회적 대립이 정치·사회적 갈등의 핵심으로 부상하게 되었다. 이런 민주 대 반민주의 갈등구도가 경제에서는 재벌중심체제와 대중경제체제의 대립이 되었고 문화적으로는 서구문화 대 전통적 민중문화의 대립, 사회적으로는 상류층사회 대중하층사회 간의 사회계급적 대립으로 나뉘는 갈등의 양상이 전개되었다. 이러한 갈등의 정점에 있었던 것은 역시 신군부가 있었고 그 세력이 집권하는 과정에서 빚어졌던 5.18 광주민주화항쟁과 그 연장선상에서 표출되었던 6월 항쟁이 바로 그것이다. 그러나 이것은 점차 권력이양이라는 과정으로 귀착되면서 다행이도 다시 우리사회의 분열과 혼동의 상황에서 균형점을 되찾게 되는 전기가 되었다.

90년대에 들어서면서 정치적 · 사회적 쟁점은 사회갈등의 이데올로기적 차원에서 진보 대 보수의 관념으로 바뀌고 노동자 대 자본주의 관계로 전환되었다. 이때부터 사회갈등의 핵심은 경제 · 사회문제로 일대 전환기를 맞아 집중되기 시작하였다. 그 동안 노동세력은 민주화운동의 주력군이었으며 그 동반자였다. 때문에 그들은 민주화에 의한 공로지분을 점차 우리사회에 요구하게 되었다. 그러나 그런 욕구를 충분히 충족시키지는 못했다. 따라서 이들의 요구는 곧 과격한 시위로 나타났으며 그들의 시위는 일정 부분의 욕구 충족과 성과로 이어지기도 했다.

따라서 정치적 · 사회적 문제들은 이를 호기로 점차 주류의 성격으로 올라서게 되었고 보다 본질적인 사회갈등의 기본요인으로 작용하게 되었다. 이런 성격의 일환으로 우리사회의 갈등은 집단이기주의로 80년대 말부터 지금까지 우리 현대사회갈등의 중심에 폭넓게 자리 잡게 되었다. 이것은 다양한 이익집단이 그들의 개별적 이익을 극대화하기 위한 정치적 · 사회적 문제 중심의 갈등에서 벗어나 전형적인 사회갈등의 주류로 편승하였고 그 확고한 위치를 새로이 잡게 되었다. 그 일례로 의약분업 사태가 빚은 의사회와 약사회의 간 대립, 사립학교법 개정을 둘러싼 사학재단과 민주교원단체 간 빚어진 대립의 갈등들을 지적하지 않을 수 없다.

ᴖᴖᴖ▶ 현대사회의 갈등유발에 원인과 규제

앞에서 보았듯이 어느 사회이건 갈등은 불가피하게 존재할 수밖에 없다. 하지만 우리의 사회가 어떤 사회적 기능과 시스템을 갖느냐에 따라서 그 갈등작용의 현상과 부작용은 최소화 할 수가 있다. 대개의 경우 개인적 차원의 사회 갈등은 대부분 기존의 사회 구조나 관습 또는 문화에 의해 대부분 수용되거나 해결되고 있다. 그러나 개인적 차원에서 표현된 갈등들도 똑같은 갈등을 경험한 사람들에 의해서는 동일한 공감대가 성립되기도 하고 경우에 따라서는 연대행동으로 들어가 집단적 갈등으로 변모하기도 한다.

흔히 우리가 말하는 사회적 갈등은 이처럼 개인의 경험적 갈등들이 하나하나 모여서 집단화 현상을 나타내기도 한다. 갈등이 점차 집단화하면 그 갈등은 우리사회 속에서 뜨겁게 표출하게 된다. 따라서 사회적 관심도 크게 모으게 되고 더 나아가서는 그 해결책을 요구하게 된다. 다시 말해서 기존 사회구조의 모든 기능적 역할을 요구받게 된다. 집단적 갈등이 사회적으로 표출될 때에는 문제의 본질이 좌우나 흑백의 논리처럼 이분법적으로 변화하는 상황을 빚기도 한다.

이것이 현대사회가 겪고 있는 양단의 양극화 현상이다. 이제 이 양극화의 대한 문제는 범사회적, 범국가적인 경계를 넘어 국제사회로의 글로벌화 되었다. 이처럼 우리의 일상적 현실에서 날로 심화되고 있는 양극화의 갈등은 인류문명의 근본적 가치를 변화시키고 있다. 바로 이것은 이 시대를 사는 다수의 약자들에게는 치명적 원흉이 되고 있다. 이런 이분법적화의 갈등은 대립의 극단적 상황을 만들기도 한다. 그러나 균형과 조화의 원칙을 지키고 바로 세우면 충분히 양단이나, 양극화의 중심축을 합리적으로 조절, 조율해 낼 수가 있다. 그것이 현대사회가 추구하고 지향해야 할 조화와 균형의 근본적 가치이다.

중용(中庸)에서는 이런 조화와 균형의 중심적 가치와 사고를 통해서 일상의 중(中)[10]과 중화(中和)[11]의 도리를 일깨우게 되는데 이런 사상은 우리사회의 불균형과 부조화 속에서 균형과 조화를 이루고 사물과 현상에서 '중심보기'와 자기 자신의 '중심 지키기'의 실천적 의식을 강화하여 일상의 삶 속에서 지속적 행복을 영위할 수 있도록 일깨우고 있다.

---

10) '중(中)' 이란? 치우치지도 않고, 기대지도 않으며, 지나치거나 못 미치지도 않은 것. '용(庸)은 평상적인 것을 말한다.' 이다. 김충열,「김충열교수의 중용대학강의」, 예문서원, 2007, p,96 참고인용. 희노애락지미발, 위지중, 발이개중절, 위지화(喜怒哀樂之未發, 謂之中, 發而皆中節, 謂之和) 희로애락이 발현되지 않은 상태를 중(中)이라 하고, 발현되어 절도(節度)에 맞는 현상을 화(和)라 한다(중용 제1장 원문). 중(中)은 마음속에 있는 심으로서 희노애락의 정이 발하지 않았을 때로서 어디에 치우치거나 기대지 않은 상태이다. 또한 희노애락의 정이 심의 작용으로 나타나 외재사물에 영향을 미쳤을 때 딱 들어맞아 과불급이 없는 중절의 상태를 말한다. 앞의 중은 중심(中心=가운데 마음)에 중이고 뒤의 중은 적중(적중=꼭 맞는 것)의 중이다. 김충열,「김충열교수의 중용대학강의」, 예문서원, 2007, p,99 참고인용.

11) 중화(中和)- 이것은 가장 안정된 경지를 찾아 늘 변화하고 움직이는 것으로서 형평의 원리를 말한다. 치중화, 천지위언, 만물육언!(致中和, 天地位焉, 萬物育焉!)은 천지음양이 작용하여 만물을 생육한다는 뜻으로서 중용 제1장 원문 끝 구절이다. 중화는 천지만물이 지속적으로 하염없이 운행하고 작용하여 성취하는 우주 존재의 지극한 이치이다. 김충열,「김충열 교수의 중용대학강의」, 예문서원, 2007, p,127 참고인용.

이제 우리 현대사회의 갈등은 앞에서 살펴본 바와 같이 그 구조적 요소에서부터 돌발적 요소에 이르기까지 상호 밀접한 연관관계(association)이다. 서로 일치된 조건과 상호작용 속에서 친화적 연대를 이루고 있다. 이러한 연대적 일치성이 전체 사회를 이분법적 양분화 하는 경우에 이데올로기, 지역감정, 사회계급구조의 이분성과 정치·사회적 갈등에 주체적 목적으로 일치될 경우 이는 총체적 갈등에 의한 총체적 위기상황에 직면하게 될 수 있다. 이는 지금 한국 정치·사회에서 빚어지고 있는 사회갈등이 위기상황인지 아니면 단순한 사회갈등의 돌발적 상황인지 그것을 보는 관점과 해석에 따라 다를 수 있다.

하지만 한 가지 분명한 것은 우리의 삶에 본질적가치인 그 자족과 행복의 중심이 오간데 없이 마구 흔들리고 있다. 그 행복의 중심이 깨지면서 삶의 가치관이 무너지고 많은 가정이 해체되었다. 소외계층과 주변적 계층인 우리, 이웃, 사회의 갈등들을 누가 어떻게 해소하며 그 중심을 잡아주고 지탱할 것인지에 대하여 근본적 대안은 별로 없어 보인다. 지금 현대사회갈등을 극복하고 그것을 통합하기 위한 전략이나 효율적인 접근방법이 정치지도자나 정부정책에 확실하게 존재하고 있지 않는 것만은 사실인 것 같다. 그것은 정치지도자의 정치철학(political philosophy)의 부재에서도 확연히 느낄 수가 있다.

그렇다면 이제부터라도 정치지도자는 정치철학을 바르게 세우고 의식 있는 지자들의 뛰어난 재능과 능력 그리고 현자들의 높은 덕망과 지혜를 하나로 묶어내고 통합하는 것이 급선무가 아닐까? 이 것이 국가지도자의 훌륭한 덕망과 지도력이다. 국가지도자는 어느 한 편에 서서 이것이 옳다, 저것이 옳다가 아니라 순임금의 정치철 학과 같은 '집기양단(執其兩端)' [12] 의 통찰과 좌우를 아우르는 포 용력이어야 한다.

예컨대 어느 당에 당대표일 때는 그 당과 당을 지지하는 지지자 들에게 꿈과 희망으로 이끌어주면 된다. 그러나 당대표의 입장이아 니라 한 나라의 국가지도자가 되었다면 나를 지지한 당과 국민만 생각해서는 안 된다. 나를 지지해준 국민이나, 나를 반대했던 국민 이나 모두가 이 나라에 백성이요, 이 백성들의 대통령이어야 한다 는 말이다. 또한 잘난 백성이나, 못난 백성이나 혹은 부자 백성이 나, 빈자 백성이거나를 막론하고 모두가 이 나라의 백성이고, 이 백성들의 대통령이어야 하기 때문이다. 그것이 좌우 양단을 하나로 묶어내고 통합하는 정치의 근본적 목적이다. 그렇게 해서 이 나라, 이 국민 모두에게 꿈과 희망 그리고 행복을 주어야한다. 이것이 진 정한 정치지도자의 높고 위대한 덕망이라 할 수 있다. 요·순 시대 때의 태평성대가 아마도 요임금과 순임금의 정치철학이 그러했으 리라. 공자께서는 그것을 가리켜 '집기양단, 용기중어민, 기사이위 순호!(執其兩端, 用其中於民, 其斯以爲舜乎)' [13] 라 하셨다. 이것이

---

12) 집기양단(執其兩端)- 중용 세6장의 말씀이다. 이는 서로 양편으로 나뉘어 대립 되어 있는 관계를 말함이다. 따라서 이는 서로의 주장이 다르고 입장이 다른 대립 적 관계를 말함이다.

13) 자왈, 순기대지야여, 순호문이호찰이언, 은악이양선, 집기양단, 용기중어민, 기 사이위순호.(子曰, 舜其大知也與, 舜好問而好察邇言, 隱惡而揚善, 執其兩端, 用其中 於民, 其斯以爲舜) 이 말씀은 중용 제6장 원문에 말씀으로 순임금의 지혜에 감복하 고 순임금이 백성들을 제도하실 때의 도리를 찬탄하신 말씀이다.

바로 순임금의 도리였다고 공자께서 찬탄하신 말씀일 것이다. 어찌 요·순 시대라고 해서 갈등과 충돌이 없었겠는가? 그러나 이처럼 순임금께서는 사회각계각층의 갈등과 충돌을 최소화 하고 국민적 화합과 통합을 이루기 위해 양측 모두의 말을 다 듣고 이를 절충하여 백성들이 중도(中道)를 가도록 하셨다는 말씀이다.

중도란? 어느 한쪽으로 치우치지 않는 바른 길이요, 바른 도리이다. 국민이 중도를 가도록 했다는 것은 '과유불급'이나 '불편불의'의 의식이다. 또한 중심을 지키면서 중심을 잃지 않는 높은 정신의 의식체계이다. 그것은 합리적 균형과 조화의 가치이다. 백성들이 중도를 가도록 권했으니 당연히 순임금께서는 그것의 본(本)이 되도록 실천하시고 '집기양단'을 통해 양쪽에서 작용하는 인간관계와 사회적 현상을 통찰하고 그 중심의 위치에서 그 바른 중심을 보려 했을 것이다.

그것은 양단의 현상을 통찰로 헤아리고 살펴서 어느 쪽으로 균형을 잃고 있는지를 파악하고 그것에 균형과 조화를 이루려 했던 군자로서의 도리였을 것이다. 하여 태평성대가 이루어지니 백성들의 갈등도 봄볕에 눈처럼 녹아 없어졌으리라. 이것이 정치지도자가 지녀야 할 가장 큰 덕목이고 백성들을 진정으로 아끼고 사랑하는 정치철학이다.

이제부터라도 우리가 할 일은 우리사회의 갈등이 좀 더 위기 상황으로 지닫기 전에 안정적이고 합리적인 해결방법을 통해 사회통합을 어떻게 이룰 수 있는가에 대한 진지한 고민이 있어야 한다.

최근 동아일보(2014년4월1일자)가 창간 94돌을 맞아 실시한 여론조사가 있었다. 여론조사에는 1200명을 대상으로 한 국민의 '행복도, 만족도, 불안감, 사회통합'이라고 하는 4개 분야에 걸쳐 집중적으로 여론조사를 실시한 결과를 발표했다. 그 결과에 의하면 국민의 47%만 "행복"하다고 답을 했고, 53%는 행복을 못 느낀다고 답해 행복지수는 6.18(10점 만점)로 나타났다. 또 2012년 유엔 보고서에 나온 한국의 행복지수는 6.267로 그 때보다도 이번이 낮아진 수치이다. 당시 156회원국 중 1위는 덴마크(7.693)였고 노르웨이(7.655), 스위스(7.650), 네덜란드(7.512), 스웨덴(7.480)이 뒤를 이었었다.

그리고 이번 여론조사에서 우리사회가 통합되어 있다고 생각하는 국민은 10명 중 1명이 채 안된 것으로 나타났고 그 통합을 저해하고 가로막는 요인으로는 응답자의 43.8%가 정치권을 지목했다. 한국정치의 여야갈등이 국익보다는 정파적 이해득실과 셈법에만 매달려 정치갈등을 합리적으로 풀기는커녕 오히려 증폭시켰다는 견해이다. 그것은 우리사회의 갈등을 해결하고 풀어내는 것이 정치의 목적임을 망각한 정치인들의 직무유기적 처사였기 때문이다.

이러한 문제는 오늘 뿐만이 아니라 내일과 먼 미래의 문제이기도 하다. 이것은 우리 인류역사의 미래문명의 창달과도 깊게 연관되어 있다. 따라서 우린 우리사회의 갈등구조를 극복할 수 있는 문제에 대하여 냉철하고 합리적인 사고와 의식이 요구되어야 한다. 그렇게 해서 갈등의 양자 사이에 놓인 갈등구조의 장벽을 헐어내고 멀고 먼 양극단의 거리를 단축시켜 좁혀가는 것만이 심각한 우리사회 갈등문제의 유일한 해법이 되리라 믿는다.

그와 같은 토대 위에서 공통된 가치와 관념을 가지고 갈등을 조정하고 타협을 이끌어 낼 수 있는 중립적 완충 지대를 조성하고 양자가 서로 손을 굳게 잡아야 한다.

이러한 중립적 완충 지대를 만드는 것은 현대사회의 갈등구조를 해소 또는 완화하고 분열된 뜻을 한데 모으고 협상하여 합리적으로 통합할 수 있는 우선적인 방책이 될 수 있다. 어쩌면 이것이 장황한 이야기가 아니라 우리의 일상에서 원칙과 상식이 통하고 보편적가치가 존중되어지는 사회, 이런 것이 우리가 바라는 중립적 완충지대일지도 모를 일이다. 어쩌면 이것이 우리가 갈망하는 이상적 사회구조의 모델이 될 수도 있다.

현대사회에서 우리 인간의 삶에 가장 큰 의미는 과연 무엇일까? 그것은 부와 명예, 쾌락 혹은 GNP 1만 불이나 2만 불의 경제성장일까? 아니다. 그것은 답이 아니다. 답은 나와 우리, 그들과 저들의 행복 찾기이다. 때문에 현대인들은 그 행복을 향해서 미래로의 질주를 멈추지 않는 것이다. 그러나 그 행복은 문명에 이기를 건설하는 탐욕의 자본과 도리를 잃은 권력의 소용돌이에 휘말려서 지금은 오간데 없고 언제나 우리에게 주어질지 예측이 불가능한 허울뿐인 행복찾기의 그림자만 있다.

어쩌면 이 한 목숨, 이 한 생 끝나도록 영원히 만져 볼 수도 가질 수도 없을지 모를 행복이다. 하지만 그럼에도 언젠가 나를 찾아줄 그 행복에 대한 희망을 고단한 일상에서 놓지 못하고 가슴 속 깊이 간식하고 사는 것은 열심히 노력하면 노력한 것만큼 반드시 행복이 주어진다는 소박한 믿음이 있기 때문이다. 하지만 힘없는 서민에게는 그런 소박한 행복의 믿음마저도 신기루 같고 마치 요행을 바라는 행운처럼 요원하기만 하다.

그러나 이제 그 잃어버린 행복을 심기일전하여 다시 찾아내야 한다. 서민에게도 행복은 있다. 아니 서민이기에 더욱 그 행복을 찾아야 한다. 그것은 서민이기에 더욱 간절하다. 서민이 고단함을 견디는 것은 노력하면 행복해질 수 있다는 그것이 유일한 희망일지도 모를 일이기 때문이다.

우린 참고 견디며 다시 그 행복의 참가치를 만들어내야 한다. 그러기 위해서는 잃어버린 우리들의 중심(中心=가운데 마음)을 찾아 바로 세워야 한다.

〈그림-5〉 양극화 사회구조-중산층이 무너진 사회

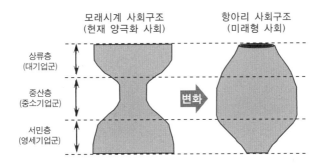

하여 서민이 중산층이 되고 중산층은 우리사회의 중추적인 허리가 되어 더욱 두텁게 장벽을 이루고 견고하게 바로 세워져야 한다.

* 현대사회갈등의 인식~* 갈등을 해소할 우리사회의 통합.
  출처-〔시민운동〕인천사랑운동
  시민민주주의- 우리 사회의 갈등 구조에 대하여. 참고인용.

대부분 갈등구조의 원인은 강자들의 힘에 의해 발화한다. 모양과 색깔만 다른 불공정, 불평등, 불합리성과 같은 것들이다. 이런 이유 때문에 생기는 인위적, 사회적 충돌이고 부조화의 현상들이다.

가족 간의 갈등, 부부 간의 갈등, 직장 내의 갈등, 사회의 갈등, 종교적 갈등, 지역 간의 갈등, 이념적 갈등, 계층 간 갈등 등 이 모든 문제가 우리의 일상적 삶인 현실의 상황에서 부조화 또는 합리적 타결의 실패에 의한 마찰과 충돌로 인한 것들이다. 그러나 이런 문제들은 합리적 사고의 '균형과 조화'라는 관점에서 보면 충분히 해소할 수 있는 것들이다. 그러기 위해서는 역지사지로 내가 아닌 상대의 입장을 이해하고 배려하는 노력이 선행되어야 한다. 또한 이러한 우리사회의 심각한 갈등구조를 타파하고 해소하기 위해서는 여러 가지 원인과 처방이 있겠으나 국가경영의 패러다임을 근본적으로 전환할 필요성이 있다고 많은 학자들 사이에서도 지적되고 있다.

그렇게 함으로써 사회지배구조의 독단과 불균형을 억제하고 언론이나, 권력 또는 사회의 지도층이 사회의 중심을 지켜내는 역할도 반드시 선행되어야 할 과제이다. 사회적 약자나 소외계층에게 공정한 기회균등을 부여하여 상대적 박탈감의 근본적 원인을 제거시키고 기회균등의 원칙과 균형을 이루어야 한다. 또는 우리사회의 이념적 갈등에 있어서 보수는 진보의 가치를 끊임없이 고민하고, 진보는 보수의 가치를 끊임없이 고민해야 한다. 보수와 진보의 스펙트럼(spectrum)에서 벗어나 좌우 상생의 협조적 경주를 함으로써 시대의 편향된 이데올로기에 균형과 조화를 이룰 수 있어야 한다.

새는 한쪽 날개만으론 하늘을 날 수가 없다. 좌우의 날개로 몸의 균형을 잡고 비상해야 한다. 그렇듯이 대기업과 중소기업의 관계는 새의 날개와 같다. 균형과 조화로써 상생하는 동반성장을 원칙으로 해야 한다. 강자가 약자를 배려하는 하우상박(下優上薄)의 정신과 의식이 절실한 시대에 살고 있음을 인정해야 한다. 그리고 그것을 반드시 실천하는 사회적의식과 실천적인식이 절실하다.

오늘날 화두가 되고 있는 글로벌 시장주의나 글로벌리즘 그리고 과학지상주의로부터 파괴되는 현실로부터의 부자연스러움이 아니라 자연스러움이어야 한다. 마치 아침이 되면 해가 뜨고 저녁이 되면 해가 지고, 하늘엔 구름이 두둥실, 바람은 자연의 생명들과 어우러져 교감을 하고, 꽃이 피고 지고 하는 것처럼 일상의 자연스러움을 21세기 이 시대를 사는 현대인들은 다시 되찾아야 한다.

시장주의도 필요하고 인간주의도 잃지 말아야 한다. 글로벌리즘에 글로컬리즘(Glocalism)[14] 을 더하고 과학주의에서 자연생태주의를 배려하고 살피는 포용과 통찰의 가치가 우리를 더욱 인간답고 행복하게 하는 더 큰 의미의 가치가 인식되어야 한다. 그렇게 되기 위해서는 각각의 편향된 의식을 뛰어넘어 합리적 균형과 조화를

---

14) 글로컬리즘(Glocalism)- 획일적 일원화를 강요하는 글로벌리즘(Globalism)과 완고한 주관으로 점철된 로컬리즘(Localism) 사이 둘의 폐해를 극복하려는 새로운 대안이 글로컬리즘(Glocalism = 글로벌리즘+로컬리즘)이다. 글로벌리즘(globalism) - 글로벌리즘은 세계화, 또는 범지구주의라고도 한다. 세계화의 특징으로 흔히 탈규제, 자본의 유동성 증가, 대외개방을 들고 있다. 글로벌리즘은 사용자의 목적에 따라 여러 가지로 정의 된다. 그 첫째는 사회주의 몰락 이후 거대자본을 가진 미국이 국제통화기금(International Monetary Fund/IMF), 관세 및 무역에 관한 일반협정(General Agreement on Tariffs and Trade/GATT) 등의 국제기구를 통해 '세계를 하나로' 라는 이름으로 내건 국제사회의 전략적경제정책의 일환이다. 지구를 지배하기 위해 동원된 이념이라고 해석하는 의견으로 세계화를 비판적 시각으로 판단하여 신자유주의를 반대하는 개념이다. 둘째는 한 지역에서 일어나는 일이 아주 먼 곳까지 영향을 미치는 지구적인 규모의 상호의존성이 강화되는 현상이라고 진단하는 중립적인 의견이다. 그리고 셋째는 세계경제가 실시간에 의해 하나의 단위로 작동하는 단일체제로 통합되는 과정에서 거대자본의 중심적 시각이다. 브리태니커-세계통합주의 참고인용.

이루어야 한다.

자본주의는 또 다른 여타에 주의를 배려하고 함께 보조를 맞춰 감으로써 균형과 조화를 이루고 미래의 문명세계를 창출해야 한다. 누구만 행복한 것이 아니라 현대를 살아가는 우리 모두가 함께 자연스럽게 행복할 수 있는 삶의 토대와 질적 향상을 새로운 정치에 기대해보리라. 이에 대한 궁극적 목적은 함께 멀리 가고 함께 행복하기 위함이다.

미래사회의 트렌드는 균형과 조화 그리고 함께 사는 행복

The future trend is balance and harmony of society and living together happily

　지금 우리가 숨 쉬고 살아가는 이 시대는 다양한 환경 속에서 다양한 가치관이 공존하고 있는 시대다. 사람마다 각기 가지고 있는 소양과 품성, 사상과 철학에 따라 그 가치관이 다르고 추구하는 바가 다르다.

　그렇다. 그래서 우린 나와 이웃과, 우리와 저들이 늘 관계와 관계 속에서 충돌한다. 돈 · 명예 · 쾌락 · 사랑 · 자유 · 정의 · 신의 · 평화 · 예술 · 희생과 헌신 · 반공 · 민주주의 · 애국애민 · 행복 등 여러 가지가 있을 수 있다. 이렇게 사람들은 자기의 삶에서 다양한 형태의 가치관을 가질 수 있겠으나 그 많은 가치관들 중에서 가장 소유하고 싶은 소중한 큰 가치는 과연 무엇일까?

　물론 어느 것 하나 소중하지 않은 것은 없다. 또한 절대적 가치가 될 수도 없는 것이지만 그 중에서 각자 자기를 위해 하나만 선택해야만 한다면 그것은 쉽지 않은 문제이다. 여기에 있는 나를 비롯해 우리와 그들, 그들과 우리라는 사람들이 공식처럼 하나의 삶

속에서 공존하고 있고 그 삶 속에는 나를 비롯한 우리의 공통된 목적과 가치관이 공존하고 있다. 거창한 명분이나 당위성을 비롯해 개인적이고 하찮은 작은 일들까지도 무시 못 할 높고 숭고한 가치관들이다. 그런 가치관들이 나와 우리, 우리와 그들 간에 관계를 지속적으로 유지 발전시켜 주고 있다.

하지만 그렇더라도 나를 위한, 나를 위해 추구하는 삶의 진정한 가치관이라면 그것은 당연히 자기의 이상을 실현시킬 행복추구의 가치일 것이다. 이렇게 우리가 좌충우돌 하는 삶의 목적도 사실상 따지고 보면 그 이유는 각자가 자기의 행복 찾기, 행복 만들기에서 비롯된 일련의 사항들이다. 결국은 많은 우리들의 행복 찾기, 행복 갖기 쟁탈의 충돌인 셈이다.

그렇다면 행복추구의 가치가 그 많은 가치관들 중 가장 으뜸이 되어야 하는 것은 매우 당연한 일이다. 그것은 남녀노소, 부자와 빈자 모두를 불문하고 공히 추구하는 목적이 다르지 않음은 명백한 사실이다. 사람에 따라서는 남다른 뜻을 품고 사회적, 국가적, 시대적 열망에 의해 특별한 사명감과 소명의식을 갖고 사는 사람들도 있다. 그리고 그런 가치관을 가지고 있는 사람들의 고결한 정신과 그 진실성에 대하여 높이 평가해야함은 매우 당연한 이치이고 높은 가치이다.

하지만 그럼에도 불구하고 그 숫자는 매우 미미하다. 그들이 누구이든지간에 소수에 불과하다. 왜? 다수이면 안 되는가? 왜? 소수일 수밖에 없는 것인가? 그 답은 간단하다. 특별한 사명감과 소명의식을 갖고 사는 사람들이란? 자기의 삶에 희생이 따르기 때문이다. 자기에게 주어진 행복의 몫을 포기해야 하기 때문이다. 자기의 희생과 삶을 담보하지 않고서는 남다른 뜻을 품고 사회적, 국가적, 시대적 열망에 결코 부응할 수 없기 때문이다.

이를테면 부와 명예 따위엔 관심 없고 오로지 애국애민의 열망이 가득한 정치지도자일 수도 있고, 사회지도층인사, 의식 있는 학자 또는 종교지도자, 사회사업가 등등 일수도 있겠다. 그러나 이런 고결하고 숭고한 희생적 정신과 의식의 가치만 가지고서는 국가적, 국민적 미래의 문명창달과 문화의 비전을 창출하긴 매우 어렵다.

국가경제발전에 크게 기여할 대기업과 부자들도 반드시 필요하다. 부자가 많은 나라에 국가경제도 탄탄하게 잘 돌아갈 수 있다. 이거야말로 그렇게만 될 수 있다면 부국강병이 따로 없고 감히 누가 이 나라 한국을 넘볼 수 있으랴. 또한 다다익선이면 어떠랴.

우리 한국경제의 대들보격인 삼성, LG, SK, 현대 등과 같은 유수의 글로벌기업들이 몇 개만 더 있어도 한국의 국가경제는 더욱 부강한 토대 위에서 세계의 열강들과 어깨를 나란히 할 수도 있다. 그러나 아직은 멀다. 나름대로 한국의 부자가 많다고 해도 부자인 그들만이 행복한 사회는 우리 미래의 진정한 바람이 아니다.

부자가 되는 것만이 행복의 요건은 아니다. 하지만 대충 따져보아도 부자들은 10가지의 행복조건에 절반이상을 가지고 있다. 부자가 아닌 중산층 이하의 일반 서민들은 10가지의 행복요건 중 하나의 행복도 제대로 소유하기가 힘든 것이 오늘의 현실이다. 그렇게 추정해 본다면 전체 국민의 행복지수는 매우 낮다. 대다수의 국민은 불만족 속에서 진정한 행복을 누리지 못하고 있다는 것이 우리사회의 통념이다.

그러나 실제 우리 국민이 얼마나 행복한지 정확히는 알 수가 없다. 최근 동아일보가 창간 94돌을 맞아 실시한 국민행복 여론조사에 의하면 응답자 절반 이상인 52.7%가 삶이 행복하지 못하다는 답변이다. 그리고 우리나라는 경제협력개발기구(OECD) 회원국 중 자살률이 가장 높은 1위로 불명예를 계속 안고 있다. 그것은 우리 국민이 삶에서 겪고 있는 절대적 좌절감과 절망감에 대한 결과이다.

과거 1인당 국민소득은 2007년 2만1632달러로 명실 공히 국민소득 '2만달러 시대'를 열었다. 하지만 2008~2009년 글로벌 금융위기 때는 2만 달러 아래로 주저앉았다. 2010년 다시 2만달러를 회복했고, 2011~2012년 2만2000달러에서 횡보했다. 2013년 11월 25일 한국은행이 발표한 자료에 의하면 2013년 국민총소득(GNI) 추계치를 인구수로 나눈 1인당 국민소득은 2만4044달러가 될 것으로 전망된다고 발표했다. 이는 지난해(2만2700달러, 세계 49위) 보다 5.9% 증가한 수치다. 이는 올해 국내총생산(GDP) 성장률을 2.8%, 원·달러 환율 달러당 1095원, 인구를 5022만 명으로 추산해 나온 수치이다.

그러나 향후 전문가들은 성장잠재력이 낮아지고 서비스산업 발전 속도가 늦는 데다 저출산과 고령화 문제도 심각해 증가세가 주춤해질 것으로 보고 있다. 따라서 향후 소득 3만 달러 진입 시점은 상당기간 늦춰질 가능성이 높다고 전망한다. 일본은 2만 달러 (1987년)에서 3만달러(1992년)로 도약하는 데 5년이 걸렸고, 3만 달러에서 4만 달러(1995년)를 넘는 데 3년이 걸렸다고 한다.

하지만 시간이 지나면서 1인당 국민소득 율은 높아져 갈 것이고 그렇게 되겠지만 소득 양극화 현상은 더욱 심해지면서 소득

증가 혜택은 상위계층으로 더욱 집중될 것으로 보인다. 저소득층과 고소득층의 가처분 소득 격차도 5배 이상 벌어졌으며 소득양극화도 가면 갈수록 심해지고 있다. 부채 규모에서도 고소득층은 1억 3천여만 원으로 1년 전보다 줄었지만 저소득층은 오히려 1천2백여만 원으로 25%나 늘어난 추세이다.

이렇게 1인당 국민소득이 늘어난다고 해서 모든 국민의 소득이 증가되고 그 혜택을 모두가 누리는 것은 아니다. 소득에 불균형과 양극화만 더욱 심화되는 현상이다. 국민소득이 늘수록 소득의 분배가 잘 이루어져야 하는 당위성이다.

현재 우리나라에서 진행형인 중산층의 붕괴현상은 점점 더 부의 불균형을 만들고 있고 그런 상황에서 국민소득 율의 증가는 오히려 물가상승의 요인으로 작용하여 서민에 가정경제와 삶을 더욱 악화시키게 될 것이란 전망이다. 그러니 1인당 국민소득이 24,000불이란 통계적 수치에 들떠 정부당국은 자만할 일이 아니다. 그것은 평균에 못 미치는 전체 국민이 훨씬 더 많다는 사실을 직시해야 하기 때문이다.

이처럼 1인당 국민소득 율은 올라가고 나라경제가 성장한 만큼 사회 양극화, 경쟁, 스트레스, 상대적 박탈감은 날로 커지고 우리의 작은 행복감마저도 갉아먹고 있다. 이것은 너무 슬픈 일이다. 많은 사람들이 인간의 삶에 행복요소가 여러 가지가 있겠지만 그 중 '건강과 가족, 돈'이라고 생각한다. 하지만 건강하고 가족관계가 원만하고 화목해도 돈, 즉 경제적 안정이 확보되지 못하면 우린 불행할 수밖에 없다고 생각한다. 때문에 안정된 경제기반을 위해서 모두가 성공을 꿈꾼다. 그래서 10%에 속하는 엘리트가 되기 위해

치열한 일등주의의 대열에 가세한다.

그러나 이 또한 모두가 10%의 엘리트가 될 수는 없다. 물론 하나의 가정이긴 하지만 10% 속한 부자들과 특별한 사명감과 시대적 소명의식을 갖고 사는 애국애민의 열망이 가득한 정치지도자나, 사회지도층인사, 의식 있는 학자 또는 종교지도자, 사회사업가 등등이 모두 우리 한국사회의 희망이요 미래이다. 그것이야말로 우리 미래사회의 비전이고 국가적, 국민적 힘이요, 행복이 아닐 수 없다. 그러나 10%가 아닌 우리 같은 보통 사람도 행복하게 살 수 있는 세상이었으면 좋겠다. 그런 세상을 만드는 사회적, 국가적, 국민적 노력이 중요하다. 국내총생산(GDP)이 높고 부국강병인 나라가 된다 해도 국민행복도가 낮은 나라는 진짜 선진국도 아니요, 진짜 살기 좋은 행복한 나라도 아니기 때문이다.

그러나 오늘 우리의 현실은 그렇지 못하다. 특히 부를 축적하는 일 이외에도 많은 기업비자금, 정치비자금, 정치헌금, 오가는 뇌물, 사례 따위 그리고 주색잡기 등에서 농담처럼 오가는 말들이 다다 익선이다. 하지만 세모에 불우이웃돕기 헌금이나 기부금 같은 것은 가면 갈수록 점점 줄고 과거 정치비자금은 인심 좋게 팍팍 내던 기업들도 사회복지를 위한 기부금엔 매우 인색하다. 또한 우리네 이웃과 이웃의 인심도 종잇장처럼 자꾸만 얇아져만 간다. 그리고 가면 갈수록 어려운 계층 돕는 일엔 그저 소수의 의식 있는 사람들에 따뜻한 실천이 있을 뿐이다.

이렇듯 우리의 삶은 우리사회의 다양한 욕구와 변화라는 현실 속에서 그 가치관이 내재되어 있다. 하지만 전체 인구에서 약10% 정도만이 올바른 삶의 가치관을 통해서 나름대로의 특별한 사명감과 소명의식을 갖고 자기의 희생과 삶을 담보하고 있다. 다시 바꾸어 말하면 행복을 느낄 수 없는 사람이 전체인구에 90%에 육박한다. 미루어 짐작컨대 이것은 대다수의 국민이 행복보다는 불행하게 살아가고 있다는 반증이기도 하다. 그렇다면 국가가 해야 할 일은 무엇인가? 다름 아닌 국민을 더욱 많이 행복하게 살아가도록 토대를 만들고 환경을 조성하는 일이다.

그것이 우리사회를 이끌고 있는 지도자들이나 엘리트들이 모든 역량을 발휘해서 우선적으로 해야 할 대명제라 하겠다. 각종 부가가치 있는 산업을 부흥시키고 발전시켜서 국가경제와 가정경제를 윤택하고 만족토록 하는 것도 중요하겠지만 그보다 더 중요한 것은 우리의 삶인 일상에서 행복지수 끌어올리기다. 재물이 많고 부를 축적해야만 행복한 것은 아니다. 또한 국민 모두가 부를 축적할 수는 현실적으로 불가능하다. 물론 그것도 일부 소수의 국민은 가능하리라. 하지만 대다수의 국민은 부와는 거리가 멀다. 근본적으로 약자나 빈자들이 부를 이룰 수 있는 사회가 아니다. 국가의 법과 시스템도 그렇고 사회적 시스템과 환경도 역시 그렇다. 그러니 여전히 90%의 국민은 늘 그 불행의 자리에서 힘겹게 맴돌아야 한다. 이처럼 대다수의 국민은 불행한 삶의 그늘을 벗어나기가 힘들다.

한 번 돌이켜 보자. 과거 60~70년대 이른바 조국근대화의 물결이 세차게 불 때다. 뜻 있는 정치지도자에 의해 국민교육헌장이 공포(1968.12.5)되었다. 유년시절 그 국민교육헌장을 수학공식처럼 달달 외우고 또 외웠던 기억이 생생하다. 그 헌장의 전문을 보면 거기에 나라의 국민 된 입장에서 추구해야 할 삶의 온갖 목표와 가치관이 다 함축적으로 설정되어 있었다. 학생들뿐만이 아니라 직장인, 사회인 전 국민모두가 6.25전쟁으로 망가진 나라를 조국근대화 사업에 동참하기 위해 기꺼이 국민교육헌장을 외우고 그 뜻을 일깨우려 부단한 노력을 했다. 하지만 지금 현대인들의 기억에서는 그 이념의 가치들이 가물가물하다.

그러나 그 전문을 보면 "우리는 민족중흥의 역사적 사명을 띠고 이 땅에 태어났다."로 시작되는 헌장 속에는 "국가와 민족, 번영, 독립, 발전, 인류공영, 교육, 학문, 기술, 소질, 창조, 개척의 정신, 공익의 질서, 경애와 신의, 상부상조, 협동정신, 근본, 책임과 의무, 국가건설, 봉사, 국민정신, 반공, 민주, 애국애족, 자유, 이상실현, 통일조국, 신념과 긍지, 근면, 슬기, 새 역사 등"과 같이 참으로 하나하나의 낱말이 모두 없어서는 안 될 귀중한 우리의 삶의 빼놓을 수 없는 큰 가치들이다.

그런데 참으로 이상하다. 여기에서 정작 우리의 삶에 근본과 가치추구에 빠져서는 안 되는 낱말이 하나 있다. 바로 '사랑과 행복추구'의 가치다. 그렇게 많은 말들이 있었지만 그 중에서도 가장 중요하고 핵심인 사랑과 행복추구의 낱말이 없었다는 것은 돌이켜 보면 매우 안타까운 일이다. 삶의 본질을 놓치고 있는데 그렇게 많은 말들이 왜? 무엇 때문에 필요했을까 라는 의문이다.

실로 지금에 와서 보니 반문하지 않을 수 없다. 결국엔 모든 것이 사랑과 행복의 귀결이었는데도 말이다. 행복하기 위해서 사랑도 하고, 일도하고, 조국근대화를 위해 산업에 역군으로서 기꺼이 동참했던 우리의 부모, 형제들의 피나는 고통과 눈물에 역사였다. 그런데 그 알맹이가 없고 겉모습만 그럴듯한 미사어구들로 가득했으니 모든 국민이 행복할 틈이 어디 있었으랴.

그런데 역사는 흐르고 시대는 바뀌었다. 때문인지 이제 그 시대의 국민의 희망이었던 '국민교육헌장'은 이제 이 시대 현대인들에겐 없다. 국가와 민족을 위해 한 번 제정된 헌장이라면 이 시대에 맞지 않는다고 해서 무조건 폐지할 것이 아니라 다시 고쳐서라도 계속 존속시켜서 국가와 민족의 미래 100년, 1000년 대계를 위해서라도 그 웅장한 뜻을 되새기는 "국민교육헌장"으로 우리 역사에 길이길이 남도록 했어야 옳지 않았을까? 남산 한옥마을공원 뒤뜰에다 서울1000년 타임캡슐인 우리민족의 얼과 숨결이 살아 숨 쉬는 문물 600점과 역사의 시간을 1994.11.29에 묻었는데 그때라도 이 헌장을 함께 묻었어야지 옳지 않았을까? 하는 아쉬움이다. 마치 대한민국의 반세기 역사를 송두리째 날려버린 것 같은 허탈함이다.

엄연히 그 헌장은 우리역사의 한 자락을 이어왔던 역사의 한 페이지요, 그 시대를 살아온 삶의 한 토막이다. 면면이 이어온 우리민족의 생명과도 같은 한 끈이었다. 그 고난의 한 시대를 살아왔던 이 땅의 민초 그 삶들에 한없는 희망의 끄나풀 이었고 결코 포기할 수 없었던 행복의 끈이었다. 그 한 끈에 의해서 오늘이 있고 또 내일의 희망이 있게 되었다. 이제 그렇게 절단된 행복의 끈을 시대적, 사회적 사명과 소명의식으로 다시 이어야 한다. 그것을 다시 이을 수 있는 것은 다양한 가치관들을 하나의 어울림과 아우름으로 재창출하는 '균형과 조화'[1] 이다.

---

1) 균형과 조화(均衡과 調和)- 균형이란? 어느 한쪽으로 기울거나 치우치지 아니하고 고른 상태이다. 그것은 동심을 태우고 좌우가 번갈아 오르내리는 시소와 같다. 그것은 저울대가 가장 알맞은 상태에 놓여 있을 때의 평일(平一)한 상태를 말하기도 한다. 우주의 가장 건전한 운행은 형평이요, 가장 충실한 생성은 조화이다. 김

다양한 환경과 사회질서 속에서 상충되어지는 우리의 가치관을 균형과 조화로서 중심 있는 공통분모를 만들고 그 위에 행복의 분자를 세워가는 것이다. 그렇게 하기 위해서는 나의 균형 잡힌 역할이 매우 중요하다. 그러기 위해서는 '나의 흔들리지 않는 중심은 어딘가. 그 중심의 위치를 찾아내는 일'이다. 그것이 바로 서고, 내가 치중화(致中和)[2] 하고 중용(中庸)의 중도적 길로 가는 시발이다.

그래서 정치권 일각에서 한때 갈등과 반목으로 이반 된 국민의 마음을 헤아려 '균형과 조화'로서 사회통합을 이뤄내겠다는 큰 목소리를 내기도했지만 그것은 늘 우리의 한국정치가 그랬듯이 미덥지 않은 정치적 미사어구와 술수에 불과했다. 정치적 위기가 있을 때마다 그 위기를 잠시 모면하려고 써먹던 단골 메뉴였고 위정자들에 입바른 소리요 구호적 메아리일 뿐이었다.

충열,「김충열 교수의 중용대학강의」, 예문서원, 2007, pp.107, 112 참고인용. 치의(緇衣)는 균형과 조화를 상징하고 중시하는 원칙적의식이다. 이것은 검은 색깔의 옷이다. 흰색 옷의 반대 개념이다. 흰색은 이색, 저색으로 색을 변화시킬 수 있다. 하지만 검은 흑색(黑色=치의)은 이색, 저색으로 바꿀 수도 없고, 또 다른 이색, 저색을 아무리 섞어봐야 그저 흑색일 뿐이다. 다시 말해 모든 색을 다 섞으면 그 색은 검정색이 된다. 검정색은 이렇게 모든 색을 다 받아드리고 포용한다. 그러 면서도 그 본질(바탕=중심)은 변하지 않으면서도 균현과 조화를 이룬다. 이렇게 변함이 없는 항상성은 검정색이 아니면 그 어떤 색도 불가능하다. 이것은 변함없는 우리의 마음과 인간관계의 변함없는 도리를 상징하는 뜻이다. 그러므로 이것은 비단 색뿐만이 아니라 모든 사물의 본질(本性)과 변할 수 없는 중심(中心=가운데 마음)에 대한 이치를 말하는 것이고 조화와 균형을 잡고 있는 색이다. 그렇듯이 우리의 삶에도 이 중심이 깨지거나 잃게 되면 그 본질과 형상도 잃게 됨을 의미한 것이다.

2) 치중화(致中和)- 이것은 가장 안정된 경지를 찾아 늘 변화하고 움직이는 것으로서 형평의 원리를 말한다. 치중화, 천지위언, 만물육언!(致中和, 天地位焉, 萬物育焉!)은 천지음양이 작용하여 만물을 생육한다는 뜻과 천하 만물이 공존공생의 과정을 의미함이다. 중용 제1장 원문 끝 구절이다. 중화는 천지만물이 지속적으로 하염없이 운행하고 작용하여 성취하는 우주 존재의 지극한 이치이다. 김충열,「김충열 교수의 중용대학강의」, 예문서원, 2007, p.127 참고인용.

이제 문명의 시대적 조류는 빠른 속도로 변화하고 거스를 수 없는 첨단화된 디지털문명의 역사적 대장정이 노도처럼 이 나라의 국민과 인류의 가슴 속에서 출렁인다. 또 끊임없이 세상은 그렇게 먼 미래를 향해 진화되어 가리라. 그러나 아무리 진화하고 변화해가도 변하지 않는 가치관이 세상에 있다면 그것은 "우리 인간의 삶에 본질에 내재 된 사랑과 행복추구의 열망"이다.

전체에서 10%만 행복한 사회나 국가가 아니라 국민 모두가 행복할 수 있는 이 나라의 국민이고 싶은 것은 어쩜 우리의 과도한 이상세계의 희망이고 바램일까? 결코 그렇지만은 않다는 것이 필자의 생각이다. 그러기 위해서는 '균형과 조화'로서 소통을 이루고 국민적 통합을 이루어내는 진정성이 이 시대의 지도자나 리더들이 갖추어야 할 덕목이면서 책무이자 의무라고 생각한다.

이것은 어느 나라건 21세기 글로벌시대에 거스를 수 없는 사회적 트렌드이다. 이것에 실패하면 미래의 번영과 행복은 우리를 위해 담보되지 않을 것이라는 것을 결코 잊어서는 안 된다. 각 가정이 하나의 사회적 구심체가 되어서 중심에 바로 서고 그 중심에서 미래의 중심을 향해 가야한다. 그 중심을 이해하고 알게 하는 인문정신의 학문이 바로 중용(中庸=moderation)의 가치이다.

각기 형편과 사정은 달라도 이웃과 이웃이 함께 가고, 모양과 색깔은 달라도 사회와 사회가 함께 가고, 이념과 사상은 달라도 국가와 국가가 함께 가야한다. 이것이 조화와 균형(lance and harmony)이다. 다른 성질의 개체와 불균형 속에서 하모니를 이루는 융합이 아름다움의 진정성이고 행복이다. 함께 가야 서로의 입장과 처지를 이해할 수 있다. 내 이웃이 없어지면 사회를 이룰 수 없고 사회를 이루지 못하면 국가를 이룰 수 없다. 국가를 이루지 못하면 세계 속에 나 또는 우리도 존재할 수 없기 때문이다.

첨예한 대립관계의 대북정책에 있어서도 변화해야 한다. 그들도 변해야하고 우리도 변해야한다. 이렇게 상황에 맞게 변화하는 것이 중화의 이치이다.

일각에서는 도와주어야 한다. 또는 도와주면 안 된다. 설왕설래 하지만 "도울 수 있으면 돕고 함께 가야 한다."라는 대명제 속에서 문제를 풀면 좀 어려운 문제도 쉬워지리라. 썩 마음에 들지 않는 사람도 "함께 가자고" 손잡고 이끌면 마음이 동화되어 "함께"갈 수 있으리라. 그럼 "왜?", "무엇 때문에" 함께 가야한다 말인가? 그것은 우리가 살고, 내가 살기 위함이다. 더불어 살지 않는 것은 아마도 진정한 삶의 의미가 없지 않을까? 바로 그 점 때문이다.

미래의 희망 그리고 행복으로 가는 길
Hope for the future and the road to happiness

⫸ 새로운 행복의 인식

행복(幸福, Happiness)은 무엇이고, 어디에 있나? 먼저 행복에 사전적 의미를 살펴보자. 우리의 일상적 삶에서 어떤 바램이나 희망사항의 욕구가 충족되어 부족함이나 불안감이 전혀 느껴지지 않고 안심되는 안정된 심리적 상태라고 했다. 하지만 그런 상태는 어디까지나 자기 자신의 주관적인 심리적 상태의 현상이라 할 수 있다. 행복은 개인이 지닌 품성과 성향 그리고 개성의 기준에 따라 가치관의 기준도 차이가 생기게 된다. 그러므로 행복은 어디까지나 본인의 주관적 가치관에 의해 만족감이 성취되는 것으로 보아야 한다.

그렇다면 행복은 어떻게 만들어지는 걸까? 행복은 과연 어디에 있는 것일까? 우린 우리의 삶에서 과연 얼마만한 행복을 느끼며 살 수 있을까? 이런 물음에 대하여 의미를 규정짓고 정확한 해답을 내리기가 참으로 모호하다. 때문에 플라톤과 아리스토텔레스, 세네카, 달라이 라마 등 많은 위대한 사상가들도 이 문제에 대해서 해답을 구하려고 오랜 기간 매달렸을 법하다. 그러나 지금까지 나온 행복의 정의들을 보면 '결핍과 곤궁으로부터 자유로움', '올바로 잡힌 사물의 질서, 의식에 대한 인식', '우주나 사회에서 자신의 위치를 확신하는 상태' 또는 '마음의 평온 상태' 등으로 정의[1]하고 있다.

심리학자 에이브러햄 매슬로에 의하면 "사람의 욕구는 어느 단계를 달성하게 되면 계속하여 더 높은 단계를 기준으로 삼기 때문에 '절대적 행복(Absolute happiness)'이라는 것은 존재할 수 없다."라고 했다. 우리 속담에도 '말을 달리면 경마를 달리고 싶다는 말이 있다.' 이 말은 인간의 끝없는 욕망과 행복추구에 대한 심리적 갈망을 단적으로 보여주고 있다. 이처럼 행복의 척도를 객관적으로 정의하기는 매우 곤란하다.

그러나 행복주의(eudemonism)[2]는 윤리학에서 개인의 안녕이나 행복을 인간의 최고선으로 삼는 자아실현설의 하나라고 했다. 실제로 행복이란 대체로 어떤 행동을 동반하는 마음의 상태로 여겨진다. 그러나 '행복(eudaimonia)'이란? 무엇인가에 대한 아리스토텔레스의 대답(덕과 일치하는 행동 또는 명상)을 보면 에우다이모니아는 인간의 마음의 상태가 아니라 거기에 동반하는 행동을 일컫는 말이었다. 그리스어 에우다이모니아는 '마음속에 내재된 훌륭한 정신이나 비범한 재능을 가진 상태'를 뜻한다. 그래서 '에우다이모

---

1) 리즈호가드, 「행복」, (주)위즈덤하우스, 2006, p, 29 참고인용.
2) 브리태니커, 행복주의(철학), 참고인용.

니아란 무엇인가?'는 '사람이 할 수 있는 가장 훌륭한 행동이라는 것과 같은 질문이고 같은 답이라 하였다.

틱낫한 스님의 명언 중에 '우리의 마음은 밭이다. 그 안에는 기쁨·사랑·즐거움·희망과 같은 긍정의 씨앗이 있는가 하면, 미움·절망·좌절·시기·두려움 등과 같은 부정의 씨앗이 있다. 어떤 씨앗에 물을 주어 꽃을 피울지는 전적으로 자신의 의지에 달려 있다.'고 했다.

그렇다. 행복의 꽃을 피우려면 긍정의 씨앗에 물을 주어야 한다. 그러나 긍정의 씨앗의 물을 주었다고 해서 누구나 행복의 꽃을 피울 수 있는 것은 아니다. 거기에는 성(誠)이 깃든 실천적 행동이 뒤따라야 한다. 그랬을 때에 비로소 사람이 할 수 있는 가장 훌륭한 행동이 되기 때문이다.

그러나 18~19세기 영국의 사상가이며 공리주의자 제러미 벤담과 존 스튜어트 밀과 같은 후세의 도덕론 자들은 행복을 고통이 없는 상태와 쾌락이라 정의하기도 했다. 또한 '행복이란 쾌락 그 이상도 그 이하도 아니라고 했다. 쾌락이 곧 행복이고, 행복이 곧 쾌락이라'는 식이다. 또 벤담은 '행복이란? 즐거움이 계속 유지되기를 원하는 상태이며, 불행이란? 불쾌함이 사라지기를 원하는 상태이다.'라고 했다. '행복은 그 자체로서 목적이며, 이에 따른 것들은 모두 행복을 위한 수단에 불과하다.'고 주장했다.

또한 여전히 행복을 마음의 상태로 보는 또 다른 철학자들은 행복이 육체적이지 않고 정신적이며, 일시적이지 않고 지속적이며, 감정적이지 않고 이성적이라는 이유를 들어 쾌락과 구별하려고 부단한 노력을 했다. 또 심리학자 리처드 스티븐스는 '행복이란 무엇인가?'에 대하여 다음과 같은 3가지 요소[3]를 붙였다. 첫째는 좋은 느낌과 긍정적인 마음. 둘째는 활기 넘치는 생활. 셋째는 의미부여, 즉 인생에서 가치 있는 선택을 하는 것이라고 했다.

우리 주위에선 간혹 '행복'과 '쾌락'을 동일시하는 경우가 있는데 그것은 엄연히 다른 의미이다. '쾌락'은 주로 동물적인 감각이 순간적으로 빠르게 왔다가 사라지는 느낌의 현상 같은 것이다. 또한 자연적으로 어떤 환경에 도취된 기분을 지칭하기도 한다. 이것은 신경전달물질인 도파민(doppamine)에 의해 어떤 자극이 물질적 작용으로 반응해서 뇌로 분비되는 현상이다. 때문에 쾌락을 경험하면 일시적으로 기분이 좋아질 뿐이다.

그러나 행복은 장기간에 걸친 '내적감정(內的感情)'[4]을 지칭하는 용어로서 잘(무탈하게)살고 있다는 느낌을 의미한다. 하지만 인간은 누구나 일시적인 쾌락보다는 지속적인 행복을 추구하기 마련이다. 이러한 느낌은 뇌의 물리적 작용의 상태이며 의도적으로 만들어낼 수도 있다고 했다.

내재적 감정은 한 마디로 '심(心=마음)의 작용'이다. 이 심의 작용을 중용에선 중화(中和)라 하여 마음의 움직임과 정신의 작용을 뜻하는 의미이다. 이 중화는 항상 변화의 작용 속에서 가장 안정된 위치 즉, 중(中)을 찾아 움직이는 심리적 작용의 현상이다. 따라서 이 중(中)이 심(心)이고, 심(心)이 중(中)이다. 그리고 이 중(中)을 구체화 한 것이 중심(中心= 가운데 마음)이라고 보아야한다. 중심(中心)은 모든 사물 가운데 다 내재되어 있다. 중화는 일종의 자

---

3) 리즈 호가드,「행복」, (주)위즈덤하우스, 2006, p, 30 참고인용.
4) 리즈 호가드,「행복」, (주)위즈덤하우스, 2006, p, 34 참고인용.

기조절기능과 같은 형평의 원리로서 작용하여 사물의 양단에 균형과 조화를 포괄하는 의미이다. 이것은 요즘 심리학에서 말하는 정서(情緒, emotion)와 같다. 정서는 밀접한 관계를 갖고 있는 우리 몸속의 현상과 작용에 대한 지각적 감성이다.

화(和)는 희로애락의 정이 심의 작용으로 나타나 외재사물에 영향을 미쳤을 때 딱 들어맞아 과불급이 없는 중절(中節)의 상태를 화(和)라 한다. 수면에 열(熱)·냉(冷)·조(燥)·습(濕)의 기운이 작용하면 수면 위에 물결이 일어나거나, 얼거나, 증발하는 등에 변화가 생기게 된다. 이처럼 사람의 성(性)에 희·로·애·락(喜·怒·哀·樂)의 정(情)이 작용하면 변화가 일어나는데 그 변화가 겉으로 나타나지 않고 사물의 본질 내재상태에서 균형을 이루고 있는 상태가 중절(中節)이다. 이것이 겉으로 표출되어 작용을 이루고 있는 상태를 화(和)라 한다.5) 결국 마음이 만들어지고 그 마음의 작용이 일어나는 상태가 감정이 된다. 다시 말해 감정은 기분이다. 그 기분이 좋으면 행복이고, 그 기분이 나쁘면 불행이다.

이런 감정이 느껴지는 영어에 낱말은 'feeling'이다. '느끼다'는 동사의 행위를 나타내는 동명사이다. 이 낱말의 어원은 '만져서 촉감으로 감지하다'를 뜻하는 중세 영어 동사 'felen'에서 시작되었다. 그러나 이 낱말의 의미는 얼마 후 일반적으로 바뀌어 어떤 특정한 감각기관이 아니라 모든 감각작용을 통해 감지한다는 전체의 뜻을 갖게 되었다.

심리학자들은 감정이라는 용어를 여러 형태로 정의하고 해석하

---

5) 김충열,「김충열 교수의 중용대학강의」, 예문서원, 2007, pp.99, 104, 참고인용.
양방웅,「중용과 천명」, 예경, 2006, p, 246 참고인용.

여 사용했다. 앞의 정의는 감정과 정서의 문제를 개인의 '내면상태'의 문제로 규정한 미국의 심리학자 R.S.우드워스의 정의와도 일치한다. 그러나 많은 심리학자들은 여전히 독일의 철학자 이마누엘 칸트의 정의에 따라 감정을 심리학에서 'affect'라고 부르는 마음의 유쾌한 상태, 불쾌한 상태와 동의어로 사용되고 있다.[6] 그러나 본래 감정은 내면적·주관적인 성격을 갖고 있는데 이것은 성(性)에 의한 것으로서 중화하여 일어난 현상에 대하여 느껴지는 심정적 기분이다.

예컨대 누군가가 행복하지 않은 것처럼 보인다할지라도 그것은 어디까지가 관찰자의 주관에 따른 것이다. 혹 그 상태를 당사자가 주관적으로 행복한 상태라고 느끼고 있다면 그것은 행복의 한 형태라 할 수 있다는 것이다. 또 행복은 상대적인 것이다. 이전에 충족시키지 못했던 어떤 상태가 충족되었을 경우, 그것은 이전의 상태와 비교하여 행복하다고 볼 수도 있다. 이처럼 행복으로 인해 파생되는 심리 상태로 만족, 기쁨, 즐거움, 신남, 보람, 평온감 같은 감정이 존재하나 이들 단어 역시 개개인의 주관에 따라 하나하나 분화되는 개념이다.

인간은 옛 부터 행복해지기 위한 방법을 추구해 왔다. 행복에 대한 고찰, 행복하기 위해서는 어떠한 삶을 살아야하는가? 등의 방법론 등을 제시하는 이론들이 '행복론(幸福論)'이다. 칸트는 인간이 행복을 만들어가는 행복의 3원칙을 이렇게 말했다. '첫째, 어떤 일을 할 것. 둘째, 어떤 사람을 사랑할 것. 셋째, 어떤 일에 희망을 갖는 것이다.' 라고 했다. 또한 앙드레 지드는 사람이 행복해지는 비결

---

6) 브리태니커, 심리학, 감정(感情), 참고인용.

에 대하여 '행복해지는 비결은 즐거움을 얻기 위하여 노력하는 것이 아니라 노력, 그 자체에서 즐거움을 발견하는 데 있다.' 라고 했고, C.폴록은 '행복이란 넘치는 것과 부족한 것의 중간쯤에 있는 조그마한 역이다. 사람들은 너무 빨리 지나치기 때문에 이 작은 역을 못 보고 지나간다.' 라고 했다. 또한 '행복하게 되고 싶은 사람은 남을 기쁘게 해주는 방법부터 배워야 한다.' 라고 M.프리올은 말했다.

우린 인간의 행복론에 대하여 세네카의 사상과 철학을 음미해 볼 필요가 있다. 세네카는 플라톤과 에피쿠로스에게서 많은 영향을 받았다. 그의 철학적 이론의 바탕은 영혼과 육체의 구별을 강조하였고 나아가 스토아학파의 이론을 발전시켰다. 세네카는 행복론에 대해 '인간의 덕성에 그 바탕을 두고 있다' 고 하였다. 그에 의하면 '온 우주 사이에 벌여 있는 온갖 사물과 모든 현상 가운데에서 인과관계가 가장 긴밀한 것은 행복과 덕성의 관계이다. 덕성이 있는 곳에 가장 자연스러운 행복이 조성되는 것이고, 행복이 있는 곳엔 언제나 덕성이 따르게 된다.' 라고 하였다. 또한 '훌륭한 것은 날을 얼마나 예리하게 다듬었는가에 따라 결정되는 것이며, 결코 칼집이 얼마나 찬란한가에 따라 결정되는 것이 아니다.

따라서 인간을 존귀하게 하는 것은 돈이나 그 밖의 소지품이 아니고 오직 그 사람의 덕성이다' 라고 말했다 한다. 이처럼 그의 사상과 철학은 인간은 인간다움의 덕행을 통하여 이성적 처세의 학문과 자연은 자연 그대로 사물을 보는 학문과 철학의 이치이다. 따라서 그는 곧 자연의 이치와 순리가 인간 세상의 법칙이라고 주장했다.

사람은 누구나 행복한 삶, 복 있는 삶을 원한다. 사람들은 대부분 행복을 부귀, 명예, 권력, 건강, 장수 등을 행복의 조건으로 인식하고 있다. 그런나 행복이 무엇이냐에 대해 아리스토텔레스는 개인의 행복뿐만 아니라 공동체의 행복과 안녕을 실천철학의 중요한 연구과제로 꼽았다. 그의 따르면 '인간이 추구하는 행복한 삶은 개인적인 차원을 넘어 공동체 속에서의 좋은 삶 혹은 성공적인 삶이다.'라고 했다. 다시 말해서 아리스토텔레스는 인간의 행복을 공동체 속에서의 삶 전체에 대한 인간 모두 자신에 만족과 연관시켜 파악하였고, 선하고 올바른 삶이 참된 행복을 얻는 것이라고 보았다. 또한 사회적 존재로서의 인간이 일상의 모든 행위를 통해 도달할 수 있는 목적들 중에서 최고의 선은 바로 우리가 추구하는 행복(eudaemonia)의 가치로 보았던 것이다.

프랑스의 소설가 스탕달은 '인간이 이 세상에 존재하는 것은 성공하기 위함이 아니라 행복하게 살기 위해서이다.'라고 하였고, 알버트 슈바이처는 '성공이 행복의 열쇠가 아니라 행복이 성공의 열쇠다. 자신의 일을 진심으로 사랑하는 사람이면 그는 이미 성공한 사람이다.'라고 하였다. 때문에 현대사회에서도 많은 사람들이 성공과 행복을 자신의 인생과 삶에 최고의 목표로 설정하여 하루하루 정글의 법칙에 순응하며 고군분투 하는 것인가 보다.

어쨌든 이러한 행복론들에 의해서 인권이라고 하는 것도 법률로 규정되어 있다. 행복추구권(幸福追求權)[7]은 인간이 법에 의해 보장

---

7) 행복추구권(幸福追求權)- 현행 헌법은 1980년 헌법을 계수하여 "모든 국민은… 행복을 추구할 권리를 가진다.(제10조 1문 후단)"라고 행복추구권을 규정하고 있다. 행복추구권은 기본적 전반에 관한 총칙적 규정으로서, 인간으로서의 존엄과 가치의 존중이라는 목적을 실현하기 위한 수단을 의미한다. 이러한 행복추구권은 헌법에

받는 기본권에 포함된 권리이다. 이것은 누구든지 동등하게 행복해질 권리를 갖는다는 뜻이다. 따라서 이 행복추구권은 다른 사람의 행복추구권을 부당하게 침해하지 않는 한 나의 행복추구권도 제약을 받지 않는다는 의미도 포함된다. 이렇게 우리 인간이 행복하기 위해 국가가 법률로 그 권리를 보호하고 있지만 나와 우리, 그들은 과연 얼마나 행복한 삶을 살아가고 있을까?

그러나 앞에서도 언급한 바와 같이 내가 얼마나 행복하냐? 당신이 얼마나 불행하냐? 하는 물음에 답은 매우 가변적이고 주관적인 문제이다. 예컨대 내 자신이 충분히 행복하다고 느낄 수 있음에도 난 아직 불행하다고 생각할 수 있고, 돌연 내가 불행을 겪고 있음에도 그래도 아직 난 행복하다고 할 수 있는 문제이기 때문이다.

그렇다. 이것은 누구라도 마찬가지이다. 가령 "난 가진 것이라곤 돈 밖에 없소."라고 하는 사람들(졸부)이 우리사회에 많이 있다. 하지만 그들에게 "모두가 행복하십니까?"라는 물음에 과연 얼마나 그렇다고 답할 수 있을까? 그렇듯이 인간의 삶에 행복과 불행을 딱 잘라 둘로 나눌 수도 없다. 다시 말해서 행복과 불행은 각각이 아니다. 행복과 불행은 각각의 집에서 존재하는 것이 아니다.

행복이와 불행이는 '나'라고 하는 집(의식)에서 티격태격하면서 함께 산다고 할 수 있다. 그러다 어느 날 불행이가 잠시 외출을 하면 행복이가 신이 나는 것이고, 행복이가 외출한 날은 불행이 때문에 괴로운 날이 되는 것이다. '행복과 불행은 같은 지붕 밑에 살고

규정된 개별적 기본권의 총화에다 인간으로서의 존엄과 가치를 유지하게 하는 데 필요한 것임에도 불구하고 헌법에 열거되지 않은 자유와 권리까지도 포함하는 포괄적인 기본권이다. 브리태니커, 법률, 행복추구권(幸福追求權) 참고인용.

있으며, 번영의 바로 옆방에 파멸이 살고 있고, 성공의 옆방에 실패가 살고 있다'는 명언도 있다. 영국의 낭만파 시인 바이런은 '행복은 불행과 쌍둥이로 태어난다.'라고 하였다. 그렇듯이 아무리 그럴싸한 타워팰리스 같은 궁전에 사는 사람일지라도 각각의 행복이와 불행이를 늘 곁에 데리고 산다.

그럼 나와 행복이와 불행이의 관계는 과연 어떤 것인가? 생각해 보자. '나'라는 존재는 무엇이고 왜? 이 세상에 존재하는 것일까? 그것은 나의 존재를 인정하듯이 행복과 불행도 인정해야 한다. 내가 존재하는 이유도 행복과 불행 때문이다. 만일 행복과 불행이 존재하지 못하는 삶(세상)이라면 나 자신의 존재도 사실 무의미하다.

'인간의 불행은 자기가 행복하다는 것을 알지 못하기 때문에 불행한 것이다.'라고 했고 '행복은 안락함에 있는 것이 아니라 고통이라는 값비싼 대가를 치렀을 때에만 얻을 수 있는 것이다.'라고 도스토예프스키는 말했다. 결국 우리가 추구하는 행복은 불행으로부터 싹이 터서 온갖 시련과 고통을 극복해낸 뒤에 값지게 피어나는 향기로운 꽃이다.

이 세상은 모든 사람들에 행복과 불행은 모든 관계와 어울림 속에서 인간의 삶이 영속적으로 유지되고 있다고 보아야 한다. 만일 불행이만 사는 세상이라면 아마도 그것은 조물주가 만들어 놓은 지옥일 것이고, 행복이만 사는 세상이라면 바로 그것은 신의 천국일 것이란 생각이다. 그러나 그 행복과 불행이 함께 존재할 수밖에 없는 우리의 현실임을 알고 그 현실을 떠나지 못하는 이상 우린 그것(행복·불행)을 용기 있게 인정해야 한다. 그리고 어떻게 균형과 조화를 이룰 것인가를 생각해야 한다. 그래서 가급적이면 불행이가 외출을 많이 하도록 유도하는 것이 나의 삶에 지혜라 할 수 있다.

그러나 그것이 합리적이고 세상이치에 어긋나지 않는 방법(순리)이어야 한다. 그렇지 못하면 행복이가 집에 남아 있는 것을 불행이가 절대 동의하지 않을 것이란 생각이다. 혹여 불행이가 난 절대 집밖으로 나가지 않겠다고 오기를 부리면 오히려 손해 보는 것은 행복이로서 결국은 나 자신이 불행이의 지배하에 놓이게 될 뿐이다.

이처럼 인간의 삶에서 행복을 소유한다는 것은 그리 쉬운 일이 아님이 분명하다. 그렇다고 그런 희망을 미리 포기할 순 없다. 그런 희망의 꿈을 찾아 이루기 위해 우린 알 수 없는 인생의 미로를 헤매고 또 헤매는 것이 아닐까? 그 길을 잘 가기 위해 정신을 무장하고 체력을 보강하여 '힘'을 키운다.

그러나 문제는 바로 여기에 있다. 나의 행복추구를 위해 나의 정신을 무장하고 체력을 보강해서 비바람 태풍에도 잘 견뎌내는 강인한 힘을 갖는 것을 누가 탓할 수 있으랴. 하지만 현실은 그렇지 않다. 그렇게 키워낸 힘을 이용하여 문명시대의 많은 무법자(강자=돈과+권력)들은 규칙을 위반하고 반칙으로 도로(평화의 길) 위에서 난폭운전을 하고 있다.

그렇게 법으로 보장된 '남의 행복추구권'을 침해하고 있다는 사실을 부인할 수 없다. 정정당당하게 자신의 힘과 노력으로 행복을 이루는 것이 아니라 남의 행복추구권을 유린 침탈했다면 행복을 이룬들 무슨 의미일까? 그것은 자신의 삶에 궁극적 목표인 행복의 길을 잘 가는 길(道)이 될 수 없다. 그렇게 되면 내 안에 행복이 반기를 들 것이고, 내 안에 불행이 결코 나를 위해 절대 협조하지 않을 것이란 생각을 해야 한다.

그렇다면 어떻게 자신의 행복도 지키고 남의 행복도 지켜갈 것인가. 이에 비답은 어디에 있고 그것을 찾기 위해 어떤 노력이 필요한지 생각해 볼 때이다. 내 스스로 그 행복의 길을 찾아나서는 것도 중요하겠지만 일부러 짧은 인생살이에서 어렵게 고행을 결행할 필요는 없다. 이것이 붓다께서 중생들을 위해 세상에 들고 나면서 깨달은 '고행무익'[8]의 깨우침이셨다.

인간의 삶엔 어찌 보면 행복보단 불행이 더 많은 시간들이다. 이 불행의 시간들을 우리의 삶에서 지워버리면 우리의 삶은 과연 얼마나 될까? 또 앞으로 남은 행복의 시간은 얼마나 될까? 그래서 누구나 행복에 대한 이야기보다는 불행에 대한 이야기가 훨씬 더 많다. 아리스토텔레스의 '에우데모니아(Eudemonia)'의 도덕론도 마찬가지다. 인간의 삶에서 도덕론에 가치를 빼고는 모두가 무의미해진다. 그 도덕론의 가치를 인정하지 않고는 잘 산다고 할 수가 없기 때문이다.

따라서 잘 산다고 하는 것은 얼마만큼 도덕적 가치가 우리의 삶 속에서 깊이 발효되어 그 신비의 맛이 우리의 몸 구석구석 뼛속까지 도파민(doppamine)처럼 전달되어질 때 비로소 인간은 이 세상의 사람다움으로 존재함에 의미와 그 달달한 행복에 맛을 기필코

---

8) 고행무익(苦行無益)- 붓다께서 깨달음을 얻기 위해 고통스러운 수행을 하는 것. 석가모니는 출가 후 6년 동안 갖가지 고행을 하였으나, 깨달음을 얻은 뒤에는 그러한 고행의 무익함을 역설하였다. 지나친 고행이나 지나친 쾌락의 양 극단을 떠난 중도(中道)의 수행만이 진정한 깨달음으로 이끌어 준다는 것이 석가모니의 가르침이었다. 이규항,「0의 행복」, 글누림, 2009, p, 35 참고인용.

맛볼 수 있을 것이다. 프랑스의 철학자이면서 비평가인 알랭의 명언이다. '딸기엔 딸기 맛을 지니고 있듯이 삶은 행복이란 맛을 지니고 있다.' 라고 하였다. 또 괴테는 '시간에 대한 충실, 그것이 인간의 행복이다.' 라고 했고, 에이브러햄 링컨은 '인간은 자신이 얼마만큼 마음먹느냐에 따라 행복해진다.' 라고 하였다.

이 모두가 한 마디로 요약하면 '잘 살기(How to live well)' 의 노하우에 대한 성찰이다. 이것을 두고 위대한 사상가들이나 철학자들이 궁극적으로 인간의 행복을 위한 것은 바람직한 행동법칙이라고 보는 견해이다.[9] 하지만 그러나 이젠 도덕적 관념과 가치만으론 지구상 인류의 행복을 지켜내기엔 역부족이다. 도덕적 관념으론 행복의 변절을 근본적으로 막을 수가 없다는 얘기다. 이처럼 도덕의 가치가 현대사회에서 전혀 힘을 쓰지 못하고 있는 것은 이미 도덕의 정체성이 무너지고 물질만능주의(materialism)에 돌이킬 수 없는 쇠뇌가 오래전부터 이루어져 왔기 때문이다. 또한 그것에 종속되어진 환경적 지배하에 놓여있기 때문이다. 그것은 도덕론 그 자체에 문제가 있었다기보다 물질만능주의의 일방 통행식에 의한 사회적 병리현상에 대해 견제기능이 불능상태에 빠진 원인이라고 해야 한다.

이것은 물질만능주의에 의해 사회의 안정적 기능이 중심을 잃고 불균형상태에 빠졌기 때문이다. 때문에 전혀 본래의 기능을 할 수 없는 도덕론은 역사의 뒤안길에서 무력함에 고개를 들지 못하고 은거하고 있다. 그러한 변화의 과정에서 행복의 가치도 본래의 모습이 아닌 물질만능주의 선호적 형태로 주저 없이 물들어갔다. 그

---

9) 민용태,「행복의 기술」, 문학바탕, 2007, p, 4 참고인용.

대표적인 것이 물질이 동반되지 않는 행복은 행복이 될 수 없다는 인식이다. 행복엔 반드시 물질이 동반되어야 한다는 인식과 의식의 변절이다. 그래서 물질적가치가 현대인의 삶과 행복에서 그 절대성을 대변하게 되었다.

이렇게 물질만능주의 무소불위에 기질은 세상의 모든 사물과 현상에 직간접적으로 무서운 영향력을 행사하고 있다. 그렇다고 물질의 양면성을 부정해서는 안 된다. 어떤 물질이건 양면성은 다 있다. 그 양면성의 영역이 어떻게 균형과 조화를 이루고 앞으로 미래를 향해 어떻게 합리적 관계를 이루고 전진해 갈 것인가를 21세기 문명사회의 현대인들이 풀어가야 할 당면한 과제이다. 그 속에 우리가 쟁취해야 할 행복의 근원적 가치가 함축되어 있다.

물질이나 사물의 양면성(긍정·부정 또는 양화적·음화적)에서 좋은 쪽 한 면만 선택적으로 지향하는 주의가 서양적 사고라 할 수 있다. 이 서양적 사고는 매우 이성 중심적 철학이요 윤리학적 이론이다. 그리고 오늘날에 문명도 이러한 사상과 철학에 기반 된 이성주의가 꽃을 피운 서양문명의 발전이라고 해야 한다. 그래서 서양의 사상을 양화적(陽化的) 기질로 보는 것이고, 동양의 사상은 음화적(陰化的) 기질로 본다.

양화적 기질은 긍정(positive)을 의미하고, 적극적이고, 도전적 기질인 반면 음화적 기질은 부정(negative)을 의미하지만 안정적이고, 보수적이고, 방어적 기질이라고 해야 한다. 이렇듯 양화적 기질이나 음화적 기질은 각기 고유의 성질과 장단점이 함께 내재되어 있다. 따라서 이것은 모두 좋고, 나쁨의 의미가 아니라 사물자체의 성질을 이루고 있는 구성요소로 이해하여야 한다. 이러한 요소들은 또 다른 변화(작용)에 균형과 조화를 이루려는 바탕의 성질로 이해되어야 맞다. 이것은 어찌 보면 인간의 심성에도 성선설과 성악설[10] 과 같이 양면적 두 성(性)의 바탕이 서로 다른 기질로 함께 내재되어 있음과 같은 원리이다.

이처럼 인간의 감정을 이루는 요소에도 행복이라는 요소와 불행이라는 요소가 인간의 감정변화를 통하여 절묘한 삶을 영속적으로 유지시키고 움직이도록 통제되고 있다. 그러나 인간의 삶에서 돌아보면 행복으로 가는 길도, 중용으로 가는 길도 모두가 쉽지 않은 길임에는 틀림없다. 그래서 공자께서 말씀하시길, "그 중용은 참으로 지극(至極)한 것인데 백성들이 이를 알지 못하고 실행하지 못한 지 오래되었다.(子曰, 中庸其至矣乎, 民鮮能久矣)"[11] 라고 하셨다.

그러나 공자께서는 이토록 이루기 어렵고 실천하기 어려운 중용의 이치를 무엇 때문에 왜? 백성들이 알기를 간절히 바라고 원했는가? 그것은 고달픈 인생의 삶에서 중용의 도리를 알고 행하면 갑자기 닥칠지도 모르는 불행으로부터 피신할 수 있고, 그 불행을 피하고 나면 그 자체가 '행복의 길'이 될 수 있음을 백성들이 깨우치게 하려 함이었다. 이것은 백성들을 아끼고 사랑하는 공자의 인애사상(仁愛思想)에 기인한 것이다.

공자께서는 최고의 덕을 인(仁)이라고 보고 인은 "사람을 사랑하는 것"이라고 정의했다. 이는 예수님의 사랑이나 붓다의 자비정신

10) 성선설(性善說)- 인간의 타고난 본성은 선하지만 나쁜 환경이나 그릇된 욕망 때문에 악하게 된다고 주장하는 학설로서 맹자가 주장하였다. 성악설(性惡說)- 인간의 다고난 본성을 익으로 보고 이에 도덕적 수양은 반드시 교육을 통한 후천적 습득에 의해서만 가능하다고 주장하는 학설이다. 이것은 순자(荀子)의 견해이다.

11) 중용 제3장 원문의 말씀이다. 子曰, 中庸其至矣乎, 民鮮能久矣.

과 같은 맥락이다. 또 충서(忠恕)의 도리와 덕을 존중했다. 이처럼 공자의 사상은 사회적·정치적 인간을 위한 도덕이 중심을 이루고 있다. 공자의 사상은 이처럼 인간중심주의와 합리적 생활실천사상 이다. 인간의 삶을 행복이라는 관점에서 매우 중시한 현실의 실천 철학이다.

희로애락(喜怒哀樂)의 정이 중절·중화(中絕·中和)[12] 되어 일어 나는 심(心)의 작용은 인간이 일상의 삶에서 시시각각 느끼는 감정 이다. 그러나 중용에서 추구하는 행복론은 심의 중심을 잡고 시시 각각 변화하는 감정의 '균형과 조화'를 통해서 심오한 심의 행복 을 이루려는 원리이다. 여기서 순간의 기쁨이나 즐거움이 아닌 비 교적 오래오래 행복감을 간직하고 지속할 수 있는 이상적 '행복의 길'이 만들어진다. 이것은 큰 기쁨(쾌락)도, 큰 슬픔(고통)도 아닌 어찌 보면 기쁨인지, 슬픔인지조차도 선뜻 구별되지 않는 마음의 고요(平常心=0(中)의 상태)와 같은 것일 것이다. 다시 말해 무애무 덕(无涯無德)의 일상과 같은 느낌이 오래 지속될 수 있다면 이것이 행복으로 가는 길의 시발이 될 수 있기 때문이다.

플라톤은 서양문화의 철학적 기초를 마련한 고대 그리스의 위대 한 대철학자이다. 플라톤은 논리학·인식론·형이상학 등에 걸친 광범위하고 심오한 철학체계를 전개했으며, 특히 그의 모든 사상의 발전에는 윤리적 동기가 바탕을 이루고 있고 이성이 인도하는 것 이면 무엇이든 따라야 한다는 이성주의적 입장을 고수했다. 따라서

---

12) 중절·중화(中絕·中和)- 상황에 알맞게 제어되어 일어나는 행위가 중절이다. 중화는 순수하고 솔직한 감정의 표현을 의미하는 것이고 이러한 감정이 합리적 균 형과 조화를 이루는 심의 상태이다.(毀而皆中節, 謂之和)

플라톤 철학의 핵심은 이성주의적 윤리학이다.

여기서 잠시 플라톤의 5가지 행복론에 대하여 음미해보자.

첫째, 먹고 입고 살고 싶은 수준에서 조금 부족한 듯 한 재산.

둘째, 모든 사람이 칭찬하기에 약간 부족한 용모.

셋째, 자신이 자만하고 있는 것에서 사람들이 절반 정도밖에 알아주지
　　　않는 명예.

넷째, 겨루어서 한 사람에게 이기고 두 사람에게 질 정도의 체력.

다섯째, 연설을 듣고서 청중의 절반은 손뼉을 치지 않는 말솜씨.

여기 5가지의 행복론에서 공통점은 '모두 좀 부족하게 하라' 이
다. 이것은 중용에서 중시하는 '과유불급'에 대한 의미이다. 의식
주를 비롯해서 재물이나, 명예나, 힘에 대한 것이나, 자신의 자질
에 까지 모두 넘침과 충만을 경계하는 말이다. 이것은 인간의 끝없
는 욕망과 탐욕에 대한 경종의 말씀이다. 충만에서 올 수 있는 교
만과 부도덕성 그리고 허례허식을 일깨우는 성찰이다.

공자님께서는 '중용의 덕 가진 사람을 사귈 수 없을 때는 적어
도 열성 있거나, 결벽 있는 사람과 사귀라. 열성 있는 사람은 진취
적이고, 결벽 있는 사람은 마구 타협하지 않는다.' 라고 하였다. 이
또한 인관관계에서 자기의 중심을 지키고 균형과 조화를 중시하는
사상이다. 균형과 조화는 나만의 행복이나 삶을 전재로 한 것이 아
니다. 합리주의를 모색하는 의식이다.

그런 점에서 볼 때 공자님의 행복론은 아리스토텔레스의 행복론
과 일치한다. 앞에서도 언급한 바와 같이 아리스토텔레스는 개인의
행복뿐만 아니라 공동체의 안녕과 행복을 매우 중시한 생활실천철
학이다. 공동체의 행복지수가 높게 올라가면 당연 그 속에 구성원

인 개인의 행복지수도 높기 때문이다.

삼성경제연구소가 2009년 한국사회와 경제적 비용을 분석하는 연구조사에서 2008년 미국에서 발생했던 소위 미국 발 금융위기가 세계적으로 확산되면서 세계 각국을 불안에 떨게 하고 경제에 커다란 충격을 주었을 때의 사회적 갈등지수를 발표했었다. 그 때에 갈등지수가 매우 높았다. 갈등지수가 높다는 것은 시대성과 결합되어 현대인의 행복지수를 더욱 추락하게 했다. 그런 경제위기는 사회갈등지수를 높이게 되는 환경적 요인이 되었다.

사회갈등지수란 한 사회의 노사 갈등, 윤리적 갈등, 문화적 갈등, 세대 갈등, 남녀 갈등, 계층 갈등, 지역 갈등과 같은 문제들에 대하여 그 사회에 존재하는 모든 갈등을 합쳐 수치로 표현한 것이다. 그것은 국가의 민주주의 성숙도와 정부 정책의 효율성이 낮을수록, 소득 불균형이 높을수록 더욱 사회적 갈등지수는 높게 나타났다. 그 때에 '한국의 사회 갈등과 경제적 비용'이라는 보고서에 나온 한국의 사회갈등지수는 OECD(경제협력개발기구) 27개국 가운데 4번째로 높았었다. 그 때에 우리 국민들이 참으로 많이 힘들었다. 특히 서민의 행복지수는 극도의 최악에 상황이었다고 해야 하리라.

본시 인간의 삶은 행(幸)보다는 고(苦)가 더 크고 많을 수밖에 없는 생존구조이다. 깨달음이 없는 일반 사람들이 일상에서 겪고 있는 고통과 슬픔에 대해 선각자늘이 힘과 용기를 수기위한 위로의 말씀으로 "생(生)이 고(苦)다"고 하는 말씀을 하신 것이 아닐까? 그 말씀은 다시 말해 "삶이라는 것이 본래 그런 것이니 그냥 그런 줄 알고 참고 살아야지 별도리가 있겠는가."라는 의미의 말씀 같다. 이는 인간의 삶에서 살아있음 자체가 행(幸)보다는 고(苦)에 더 밀접하고 가깝다는 의미였을 것이다. 예수님의 생애도 그랬을 것이고, 카필라왕국의 태자였던 붓다의 삶도 깨달음이 있기 전 까지는 말할 수 없는 고행의 시간이었다.

지구상에 모든 인류의 삶에선 '생존과 행복'을 위한 고통이 수반될 수밖에 없는 삶의 과정이다. 사실 현대인들의 일상적 삶에서도 즐겁고 기쁜 일 보다는 힘들고 어려운 고통의 시간이 더 많고 그런 상태가 더 많이 지속되고 있다. 바로 그 자체가 우리의 삶이요, 일상이다. 그러니 차라리 큰 기쁨이나 즐거움이 아닌 작은 기쁨조차도 있는 듯, 없는 듯 평온의 상태가 바로 우리가 일상의 삶에서 느끼고 누릴 수 있는 최선의 행복한 시간이 될 수 있다는 교훈 같다.

그러니 결국 우리가 추구하는 행복은 불행으로부터 싹이 터서 온갖 시련과 고통을 극복해낸 뒤에야 값지게 피어나고 맛볼 수 있는 향기로운 꽃이 우리의 행복이 아닐까. 미국 대통령들의 영적 조언자였던 빌리 그레이엄(Billy Graham, 1918년 11월 7일-) 목사는 '사람은 부족함을 깊이 깨달으면 깨달을수록 인생의 행복에 가까워지게 된다.'라는 명언을 남겼다. 충만을 경계하고 부족함에서 인생의 행복을 쟁취할 수 있는 것은 맑은 마음과 영혼에게만 신이 내리시는 축복이요, 충만이다.

때문에 현대사회에서의 종교적 역할이 매우 중요했다. 모든 종교는 이렇게 인간의 삶에 구조적으로 수반 될 수밖에 없는 육체적 · 정신적 고통과 괴로움으로부터의 평안과 위안을 제공하는 안식처이기 때문이다. 뿐만 아니라 종교를 통해 사후세계(死後世界)의 개념을 정립하고 정토나 극락, 천국 등 일종의 구원시스템을 마련하는 것으로써 현세에서의 죽음에 대한 공포감과 절망을 일정부분 해소할 수 있게 했다.

이렇게 죽음을 맞는 절망과 손실로부터 미래세계와 더 나아가 내세의 '구원과 희망'으로도 승화시킬 수 있는 것이 신에 대한 절대적 믿음이고 종교적 힘이다. 이처럼 많은 종교에서는 나름 그 종교적 이념을 바탕으로 '인간을 행복하게 하자(Let me be human happiness)'라고 하는 철학적 사상이 담겨 있고 그 행복지향의 방법론도 종교나 종파에 따라 다양하게 추구되고 있다. 그리고 이런 종교적 성격에 따라 사원·교회 등의 종교시설관계자는 일종의 카운슬러와 멘토르의 사회적 기능과 긍정적 기능을 갖기도 한다.

과거 애니미즘(animism), 샤머니즘(shamanism) 또는 토테미즘(totemism) 같은 초기 원시종교에서는 자연과 인간, 인간과 신의 관계에서 신비성(이해할 수 없는 초자연적 현상)을 이루는 관계에서 신과 인간 그리고 자연이 균형과 조화의 관계를 맺고 있었다.[13] 이처럼 과거의 종교나, 현대의 종교나 종교가 지향하고 추구하는 궁극적 목적은 별반 다르지 않다. 그것은 다름 아닌 인간다움의 본성과 행복추구의 가치 때문이다. 그러나 현대과학문명사회로부터 점점 메말라가고 고갈되어지는 인간다움의 본성을 조금이라도 회복하고 지켜낼 사회적 기능이야말로 이런 종교가 아니면

---

13) 애니미즘(animism), 샤머니즘(shamanism), 토테미즘(totemism)- 애니미즘은 모든 사물에 영혼과 같은 영적, 생명적인 것이 두루 퍼져 있고 삼라만상의 여러 가지 현상은 그것의 작용이라고 믿는 세계관이다. 샤머니즘은 병든 사람을 고치고 영적세상과 의사소통을 하는 능력을 지녔다고 믿고 샤먼을 중심으로 하는 원시종교의 세계관이다. 토테미즘은 미개 사회에서 동식물이나 자연물을 신성시함으로써 형성되는 종교사회체제이다.

불가능하고 종교만이 유일한 대안이라 할 수 있다.

그러나 이젠 이런 종교마저도 인류의 행복을 안전하게 영속적으로 지켜내고 담보할 수 없는 상황이 되었다. 그것은 오늘날 종교도 문명의 소용돌이에서 그 중심을 잃었다. 때문에 그 중심을 잡고 인류문명의 균형과 조화를 이루는데 성공하지 못했기 때문이다. 따라서 현대의 종교적 가치도 점점 퇴행적 변화를 맞고 있다. 전통적 종교의 신비성은 약화되고 인류가 창달한 '문명의 신(슈퍼클래스 super class)'[14]만이 더욱 눈부시게 빛나고 각광 받고 있다. 이제 현대사회의 인류는 그것에 의지하고 희망을 걸어야하는 상황이다. 그렇다보니 인간의 존재적 가치와 행복의 가치도 '문명의 신' 그 손에서 재단되어지고 평가되고 있다. 이것이 길을 잃고 방황하는 현대인들의 행복론에 대한 자화상이다.

현대사회가 문명적 가치에 의해서 변화하고 발전하는 것은 경제 이론에서 말하는 '사용가치'와 '교환가치'[15]의 이론에 의한 성숙 이고 사실적 관계에 의한 결과이다. 그러나 사용가치는 영속성이지

---

14) 문명의 신(슈퍼클래스 Super Class)- 슈퍼클래스는 세계를 움직이는 상위 1% 에 속하는 초국가 엘리트들을 일컫는 대명사이다. 클린턴 행정부 당시 상무부 차관 을 지낸 데이비드 로스코프는〈슈퍼클래스-누가 우리 시대를 형성하고 있는가?〉라 는 책에서 슈퍼클래스는 "지구상의 그 어느 집단보다도 막강한 힘을 가진 글로벌 엘리트 집단"이라고 정의했다. 이들은 무소불위의 힘과 권력을 가진 리더들로서 전 세계 인류의 생존과 모든 중대사를 결정한다. 학자들은 권력과 영향력을 키우고 행 사하려는 의지와 기량이 리더들에게 필수적이라고 역설한다. 권력이란 행동에 영향 을 미치고, 사태의 전개 과정을 바꾸고, 저항을 극복하고, 사람들로 하여금 실행하 게 만드는 잠재적 능력을 갖고 있다. 하여 필자가 말하는 '문명의 신'은 문명을 이 끄는 슈퍼클래스들의 신적 능력을 함축시켜 표현한 말이다.
15) 사용가치(使用價値)- 어떤 대상이 인간과의 관계에서 지니는 유의미성을 의미하 는 개념이다. 경제학에서는 인간행위의 개념을 재화나 용역을 통해 사용하고 소비하 는 것이라고 정의한다. 재화나 용역은 사용하면 일정한 효용을 얻게 되므로 그 당자 는 당연히 그 사물을 '효용 있는 것 또는 가치 있는 것'이라고 여기게 된다. 이러한

만 교환가치는 상황적 변수가 매우 큰 가변적이다. 이런 가변적 현상과 상태는 시대성이 매우 강하다. 때문에 현대사회가 격고 있는 불안정과 불균형은 이 두 가지의 영속성과 시대성의 불일치에서 파생된 괴리의 현상이다.[16] 거기에서 가장 큰 영향을 끼치는 것은 역시 자성(自省)이 없는 무절제한 자본의 기질이 교환가치를 혼란시키고 부추겨 시대성을 더욱 악화 증폭시키는 결과를 초래한다. 이처럼 시대성은 상황적 변화의 현상이다. 즉, 자연과 사회 안에 있는 모든 것은 끊임없는 작용(作用=運動)을 통해서 변화하는 변증법적 현상이다. 현대사회의 문명은 이런 시대성이 자본의 영속성에 결합하여 문명창조와 창달을 이루는 인류역사의 과정이다.

그렇다면 이 시대를 사는 현대인들은 지금과 같은 시대성의 급변과정에서 사회적 불균형과 불안정으로부터 중심을 잡는 일이 제일 중요한 일이다. 이러한 시대성에 유효적절하게 대응하고 적응하

가치의 개념을 '사용가치(value in use)'라 표현한다. 이는 애덤 스미스 이후 많은 고전학파 경제학자들의 주요 관심사였고 더 나아가 이것이 초기 경제학의 발전을 촉진시키는 계기가 되었다. 브리태니커, 사용가치, 참고인용.

교환가치(交換價値)- 교환가치는 어떤 상품이 다른 상품과 어느 정도로 교환될 수 있는가 하는 상대적 가치이다. 예컨대 A재(財)를 얻고자 B재를 처분하는 것이 교환이다. 이와 달리 X재와 Y용역 등을 생산요소로 사용해서 A재를 얻는 것이 생산이다. 이때 처분된 B재나 생산에 투입된 X재와 Y용역은 모두가 본래의 사용가치를 지니게 된다. 따라서 교환이든, 생산이든 일정부분 사용가치를 상실한다는 점에서는 차이가 없다. 그러나 교환과 생산과정을 통해 또 다른 가치의 개념을 생각할 수 있다. A재 1단위를 얻고자 할 때 교환을 통해 처분되는 B재의 사용가치는 A재의 '교환가치(value in exchange)'라 할 수 있고, 생산에 투입되는 X재와 Y용역의 사용가치는 A재의 '생산비'가 된다. 브리태니커, 교환가치와 생산비, 참고인용.

16) 사람은 사용가치가 갖는 영속성과 교환가치가 갖는 시대성의 사이에서 어떤 조화와 중용의 길을 모색했어야 옳다. 지나치게 자본의 하부구조 중심의 물질적인 발상으로 정신세계를 지배하려 했던 사회주의의 이상도 무리일 수밖에 없었다. 민용태,「행복의 기술」, 문학바탕, 2007, p, 7 참고인용.

는 기술(technique)이 생존의 절대적 조건이라고 해야겠다. 이것이 바로 중용 제2장 원문의 말씀인 '군자지중용야, 군자이시중(君子之中庸也, 君子而時中)'이다. 이는 '군자가 중용을 잘 지킬 수 있는 것은 군자는 알맞은 때를 가려 유효적절하게 관계의 기술을 실행하기 때문이다.'라는 말씀의 뜻이다.

스포츠 경기에서 이 '군자이시중'에 의미를 가장 잘 함축하고 있는 종목은 야구경기이다. 야구는 그 어떤 스포츠 경기에 비해 매우 다이내믹 하고 뛰어난 순발력과 테크닉 컬한 경기이면서도 초절묘한 타이밍의 집합기술이 만들어가는 스포츠경기이다. 이 경기에서 투수와 타자 그리고 포수와 주자의 관계는 치밀한 상대적 함수관계에 놓인 주체들이다. 특히 타자와 투수 간의 관계는 피해갈래야 피할 수 없는 숙명적 관계이다. 좋든 싫든 맞붙어야 한다. 그러나 상대를 반드시 꺾어야 하는 상대적 관계 속에서 이루어지는 생존의 기술은 극도의 심리전을 동반한다. 타자는 위협적으로 자신을 향해 날아오는 위협적인 볼에 한 치의 물러섬도 없이 당당히 맞서 적시에 타격하지 않으면 자신이 죽는다. 반드시 살기 위해서는 필사적 대응이 최선의 전략이다.

그러나 총알처럼 빠르게 날라 오는 볼을 누구나 적시(適時適合=時中)에 타격하여 홈런이나 안타를 치기에는 그리 쉽지가 않은 경기이다. 그렇다면 그것은 왜 그런가? 그것은 가장 절묘한 타이밍의 부정확과 부적합 요소에 맞서는 일이기 때문이다. 볼이 적시적합에 의한 정확한 타격이 되어야 적중하여 힘차게 멀리 날아갈 수 있다. 그러나 헛스윙을 비롯해서 볼이 정확성이 없이 스쳤다거나 빗맞았다고 하는 것은 파울볼이 되기가 십상이다. 그것은 볼이 날아오는 속도와 각도 또는 빠른 회전 같은 변화구에 타자가 적절한 기술적 대응을 못했기 때문이다. 타자의 적절한 대응이란? 그냥 방망이를 힘으로 휘두르는 것만이 능사가 아니다. 그것은 날아오는 볼의 성질에 맞게 높이와 각도 그리고 절묘한 타이밍과 배팅의 치밀한 계산만이 타자의 진로를 결정하게 된다. 그러나 이 모든 것이 찰나라고 하는 순간이다. 그러니까 찰나의 순간 중에서도 더 찰나의 순간인 적시적합의 순간인 시중(時中)이 되어야 하기 때문이다.

야구의 정석도 상황에 따라 그리고 상대에 따라 바뀌게 된다. 그래서 야구도 마치 인간의 삶처럼 어렵다고 한다. 여기에서 절묘한 타이밍이란? 시중(時中)이고 적시적합의 순간을 의미한다. 군자는 인간관계에서 소인들과는 다르게 치밀한 계산과 절묘한 타이밍으로 어떤 상황에서도 일에 결정이나 결단을 내려서 실천에 옮긴다는 의미이다.

그러나 그런 지혜가 없는 우자나 소인들은 아무 때나 경거망동함으로써 대인관계에서 손해를 보거나 실패를 하게 된다는 뜻이다. 현대사회에서 경거망동은 자신의 인생을 불행하게 만드는 결과를 초래하게 된다. 그것은 인생의 낙오를 의미함이다. 하여 이 시대를 사는 현대인들은 지금과 같은 시대성의 급변 과정에서 사회적 불균형과 불안정으로부터 중심을 잡고 흔들리지 말아야 한다. 문명의 파고가 높게 소용돌이치는 불안전한 현실에서 군자의 중용적 지혜와 슬기로서 상황에 휘말리지 말고 멋진 균형을 잡고 파도타기를 즐김이 삶의 목적이다.

투자의 귀재란 별칭을 얻은 워런 버핏은 20세기에 가장 성공한 투자자로 인정받는 미국의 사업가이자 자선사업가로서 명성이 높다. 워런 버핏의 투자전략에 가장 큰 핵심도 역시 야구에서의 초절 묘한 타이밍과 같은 적시적합의 시중적(時中的) 투자기법이다. 여러 가지 복잡한 경제 및 자본이론에 근거한 투자분석과 지표도 중요하지만 그보다 더 중요하게 생각하는 핵심의 투자전략은 야구에서 홈런을 칠 때와 같은 절묘한 배팅(batting)의 기술을 투자비법의 제일에 원칙으로 삼는다는 점이다.

하여 '오마하의 현인' 이라고 불리는 워런 버핏은 네브래스카 주미국 하원의원이었던 하워드 호먼 버핏의 아들이다. 1950년 네브래스카대학교를 졸업한 후, 1951년 컬럼비아대학교 경영대학에서 베저민 그레이엄을 연구했다. 1956년 버핏은 오마하로 돌아가서 1965년 섬유제조회사인 버크셔 해서웨이의 경영권을 갖게 되었다. 그 후 이 회사는 그의 주요한 투자기반의 원동력이 되었다. 1960~90년대 주요 주식 평균치는 매년 약 11%씩 상승했으나, 버크셔 해서웨이의 상장 거래 주식은 매년 28%의 수익을 올렸다. 버크셔 해서웨이의 성공으로 버핏은 세계 최고 부자가 되었다. 그럼에도 그는 호화로운 생활을 멀리했으며 중하류층보다 부유층에게 유리한 정부의 잘못된 과세정책에도 맞서 중하위 서민층의 입장을 대변하고 당당히 비판하는 서양적 군자지도(君子之道)의 길을 걸었다. 때문에 전 세계의 많은 투자자들로부터 버핏의 투자지혜를 얻고자 하는 존경과 선망에 대상이 되었다.

2006년엔 마이크로소프트사의 빌 게이츠가 운영하는 '빌&멀린다 게이츠 재단'에 자신의 재산 거의를 기부해서 전 세계의 사람들은 많은 놀라움과 그의 실천적 행동에 경의를 표했다. 이렇게 '오마하의 현인'은 자신의 부를 아낌없이 나누는 실천을 통해 사랑과 행복을 구현한 21세기 진정한 부자이면서 진정한 강자로 존경받고 있다. 한국에서도 이런 군자다움의 현인이 멀지 않은 장래에 출현하길 기대하는 것은 아직 섣부른 기대일까?

아무튼 이처럼 투자의 성공에도 중용의 이론인 시중의 말씀이 적용되는 현상은 주식투자를 해본 투자자라면 어렵지 않게 이해할 수 있는 이론이다. 그러나 적시적합의 시중을 분별하는 지혜를 갖기란 쉽지가 않다. 그것은 투자자의 마음을 움직이는 중심(中心=가운데 마음)을 먼저 이해하고 그 덕성으로 다스려야하기 때문이다. 즉 투자자로서의 바른 마음가짐이다.

이때에 제일 중요한 것은 군자이시중(君子而時中)의 정신으로 혼돈의 시대성에 유효적절하게 대응하고 적응하는 기술(technique)이 절대적이라고 해야겠다. 그것이 변화의 바람에 굴하지 않고 적응하여 내성을 키워가는 투자의 자세이고 마침내 성공하는 투자가 되기 때문이다.

21세기 현대사회는 매우 다원화된 환경 속에서 다양한 주체들이 다양한 주의(ism)와 다양한 요소(element)의 가치들을 요구하며 충돌하여 변화를 일으키고 있다. 또한 다양한 가치관이 서로 공존의 작용을 하며 각자의 가치를 추구하는 시대성이 강한 시대에 살고 있다. 이렇게 다원화, 다변화하는 문명의 소용돌이 속에서 현대인들이 취해야할 행동법칙은 제일 먼저 정신을 똑바로 차리고 중심을 잘 잡아야 한다. 그리고 시대의 조류에 억지로 떠밀려가지 않는 자세이다.

이런 자세는 불안정한 상태에서도 절대 균형을 잡고 쓰러지지 않는 정신이다. 그리고 적시적합에 의한 지혜로운 사고와 의식으로 새롭게 변화하는 환경에 유효적절하게 대응하고 적응하는 기술을 습득하는 것만이 잘 살아갈 수 있는 최선의 방책이다.

파도타기는 다소 위태롭기는 하지만 노련한 '균형과 조화'에 기술을 습득하고나면 웬만한 파고엔 휩쓸리지 않는다. 균형만 잘 잡으면 절대 쓰러지지 않는 자전거타기처럼 멋진 삶의 '파도타기'가 가능하다. 더 이상은 '파도타기'가 두려움과 공포에 대상이 되질 않는다. 그것은 양화와 음화의 격랑 속에서도 전혀 위험을 느끼지 않는 안전한 무풍지대에 있는 것과 마찬가지이기 때문이다. 그 기술이 바로 나 자신의 중심을 지켜내는 '균형 잡기' 또는 '중심잡기'의 행복기술이다. 이 균형 잡기가 제대로 이루어져야 괴로운 고통의 시간보다 기쁜 즐거움에 시간이 많아져서 비로소 중심(中心)의 평온과 행복감을 내가 소유할 수 있다.

그러나 자본과 결탁한 시대성의 소용돌이에 휘말리면 결국 나의 중심은 잃고 헤어날 수 없는 고통의 바다 깊숙이 침몰하게 되고 만다. 따라서 인생의 바다에 침몰하지 않기 위해서는 의식의 균형을 잘 잡고 '파도타기 행복'[17)]의 기술로 높은 파도를 헤엄쳐 나가야 한다. '파도타기의 행복기술'도 높은 상공에서 외줄을 타는 것처럼 아슬아슬하긴 마찬가지다. 자칫 몸의 균형을 못 이루면 허공의 나락으로 추락하는 것이다. 그러나 아무리 거센 파도라도 몸의 균형만 잘 잡으면 그 '파도타기의 행복기술'은 인생의 묘미를 잘 느낄 수 있는 희망이요 행복이다. 그리고 더 나아가 순간순간 살아

---

17) '파도타기 행복학' - 영속성과 시대성 사이 자기 행복 중심의 끝없는 선택과 균형잡기의 도(道=삶의 길)를 말한 것이다. 민용태,「행복의 기술」, 문학바탕, 2007, pp, 8~9 참고인용.

있음에 스릴과 큰 기쁨을 동반하게 된다. 이것이 인생의 진정한 '파도타기 행복'이 아닐까?

그렇다면 21세기 현대를 살아야하는 우린 이제 행복의 원칙과 인식을 새로이 해야 한다. 그 속에서 불안전한 불균형과 부조화의 시대성과 영속성의 사이에서 끈질기게 '파도타기의 행복기술'을 위한 연습도 게을리 하지 말아야 한다. 그것만이 나와 우리 모두의 균형 잡기를 통해서 소중하게 쟁취할 수 있는 것이 '중용의 행복론'이다. 이것이 중용이 갖는 미래인류사회의 진정한 '참가치'라 할 수 있다. 그렇게만 될 수 있다면 필자로서도 이 글을 쓰기 위해 고투(苦鬪)했던 지난 긴 시간들이 매우 보람 있고 더할 나위 없이 행막행의(幸莫幸矣)할 것만 같다.

⫸ 행복의 이정표

앞에 '새로운 행복의 인식'에서 21세기를 사는 현대들에게 과연 행복은 무엇이고, 삶은 무엇인지에 대해 그 의미와 참다운 행복의 가치가 어떤 것인지에 대해 알아보았다.

그러나 무엇보다도 절실한 것은 남녀노소 누구를 막론하고 진정한 행복추구에 대한 갈망이다. 과거 동·서양을 막론하고 인간의 삶에서 한 번도 행복이 인간을 떠나있었던 적은 없었다. 그러나 이처럼 복잡 미묘한 우리에 행복이 현대사회의 삶에서 어떻게 발현되고 작용될까 고민하지 않을 수 없다. 그러나 쉽게 이룰 수 있을 것이란 기대는 금물이다.

단, 삶이란 문제에 대하여 아리스토텔레스를 비롯해서 많은 사상가와 철학자, 행복론자들이 그 진지한 해답을 얻고자 오랫동안 그들의 일생을 헌신했다. 그러나 그렇게 평생을 헤매고 헤매었을 고뇌와 성찰의 시간들이 죽음의 문턱에 다다랐을 때쯤에나 갖갖으로 자신의 행복에 대해서 답을 구했다고 한다.

독일이 낳은 세계 문학사의 거장 괴테는 '행복한 인간이란, 자기 인생의 끝을 처음에 이을 수 있는 사람을 말한다.'라고 그렇게 말을 했나보다. 하지만 그렇게 주검을 목전에 두고라도 자신의 행복이 무엇인지 찾아낼 수만 있다면 그것이야말로 신의 마지막 은총이자 아주 귀한 행운의 선물이 될 것 같다. 이렇게 행복(eudemonia)은 누구나 갈망하고 있지만 인간의 삶에서 각기 풀어내야 할 방정식과 같은 문제이고 숙명적 과제이다.

그런 삶의 행복을 찾기 위해 현대인들은 한 곳에 정착하지 못하고 팔도강산 전국방방곡곡 또는 지구촌 곳곳을 누비며 그 행복을 찾아 헤매고 헤매 다니며 찾고 있다. 그러다 작은 행복의 꽃밭이라도 발견한다면 그것은 신의 은총이요, 축복이요, 천만다행이 아닐 수 없다.

그런 것들은 먼저 우리사회가 얼마만큼 안정되어 있느냐에 따라서 행복의 꽃밭을 빨리 발견해서 빨리 정착할 수도 있고 좀 시간이 많이 걸리기도 한다. 한국사회에서도 산업화, 세계화 과정을 겪으면서 한 때 한국에선 희망(행복)이 없다고 생각한 사람들이 절취부심하다가 고국을 등지고 이역만리 멀고 먼 타국 호주 · 카나다 · 미국 등 여러 나라로 자신의 행복을 찾아 이민을 갔다. 그동안 자신들의 높고 푸른 '꿈과 희망(Hopes and dreams)'을 키워낼 수 있는 행복의 꽃밭을 찾아 떠난 이민족들이 얼마나 많았던가?

한국에서도 그렇게 붐을 이루던 이민역사가 어느덧 반세기가 흘렀다. 그러나 그들이 모두 행복의 꽃밭을 찾고 행복했던 것은 아니다. 그리고 그 꿈과 희망을 이루지 못하고 다시 역이민으로 한국에 돌아온 사람들도 너무 많았다. 그러나 지금도 역시 자신의 행복한 꿈을 찾아 이민을 떠나려는 사람들은 아직도 많다. 그것은 아마도 자신의 행복이 이 땅(한국)에선 없다는 절박한 절망에서 어렵게 내려진 결론이리라. 그래서 혹여 타국에라도 가면 좀 더 확실하게 찾아낼 수 있는 행복이 있지 않을까하는 기대일 것이다.

어쨌든 가는 사람이든, 오는 사람이든 모두 자신의 행복을 위해 찾아다니는 일련에 행동들이다. 하지만 여기서 중요한 것은 행복을 찾은 사람도 있고 찾지 못한 사람들도 있다는 것을 알아야 한다. 다시 말해서 행복이란 멀리 떠나야만 있는 것이 아니다. 그렇듯이 '행복'이란? 장소에 대한 문제가 아님을 알 수 있다. 내가 서울(도시)에 살고 있으니까 행복하고, 내가 강원도나 전라도 어느 이름 모를 땅 끝 마을에 산다고 해서 불행한 것도 아니다. 내가 강남에 산다고 해서 반드시 많이 행복하고, 강북에 산다고 해서 반드시 더 많이 불행해지는 것도 아니다. 우리의 삶이란? 내가 어느 곳에서 무엇을 하고 살아도 행복할 수 있어야 행복이다.

꽃이 멋진 화원이나 정원에서 피는 꽃만 꽃은 아니다. 민들레, 개나리는 척박한 환경에서 피어나도 여전히 곱고 아름답다. 인간의 삶도 환경에 관계없이 살아 있으면 인생이고 삶이다. 그렇듯이 행복이나 불행도 살아 있는 사람에겐 늘 함께하는 식구와 같은 존재이다. 식구라 해서 다 편안하고 다 좋기만 한 것은 아니다. 식구는 다소 불편해도 한 집에 머물면 식구이다. 즉 식구는 생사고락을 같이하는 공동체적 구성요소이다. 행복이나 불행은 '나(自我)'라고 하는 집에서 동고동락하는 공동체적 존재이다.

단, 행복이란? 삶의 향기이다. 나에게 향기가 있느냐, 없느냐의 문제이다. 나의 일상에서 남을 위하고 싶거든 '먼저 나를 위하라(爲己主義)'고 했다. 또 남에게 잘 보이고 싶거든 '나부터 행복하지 않으면 안 된다. 이처럼 내정신과 내 말에서 자연스러운 삶의 향기가 풍겨나게 하는 것이 좋다. 그것이 본연지성(本然至性)이라 할 수 있다. 우선 내 몸과 마음부터 밝고 향기롭도록 가꾸라![1]

나의 향기란 내가 아닌 누군가를 위한, 누군가를 위해 나누고 배려할 수 있는 헤아림의 통찰과 포용이 만들어내는 고결한 정신이다. 어쩌면 누군가를 위해 다가가고, 다가오게 하는 소통의 기술이다. 꽃이 곱고 아름다워도 꽃에 아름다운 향기가 없다면 그것은 아무런 감동이 없는, 생명성이 없는 조화(造花)에 불과하다. 조화는 아무리 곱고 아름다워도 조화일 뿐이고 향기를 가질 수 없다.

우리 인간의 삶에서도 조화처럼 피어서 폼 내는 삶들도 많다. 겉보기엔 화려하고 아름답지만 절대 꽃향기(人間美)를 품어낼 수 없는, 감정이 존재하지 않는 문명의 로봇인간 사이보그(cyborg)와 같다. 나의 삶에서 신비스럽고 정감이 넘치는 향기(꽃내음)가 만들어지고 이 향기가 넓은 세상에서 다른 자연의 생명들과 교감하여 수수작용(授受作用)을 하고 조화를 이룰 수 있다면 어떤 꽃이던 꽃으로서의 가치와 피어남(살아있음)에 가치는 그것으로 충분한 행복이다.

---

1) 민용태,「행복의 기술」, 문학바탕, 2007, p, 180 참고인용.

동양을 대표하는 선불교의 행복론은 '비움의 철학'으로서 음화적(陰化的) 향기이다. 서양철학을 대변하는 고대그리스철학의 행복론은 '채움의 철학'으로서 양화적(陽化的) 향기라 할 수 있다. 동양의 음화적 행복론은 주어지는 상황에 순응하는 자연스러움의 향기인 생화이다. 서양의 양화적 행복론은 목적론적 윤리설에 의해 충족되어지는 인위적 향기의 조화(造花)와 같다.

아리스토텔레스의 목적론적 윤리설은 인간 행동이 어떤 목적을 지향한다고 보는 데서 시작하고 있다. 그 목적들은 다른 목적에 종속되고 그 다른 목적은 또 다른 목적에 종속될 수밖에 없다고 보는 견해이다. '그렇다면 무엇이 최고선일까'란 질문에 아리스토텔레스는 바로 "행복(eudemonia)이 그것이다"라고 답했다. 이런 점에서는 그의 윤리설 은 행복주의를 의미한다. 아리스토텔레스에 행복이란 '잘 살고 편한 것'과 동일한 것을 의미한다. 행복하다는 것은 바로 '잘 사는 것이며 바라던 것을 이루어 냄이다.

아리스토텔레스의 행복론은 '인간적 행복'인데 비해 아우구스티누스에 진정한 행복은 죽음의 한계를 넘어선 영원한 것이어야 비로소 '참된 행복'이라고 주장했다. 또한 진정한 인간 본성의 완성은 제대로 된 사랑의 질서 속에서 이루어지는 것이며 거기에서 영원한 행복이 가능하다고 주장한다. 아리스토텔레스는 '인간의 가장 값진 재산은 행복에 있다'고 했다. 그것은 모든 생물이 자기의 고유한 본성에 따라 행동할 때 충족되어지는 감성이기 때문이다.

아리스토텔레스에 행복론은 그 성격의 탁월성이 중용적 이론에 근거한다. 희로애락과 두려움, 자신감, 연민, 그리고 좋아하는 것들과 싫어하는 것들 모두 너무 많이 그러나 너무 적게 느낄 수밖에 없는 감정들이다. 양쪽 모두 충족할 수 없는 불만족이다. 하지만 그것들을 적절한 때에 적절한 방식으로 조절하여 느끼게 하는 감정조절은 중용사상과 감정이론이 행복을 느끼고 얻기엔 가장 좋다. 이것이 아리스토텔레스의 행복론에서 입증되고 있는 탁월성이다.

중용은 이처럼 이성적(理性的)에 판단에 의해 결정된다. 이것은 불균형적 감정과 불안으로부터 벗어나려는 합리적 감정조절의 시스템이다. 이 합리적 감정조절이 이루어지지 못하면 과불급(過不及)[2]의 상태가 되면서 심의 평정을 이루는 평상심(平常心)을 이루기가 어렵다. 즉 불안정의 심리적 상태로부터 합리적 중심을 잡지 못하게 된다.

하여 인간의 삶은 상황에 따라서 +시간(즐거움과 쾌락의 영역)이 되기도 하고, -시간(괴로움과 고통의 영역)이 되기도 한다. 이렇게 우리의 삶에서 시간의 영역은 양면의 두 얼굴을 가졌다. 그러니까 인간의 행복은 합리적 감정조절에 의한 과불급의 상태를 벗어나게 될 때에 비로소 행복해질 수 있게 된다는 의미이다.

때문에 우리의 삶에서 제일 중요한 것은 행복이고 그 행복을 잡아내는 것이 목적이다. 야구경기에서 보듯 엄청난 공포와 위력으로 타자 자신을 향해 돌진해 오는 강속구 또는 변화구 같은 상황이다. 그 같은 상황에서 시대성에 유효적절하게 대응하고 적응하는 행복

---

2) 과불급(過不及)- 과불급(過不及)이면 개부족(皆不足)이라. 이는 논어(論語) 선진편(先進編)에 나오는 과유불급(過猶不及)을 줄인 말로서 '지나치면 모두 부족한 것이나 다름이 없다'는 말이다. 이 말은 중용 제2장 원문에 '君子而時中' 말씀과도 같다. '알맞은 때'를 이르는 말씀으로 즉 적시적합이다. 빠르지도 않고, 늦지도 않은 적당한 때를 말함이다. 따라서 과유불급은 지나치면 못 미침만 못한 것이며, 넘치면 모자람만 못하다와 같은 이치다. 김충열, 「김충열교수의 중용대학강의」, 예문서원, 2007, p, 102, 139 참고인용.

〈그림-6〉 인간의 삶은 상황에 따라서 +(즐거움과 쾌락의 영역)시간
이 되기도, -(괴로움과 고통의 영역)시간이 되기도 한다.
이렇게 시간의 영역은 두 얼굴이다.

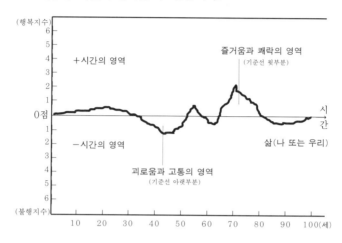

의 기술이 절대적이라 할 수 있다.

앞에서도 기술한 바와 같이 중용 제2장 원문의 말씀인 '군자지중용야, 군자이시중(君子之中庸也, 君子而時中)'은 그 행복의 기술을 만들어가는 첩경이다. 이는 '군자가 중용을 잘 지킬 수 있는 것은 군자는 알맞은 때를 가려 유효적절하게 일을 하기 때문에 행복을 위한 감정조절이 가능하다.' 라는 말씀이다.

그럼 그 '행복의 기술'을 익히는데 무엇이 필요한지 알아보자. 행복의 기술이란? 한 마디로 '잘사는 기술'이다. 오늘날 현대사회에서 가장 잘사는 방법은 과연 무엇일까? 돈, 건강 그리고 멋진 집에 멋진 자동차가 머릿속에 제일 먼저 떠오른다. 주체 못할 돈에다 병원이나 약을 전혀 모르는 타고난 건강 체질, 그리고 영화 속에나 나오는 백만장자가 사는 대저택, 전용자동차에 전용비행기까지 없을게 없는 초호화 문화생활을 향유할 수 있는 환경과 조건이

라면 충분히 이 세상에서 가장 잘사는 방법이 될 수도 있겠다. 이 정도면 더 이상 바랄게 없는 상태로서 가장 '잘 사는 것이고 행복한 것'이라고 당연히 말할 수도 있겠다.

그러나 이렇게 물질적으로 풍요롭고 충만하다고 해서 반드시 '잘 살고 행복한 것'이라고 단언할 수도 없다. 잘산다고 하는 것은 물질적으로 풍요롭다고 해서 잘 산다는 의미가 아니다. 행복도 마찬가지다. 행복이란? 인간의 삶에서 어떤 바램이나 희망사항, 욕구가 충족되어 부족함이나 불안감을 전혀 느껴지지 않고 안심되는 안정된 심리적 상태라 할 수 있다. 그런 상태에 내 마음이 놓일 때 비로소 행복감을 느낄 수 있는 감정이 행복이다. 로마의 정치가·법률가·학자인 키케로는 '인간의 행복한 생활은 마음의 평화에서 성립된다.'라고 했다.

하지만 사람의 마음이 이런 상태에 놓이게 되는 때가 그리 많지 않다. 일 년은 고사하고라도 단 하루 24시간 중에서도 이렇게 어떤 바램이나 희망사항, 욕구가 충족되어서 부족함이나 불안감이 전혀 느껴지지 않고 안심해하는 안정된 심리적 상태가 과연 몇 시간이나 지속될 수 있을까?

그것은 잠시 잠깐이거나 마치 기차가 간이역을 통과할 때 느끼는 기쁨처럼 몇 분, 몇 회 정도에 불과할 것이다. 그렇다면 이렇게 잘 살아서 행복감을 만끽할 수 있는 시간과 회수는 매우 제한적일 수밖에 없다는 말이 맞다. 그것도 어느 정도 조건을 갖춘 사람의 한해서만이 주어지고 누릴 수 있는 신의 특별한 은총이다.

그러나 대다수 사람들의 삶에서 '잘 산다든가, 행복이란 말은 좀 낯설고 사치스런 언어적 수사처럼 들린다. 정부에서도 국민행복시대를 구현하기 위해 국정철학의 기조와 그 중심축을 합리적 대안을 통해 서서히 옮겨가려고 부단한 노력과 고민을 하고 있지만 그러한 정부의 노력에도 불구하고 국민적 합의나 결과에 대해서는 매우 미흡하다. 그런 점에서 국민행복이란 말도 삶의 고통을 감내하는 국민의 입장에서 보면 매우 낯설고 부자연스럽게 들리긴 마찬가지이다.

본시 사람의 마음은 '하늘의 구름이나 바람 같다'고 했다. 순식간에 생겨나기도 하고 순식간에 없어지기도 하는 것이 구름이다. 또 언제 어느 때 하늘의 따스한 햇살을 가리고 장대 같이 굵은 빗줄기를 마구 쏟을지도 모를 일이다. 또 언제 보아도 똑 같은 모양의 구름은 없다. 또 바람은 어떤가? 이리 불고, 저리 불고 정말 종잡을 수 없는 것이 바람이다. 그러니 사람의 마음을 보고 '한결같다'고 하는 말은 논리적 모순이다. 그럼에도 그런 칭찬을 들을 수 있는 사람은 정말 훌륭한 사람이라고 말하지 않을 수 없다.

이렇게 종잡을 수 없이 변화하는 것이 사람의 마음(心=像)이다. 이런 심의 작용이 시시각각 발하여 중화(中和)되고, 중절(中節)되어 일어나는 현상의 결과가 희로애락이다. 이런 심의 작용이 우리의 의식 속에서 요동치고 있는 한 부족함이나 불안감이 없이 심신에 평온과 안정된 상태를 지속적으로 유지한다는 것은 조물주와 같은 신이 아니고서야 어찌 가능하랴. 성인군자도, 도덕군자도 아닌 이상 범부와 같은 우리에겐 그리 쉬운 일이 아님을 알 수 있다.

그렇다면 '가장 잘사는 방법'에 있어서 결코 돈이나 건강 그리고 멋진 집, 멋진 자동차, 초호화 문화생활 등이 보장하고 담보해 주는 것은 아닌 듯싶다. 어느 정도 풍요로움에서 향유할 수 있는 환경과 조건은 인정이 되지만 결코 그것이 '잘 살고, 행복한 것'에 절대적 가치의 기준과 행복의 대명사가 될 수가 없다고 해야겠다. 이처럼 안정된 행복감이 지속적으로 오래 수반되지 않는 인간의 삶에서 '잘 산다'라든가 '잘 살았다'라든가 하는 말들은 참으로 진실이 아니다. 어떻게 보면 그렇지 않았음에도 불구하고 마치 정말 후회 없이 '잘 산 것'처럼 인식하는 것은 사실과 다른 위선이다. 어쩌면 '잘 못 살았거나, 잘 살지 못한 것'에 대한 후회나 반성에서 조금이나마 위안을 얻으려는 보상심리에서 억지로 '그렇다'고 인정하려는 의도인지도 모르겠다.

그렇다면 정말 '잘 사는 것'이 어떤 것인가? 이에 대하여 고려대학교 민용태 명예교수는 저서「행복의 기술」에서 '오늘날 가장 잘사는 방법은 느낌을 중시하는 것이다'라고 하였다. 민용태 교수님은 필자가 특별히 존경하는 스승님이시다. 시류에 얽매이지 않고 '잘 사는' 방법에 대해 늘 조언을 아끼지 않으시기 때문이다. 이것은 '현실 속에서 남에게도, 자신에게도 거짓됨이 없이 사는 것이고, 진짜 기분 좋게 사는 방법은 정말로 기분 좋게 느낄 줄 아느냐 모르느냐의 능력여하에 달려있다'라는 말이다.

이것은 위에서 말한 바와 같이 억지로 '잘 산다, 잘 살았다'와 같은 위선적인 수사적 언어가 아니라 스스로 자신 있게 '잘 산다, 잘 살았다'라는 느낌이 기분 좋게 느껴질 때에 비로소 자신이 행복할 수 있다는 의미이다. 이처럼 행복은 기분 좋은 감정이어야 한다. 인간이 느낄 수 있는 가장 안정된 환희의 느낌이나. 이런 삼각과 감정은 스스로 잘 살아 있음을 가장 훌륭하게 인식하는 증표이기도 하다.

이는 우리의 삶에서 '진실하게 사는 것보다 즐겁게 사는 게 더 좋고 행복할 수 있다는 말이다. 그래서 현대사회에는 유머감각이 뛰어나고 즐겁게 해주는 사람이 인기가 많고 특히 그런 사람들을 좋아한다. 그래서 개그 프로에 시청률이 높다. 대전 중문교회 담임 목사인 장경동 목사가 인기가 좋은 것도 그 때문이다. 진지한 하나님의 말씀만 설교를 해도 그 기쁨이 넘쳐나고 즐거운데 거기다가 재치 있고 탁월한 유모와 풍자적 비유의 희극적 액션이 만들어 내는 장경동 목사 특유의 설교방법은 듣는 이로 하여금 그 기쁨과 즐거움 그리고 그 감동을 절묘하게 배가시킨다. 때문에 진지함에서 즐거움이 더해지는 기쁨이야말로 크나큰 신의 축복이요 행복이 아닐 수 없다.

진실한 삶이란? 사실 신이 아니면 사람의 기준으론 알 수도 없고 온전하게 진실을 이루는 삶을 살기도 매우 어렵고 힘들다. 잘 모르는 것을 잘 아는 척하면 또 다른 위선이고 그 위선은 내부의 자기갈등과 회의 때문에 불편해져서 결국은 행복할 수가 없다. 그러므로 불편하지 않게 살려면 '그냥 사는 거다'[3] 라고 했다. 이는 너무 지나치게 참된 모습만 강조하고 치우치다보면 재미를 잃을 수 있기 때문이다. 즉 음식을 먹는데 있어서 몸에 영양적인 면도 매우 중요하다. 하지만 음식을 먹는 맛의 즐거움이 없으면 무슨 기쁨이랴. 먹는 기쁨을 빼고 몸에 좋으니까 섭취해야 한다는 목적과 의무감만으론 '먹음의 낙'을 느낄 수 없고 몸도 절대 즐겁지 않다는 말이다. 그것은 음식의 차원이 아니다. 몸엔 좋지만 음식의 맛을 모르고 즐길 수 없다면 이는 쓰디쓴 약을 먹는 행위와 별반 다

---

3) 민용태,「행복의 기술」, 문학바탕, 2007, p, 200 참고인용.

를 것이 없다. 이렇게 되면 '먹는 즐거움과 먹는 행복'은 우리의 삶에서 없다. 인간에게 있어서 먹음에 행위는 본능이다.

이처럼 음식을 먹는다는 것은 단지 육신에 뼈와 살을 지탱하기 위한 목적만은 아니다. 인간에게서 빼놓을 수 없는 절대적 본능 삼욕(三欲)을 꼽으라면 당연히 식욕과, 성욕과, 명예욕일 것이다. 그러나 본래 욕계삼욕(欲界三欲)[4]이라 하여 불가에서는 명예욕대신 수면욕을 일컫는다. 스님들이 수행정진과 참선 과정에서 밀려오는 졸음은 그 무엇으로도 막아내기가 어렵고 힘든 수행이다. 그 얇은 눈꺼풀은 커다란 바위덩이보다도 무겁고, 일주문의 기둥뿌리로 받쳐도 소용이 없다는 말처럼 힘든 수행이다.

아마도 그것이 수행정진에 있어서는 최대의 적(마구니=잡귀)이 될 법도하다. 이 욕계삼욕이 본능적으로 심(心)의 한가운데 작용하여 물결치는 것은 몸에 좋은 것(영양소)을 넣어달라는 단순한 의미가 아니다. 그것은 먹음의 낙(食道樂)을 통해서 행복의 기운과 감정이 온 몸 구석구석에 좋은 느낌(生氣充電)이 전달될 수 있기를 바라는 것 때문이다.

이 역시 '음식을 먹는다.'고 하는 것은 명사적 관념을 떠난 동사적 구체행위의 즐김과 느낌에 대한 행위이다. 실제 음식을 먹는 행위, 남녀 간의 정신적 교류와 같은 행위나 육체적 행위(문학적-사랑을 먹고 산다와 같은) 등등이 모두 먹음의 구체적 동사의 표현이다. 즉 우리의 삶에서 이처럼 즐거움이 수반되지 않는 행복이란 있을 수 없다. 앞에서 언급된 이런 즐거움에 진지함이 보태지면 당연

---

4) 욕계 삼욕(欲界三欲)- 불교에서는 욕망의 세계에 머무르는 중생의 세 가지 욕심을 욕계삼욕이라 한다. 그것은 식욕(食慾), 수면욕(睡眠慾), 음욕(淫慾)을 이른다.

히 '잘 산다'거나 '잘 살았다'로 이해 될 수 있는 것이 행복이기 때문이다.

이처럼 21세기 문명사회에서 현대인들이 오늘을 '행복하게 사는 기술(Happy living with technology)'은 먼저 육신의 느낌(즐거움)을 되찾는 일로부터 시작해야 한다. 말이나 생각(意識=精神)보다는 살아서 꿈틀거리는 느낌의 생명성이 바로 행동(action/practice)이기 때문이다.

이성보다는 몸이 먼저고, 생각보다는 실천적 행동이 중요하다. 이렇게 '생각이 곧 행동이고, 행동이 곧 삶이고 예술'이어야 한다. 이것이 중용의 실천적 생활사상이다. 과거 인류의 역사에서 탄생된 문화 가운데 행위예술, 해프닝, 퍼포먼스, 설치예술과 같은 것들이 나온 것도 이런 인간의 삶에 예술성이 결코 생명성의 허구가 아닌 삶의 맥박 그 자체로 되돌려주려는 의도에서 시작된 시도들이다[5] 라고 했다. 이처럼 나의 생각 자체를 나의 몸으로 되돌려내는 것이 무엇보다 중요하다. 몸은 우리의 생각들을 행동으로 표현하는 동사의 하드웨어적 시스템이기 때문이다.

인간의 삶에서 진정한 '문화생활'이란 내가 좋아하는 것을 곁에 두고 함께하는 삶이다. 예컨대 음악을 좋아하는 나에게 좋은 악기나 오디오시스템이 있다든지, 여행을 좋아하는 나에게 좋은 멋진 레저용 캠핑카가 있다든지 하면 하루하루의 삶이 행복하지 않을까? 누구나 불편한 것보다는 편한 것은 당연히 좋다. 그리고 힘들게 고생스러운 일 하지 않고도 평생 놀고먹을 수 있는 돈과 재산이 있고, 각종 생활편의시설들이 늘 가까이 있으면 참으로 행복하

---

5) 민용태,「행복의 기술」, 문학바탕, 2007, pp, 175~176 참고인용.

고 좋을 것 같다. 그러나 그렇게 '참으로 좋을 것' 같은 것들이 돌연 안 좋을 수 있다는 것을 깨닫지 않으면 안 된다[6]고 고려대학교 민용태 명예교수는 저서「행복의 기술」에서 참다운 삶과 행복에 의미를 이처럼 진술하게 상기시키고 있다.

예컨대 핸드폰이나 스마트폰은 그 유익함과 편리함에서 현대인들에겐 없어서는 안 될 필수품이다. 그러나 그런 문명의 이기를 거부한 채 난 그런 것이 싫다고 하는 사람들도 있을 수 있다. 문명이 이룩한 이 찬란한 도시의 빌딩 숲이 낯설고 마치 지옥 같아 숨쉬기조차 버겁게 생각하는 사람들도 있을 수 있다. 그것은 편리함과 유리함에 따르는 시대성이다. 때문에 어쩔 수 없이 문명에 종속되어지는 결과이기도 하다.

그러나 한편 그런 것은 인간의 또 다른 자유와 행복에 대한 결박과 구속이다. 그러나 그런 것을 거부하는 것은 인간 본연의 본질적 가치를 문명으로부터 침탈당하는 것에 대한 그들의 마지막 저항이랄 수 있다. 이렇게 눈부신 문명의 가치도 사람들에 따라서는 즐겁고 안락함을 느끼게 하는 행복일 수도 있고, 안락함을 주지 못하는 불편함에 불행일 수도 있다.

이렇게 '좋은 현대의 문화생활' 이란? 문화 자체의 문제가 아니라 그것을 느끼고 체험하고 바라보는 우리의 시각과 인식적 또는 관습적 문제이다. 이것은 내가 좋아하는 것이 무엇인지를 정확히 탐지해내서 몸으로 감득할 줄 아는 나여야 한다. 그것이 느낌의 행복 또는 느낌의 즐거움이다. 모두들 그렇게 한다고 해서 무작정 추종하는 사람은 가장 비문화적 행태의 사람이다. 남이 하니까 나도

---

6) 민용태,「행복의 기술」, 문학바탕, 2007, p, 191 참고인용.

한다. 이것은 자신에 대한 진정한 설득이 아니다. 더군다나 남들처럼 하지 못한다는 자괴감에 무모한 목숨 걸기 같은 것은 하지 말아야 한다. 그것은 나의 자존을 해치고 날로 진화하는 문명성에 결국 내가 굴복하는 패배의 결과가 될 수도 있기 때문이다. 자신감과 존엄성으로 나를 사랑해야한다. 나를 사랑하지 않는 사람은 스스로 행복할 수가 없기 때문이다.

누구나 각자의 삶을 소중하게 갖고 있지만 최상의 삶이란? 내가 좋아서 선택한 삶이 최상의 선택이 될 수 있다. 내안에 내가 누구인지 모르고 남이 좋은 것을 내가 따라 선택하는 것은 진정한 내 삶의 선택이 아니다. 우리의 주변에선 이런 경우가 너무 많다. 내가 원한 선택이라기보다는 부모님이 원하는 이유의 선택이라든가, 어쩔 수 없는 상황적 논리에 밀려서 선택되어진 삶이 바로 그것이다. 그것은 이미 나의 자유와 행복을 구속한 삶이다. 구속되어진 삶이란 이미 자유와 행복을 잃은 껍데기 같은 삶이나 마찬가지이다.

필자가 소장하고 있는 책 중에 류시화 시인이 법정스님의 잠언적 말씀을 엮은「살아 있는 것은 다 행복하라」에 보면 '마음의 주인이 되라' 는 글이 있다. 그 전문을 잠시 살펴보자. "내 마음을 내 뜻대로 할 수만 있다면 나는 어디에도 걸림이 없는 한도인(閑道人)이 될 것이다. 그럴 수 없기 때문에 온갖 모순과 갈등 속에서 부침하는 중생이다. 우리들이 화를 내고 속상해하는 것도 따지고 보면 외부의 자극에서라기보다 마음을 걷잡을 수 없는 데에 그 까닭이 있다. 인간의 마음이란 미묘하기 짝이 없다. 너그러울 때는 온 세상을 다 받아들이다가 한번 옹졸해지면 바늘 하나 꽂을 여유조차 없다. 그런 마음을 돌이키기란 쉬운 일이 아니다. 그래서 '마음에 따르지 말고 마음의 주인이 되라'고 옛사람들은 말한 것이다."[7] 라고 법정스님께서 말씀하셨다. 이렇게 현대인들은 '잃어버린 마음의 주인'이 되어서 일상을 살아감에 매우 안타깝게 여기셨던 것이다.

'잃어버린 마음의 주인'이란? 바로 내안에 내가 누구인지 모르고 남이 좋은 것을 내가 따라 선택한 사람이란 의미이다. 그것은 진정한 내 삶의 행복한 선택이 될 수 없다. 그래서 나의 마음과 자유를 구속당하고 또 그렇게 구속되어진 삶을 살고 결국은 나의 행복마저도 잃은 허수아비나 그림자 같은 삶이라는 것이다.

그렇다면 최상의 삶이란 또 어떤 의미일까? 그것은 내가 좋아서 선택한 삶이고 그것만이 최상의 선택이 될 수 있다. 그러나 누구나 반드시 '최상의 선택'을 하는 것은 아니다. 야구에서 투수가 던진 볼은 늘 내가 최상의 선택을 할 수 있는 볼이 아니다. 때문에 이렇게 최상의 선택과 최상의 삶을 위해서는 항상 내 스스로 내 마음의 주인이 되어서 내안에 내가 누구인지 알고 나의 마음과 자유를 구속당하지 않는 것이 중요하다.

그렇게 하려면 이 넓고 넓은 세상 삶의 바다에서 '내 생각과 내 의지에 따라 내 멋대로 헤엄쳐나가는 법'을 배우지 않으면 안 된다. 21세기 거센 문명의 쓰나미와 소용돌이(조류) 속에서 살아남는 유일한 대안은 뭘까? 그것은 많은 고민이 필요치 않다. 바로 온몸으로 헤엄쳐서 소용돌이로부터 멀리 안전히 벗어나는 '헤엄치기 기술(Paddle-stroke technology)'에 나의 생사가 달려있다.

그러나 우린 자신의 몸 하나도 제대로 중심과 균형을 잡기가 매우 어렵다. 그렇다고 중심을 못 잡고 헤엄치기를 포기할 순 더더욱

---

7) 류시화,「살아 있는 것은 다 행복하라」, 조화로운삶, 2006, p, 71 참고인용.

없다. 만일 그래야만 한다면 나의 삶은 거기가 종착이다. 내 삶의 종착역을 지속적으로 멀리 두고 싶다면 접영이든, 평영이든, 배영이든, 자유영이든 내가 좋아하는 방법으로 선택하여 '내 멋대로 헤엄쳐나가는 법'을 빨리 터득해야 한다. 이것이 문명의 소용돌이 바다에서 살아남을 수 있는 유일한 '생존법의 기술(The survival law technology)'이다. 높고 높은 험난한 파도를 뚫고 헤엄쳐나가기 위해서는 자유로운 움직임에 의해서 내 몸의 '균형과 중심'을 바로 잡는 일이다. 중심을 잡는다는 것은 소용돌이로부터 휘말리지 않고 나를 지켜내는 비장의 무기이다.

우리의 삶에서 내가 좋아하는 것이 없는 삶, 좋은 것을 고르고 선택하는 재미를 잃어버린 삶은 살아 있음에 의미만 존재하고 있을 뿐, 그 즐거움과 기쁨 그리고 행복은 없다. 그러나 살아 있음에 의미와 재미가 보태지면 그 기쁨과 즐거움은 천금과 같은 가치가 주어진다. 하지만 사람의 마음은 하늘에 뜬구름과 같고 또는 벌바람이나 왜바람 같아 늘 가변적이고 종잡을 수 없는 것이 심(心)의 작용이다. 금방 좋다가도 곧 불만이 쌓이고 짜증날 수 있다. 그런 짜증이 지속되면 불쾌지수가 올라가고 혈압이 올라가서 심리적 안정을 취할 수가 없다.

고려대학교 민용태 교수는 "우리의 일상 속에서 가장 닳아지기 쉬운 것이 좋음이고, 싫음에 감정 같은 느낌이다."라고 했다. 아무리 기분 좋은 감정이라도 한 달 내내, 아니 일 년 내내 기분 좋을 순 없다. 또 아무리 마음상하고 기분 나쁜 일이 있었어도 그 기분을 지속적으로 오랫동안 마음속에 품고 살 순 없다. 우린 아끼고 사랑하는 부모나 자식을 잃고도 산다. 눈물을 흘리며 애통해 하는 것도 잠시 잠깐뿐이다. 잃으면 죽을 것만 같은 사랑하는 연인을 잃고도 여전히 숨 쉬고, 밥 잘 먹고, 잠 잘 자며 일상을 보낸다. 어찌 보면 연극 같고, 어찌 보면 희극이다. 그러다 가끔은 후회도 한다.

그래서 까뮈는 '행복을 잃는 것은 쉬운 일이다. 행복이란 항상 분에 넘치는 것이니까'라는 명언을 남겼다. 또 하이네는 '행복은 바람둥이와 같아서 언제나 같은 장소에 머물 줄을 모른다.'라고 했다. 우리 모두 행복을 갈망하고 궁극의 목표로 삼고 있지만 '행복'도 '좋음'처럼 매우 닳아지기 쉬운 감정임에는 틀림이 없다. 이것이 행복이다 싶어 손에 움켜쥐면 어느새 닳아 콩알처럼 작아지고 갈대숲 사이로 바람결 빠져나가듯 가슴 속은 휑하다.

그러나 어찌되었든 참으로 다행이다. 잊을 것은 잊을 수 있다는 것이. 인간의 삶에 망각이 없다면 이렇게 가슴 쓰리고 애달픈 감정을 어이 지니고 살아갈까를 고민하지 않아도 되고 한시름 덜었으니 말이다. 때문에 세상은 여전히 변함없이 잘 돌아가고 미래는 변함없이 희망처럼 우리를 향해 온다.

필자가 지난날 아내와 사소한 감정으로 부딪쳐 10일 동안 대화를 못했던 적이 있었다. 대화가 끊긴지 3일이 지나고, 1주일이 지났다. 그런데도 아내는 대화를 할 생각을 전혀 안 한다. 도저히 삶이 지옥 같아 필자가 버티다 버티다말고 10일째 가던 날 무조건 이유 없이 백기 들고 투항했던 때가 있었다. 그랬더니 우중충한 기분은 사라지고 서서히 마음의 평화가 왔나. 그래서 데모 크리토스는 '행복과 불행은 모두 마음에 달려 있다.'는 명언을 남겼는가 보다.

어쨌든 우리의 일상에서 좋은 기분은 조금이라도 오래가면 좋다. 그러나 나쁜 감정은 빨리 닳아 질 수 있다는 것이 얼마나 우리 인간에게 다행한 일인지 모른다. 그러나 문제는 더 많이 행복 하고, 더 오래 품고 있어야 할 좋은 기분이 그렇게 빨리 닳아진다는 것은 참으로 불만이 아닐 수 없다. 때문에 이렇게 닳아지기 쉬운 것들을 이제부터라도 더 빨리 닳아지게 할 순 없다.

그러나 아마도 이 부분은 조물주의 철저한 계산이 깔려 있는 것 같다는 느낌이다. 아마도 좋은 기분을 오래가도록 둬버리면 인간들의 속성상 믿음에 게으름과 자만 그리고 교만에 빠지기 쉬운 것을 사전 예방하기 위한 사랑의 포석인 듯싶다. 한마디로 행복해지려면 게으름과 교만을 버려야 한다는 자기 제어적(control) 기능의 철칙처럼 느껴진다.

그러나 우린 이렇게 빨리 닳아지는 것들에 대한 또 다른 준비가 필요하다. 그렇게 하기 위해서는 나의 삶에서 내가 좋아하는 것이 없는 삶에서 내가 좋아하는 것이 있는 삶으로 바꾸고, 내가 잃어버린 좋은 것을 다시 찾고 선택하는 재미를 내 삶에서 다시 되살려 내는 일이다. 그럴 때에 나로부터 진정한 '내 마음의 주인(Master of my heart)'이 다시 돌아오게 된다. 그러나 아무리 애써 '내 마음의 주인'이 되고 싶어도 그것이 말처럼 쉽지는 않다. 그것은 나만이 혼자서 사는 세상이 아니기 때문이다.

그렇다면 차라리 무덤덤하게, 아무렇지도 않게 살아가는 것이 더 나을 수도 있을 것 같다는 생각이기도하다. 그렇게 살면 욕심이 없는 만큼 마음의 걸림이나 불만이 없어 탐욕으로 생기는 고통과 같은 괴로움은 오히려 나를 지켜주는 수호신으로부터 공제 받을 수 있을 것 같다는 생각이다. 그리고 무덤덤하여 있는지, 없는지 조차도 분간키 어려운 작고 보잘 것 없는 최소한도의 미미한 기쁨과 행복 정도는 보장될 수도 있지 않을까 하는 바람이다. 남들이 하는 것을 다 따라하지 못해서 안달복달이 나면 결국 우린 이루어지지 않는 현실에 고통과 압박 때문에 어쩜 죽고 싶은 날이 살고 싶은 날보다 더 많게 될지도 모를 일이기 때문이다.

이렇듯 인간의 행복은 대개 '나의 느낌'에 달려있다고 보아야한다. 이것은 어쩜 주어지는 것이라기보다 그것을 향유할 줄 아는 우리의 능력 여하에 의하여 좌우된다고 보아야하지 않을까. 오늘 우리가 심각하게 걱정해야 할 것은 '나의 행복 불감증'[8] 이다. 앞에서 말했듯이 내가 좋아하는 것이 자꾸 줄어가는 현실에서 내가 간과하고 있는 나의 편식, 편애, 취향 등을 걱정해야할 것 같다. 화려한 겉모습에 속을 보지 못하는 나의 눈과 귀, 달콤한 말만 귀에 쏙 들어오고 약처럼 쓰디쓴 말은 귀에 들지 않는 허공의 메아리, 비싼 것만 좋게 보는 나의 눈. 우린 이런 나의 색맹적(色盲的) 눈과 마음을 다시금 의심해야 한다.

내 느낌으로 선택할 능력이 없을 때 우리는 흔히 남이 선택한 기준에다 내 인생의 가치와 상응하는 값을 매긴다. 그렇게 내 인생을 남에게 송두리째 맡긴다. 그것은 살아 있어도 내 결정, 내 뜻으로 살아가는 게 아니다. 그런 것들을 나의 행복이라 말할 수는 없다. 이처럼 21세기 현대문명사회에서 오늘을 행복하게 사는 기술은 먼저 '육신의 즐거움을 되찾는 느낌'으로부터 시작해서 '정신의 행복'을 되찾아야 한다.

---

8) 민용태, 「행복의 기술」, 문학바탕, 2007, pp, 192~193 참고인용.

오늘날 과학문명은 인류에겐 신과 같은 절대적 존재이다. 그러나 삶에 있어서 완전한 해결사는 이 땅엔 없다. 종교도 그렇고 과학문명도 그렇다. 사람이 살아 숨 쉬면서 추구하는 행복의 가치도 완전할 순 없다. 모두가 미완성이고, 모두가 불완전이다. 어쩌면 인생에서의 해결이란? 완전한 죽음뿐일지도 모를 일이다. 완전한 주검 뒤엔 인생을 묻는 물음표(?)는 더 이상 필요치 않다.

인간의 삶에 많은 해결점이 끝없이 밀려드는 것은 아직 우리가 살아 존재하고 있기 때문이고 행복을 추구하고 있기 때문이라는 명제만 있을 뿐이다. 그러나 그토록 간절한 현대인의 행복은 잠시 머물다 사라진 신기루 같이 행방이 묘연하고 삶은 멀리서 멈추어 정지되어 있는 느낌이다. 그런데 다행처럼 죽음은 절로 온다. 만일 고통과 불행을 싣고 있는 그 죽음의 수레마저도 오지 않고 계속 버티고 있다면 그것은 고통과 불행의 연속성 때문이 우린 더욱 절망할 수도 있다.

이처럼 애써 노력하지 않아도 다행처럼 절로 오고 있는 죽음은 참으로 다행이다. 누구에게나 죽음의 마차는 온다. 그것은 주검이 오는 것이 아니라 미래의 시간이 오는 것이다. 그 시간은 나에게만 오는 것이 아니라 살아 있는 것이나 죽어 있는 것이나 모두에게 공평하게 부여된 우주법칙에 의한 오고 감이다.

시간은 생을 실어 나르는 긴 여정의 수레이거나 기차이다. 그것은 나로부터 결박 지어졌던 삶의 매듭과 문제들이 하나 둘씩 절로 풀리고 해결되고 있음이다. 결코 그렇게 애쓰지 않아도 오고 말 것을 지난 날 한때 하나 밖에 없는 삶의 멍에가 버거워 가불을 하려 했던 무모함은 하마터면 나의 인생에 궤도 수정이 불가능한 불행의 오류가 될 뻔했다.

이처럼 아무리 힘들어도 세상에 풀리지 않을 수수께끼는 없다. 엉클어진 실타래 속에도 시작과 끝의 양단은 반드시 있다. 풀리지 않을 매듭도 양단의 끝을 찾으면 매듭은 쉽게 풀릴 수 있다. 우리의 일상은 늘 그랬든 것처럼 숨 쉬고 웃으면 또 한 계절이 가고 또 한 계절이 오간다. 그것도 인생을 재미있게 즐기고, 보고, 느끼고, 행동함에 동사적 연동작용에 하나이다.

우린 모두 조금씩 풀리지 않는 삶과 고뇌를 안고 살아간다. 다만 조금은 덜 찢기고, 덜 아프게 한바탕 웃음으로 구멍 난 삶을 땜질하고 있을 뿐[9] 이다. 자! 이제 잃어버린 행복을 찾기 위해 삶의 이정표에서 나의 행복이 지나갈 요소요소의 길목을 살펴보았다. 그 길목에서 명사적 행복이 나타나면 주저 없이 낚아채어 동사적 행복의 옷으로 갈아입힐 일이다. 구멍 난 삶의 땜질을 끝내고 사랑과 행복의 물을 가득 채우는 삶이어야 한다. 싱그러운 삶의 향기가 피어날 미래의 아름다운 꽃밭을 만들어 가꾸어 볼 일이다.

---

9) 민용태,「행복의 기술」, 문학바탕, 2007, pp, 185, 187 참고인용.

우리 "인간의 행복은 과연 부자나 강자들만이 누릴 수 있는 신의 축복이고 선물인가?" 그리고 "돈이 없으면 현대인들은 정말 행복할 수가 없는 것인가?"라고 이렇게 질문을 받는다면 그렇다고 해야 할까, 아니라고 해야 할까. 아니라고 하자니 현실이 주는 절망의 괴리가 크고, 그렇다고 하자니 말의 논리적 모순이 따른다. 그래서 '사람은 행복하기 위해 태어난 존재'라고 말해보지만 왠지 억지 주장 같고 어색한 느낌 때문에 뒷맛이 개운치가 않다.

말의 논리적 모순이 있어도 차라리 그렇다고 하는 것이 마음속 편할 것만 같다. 그것은 우리의 현실이 그렇기 때문이다. 그런데 그렇다고 하기엔 지금 우리의 현실과 삶이 논리적 모순에 백기 들고 투항하는 것 같은 느낌 때문에 필자는 싫다. 마치 인간들의 삶 속에 존재하는 모든 신들의 불공정과 부도덕성을 들추어내는 것 같은 느낌도 내심 찜찜하긴 마찬가지다. 그래도 인간들은 자신의 행복을 위해 이 땅에 모든 신들에게 변심치 않고 기대어 간곡한 염원을 한다. 행복하게 해 달라고 말이다.

'사람은 행복하기 위해서 태어난 존재'라고 자위하지만 분명 모든 사람들이 다 행복하진 않다. 이런 논리적 모순과 아이러니에 대해 오락가락 확고한 신념을 갖지 못하는 것도 따지고 보면 아직 '내 마음의 완전한 주인'을 찾지 못했기 때문이다. 온갖 모순과 갈등 속에서 마음이 종용하는 대로 내가 움직인 결과이다.

나는 한 번도 내가 가지고 있는 내 마음조차도 내 것일 때가 없었다. 그러니 난 행복이 무엇인지 알지도 못하고 그것을 느낄 겨를조차도 없었다고 말할 사람들도 많다. 그렇기 때문에 우린 이제부터라도 주변의 생각이나 삿된 마음에 휘둘리지 말고 '진짜 내 마음의 주인'이 되어보자. 내 마음의 주인이 되어서 중심(中心=가운데 마음=0의 자리=기쁨과 괴로움의 사이)을 꽉 잡고 기쁨이 되는 현재의 나를 지켜보자. 그 작고 미미(微微=0)한 기쁨들이 조금씩 모아지면 나중엔 커다란 행복이 될 수 있다.

난 오늘 신문에서 아주 작은 희망 하나를 보았다. 현대인들이 분신처럼 소지하고 다니는 신용카드는 물론 마일리지 포인트 같은 카드는 누구나 다 있다. 그것도 한 장이 아니라 종류별로 여러 장을 갖고 다닌다. 그런 카드에는 사용하는 만큼 각각의 포인트가 적립되고 나중에 그 포인트를 또 하나의 재화로 활용하게 해준다. 그런데 카드별로 조금씩 적립된 포인트가 카드사가 정한 일정기한이 지나면 자동 소멸되고 말아버렸다. 그래서 그것을 제때에 유효적절하게 사용하지 못하는 사람들은 늘 카드사 좋은 일만 시키고 손해를 보면서 불만을 가졌었는데 이르면 2015년부터 '카드사 포인트 통합 시스템'을 구축하고 흩어진 포인트를 모아 목돈처럼 쓸 수 있게 한다는 금융당국의 발표가 있었다.

나는 씀씀이가 별로 크지 않으니 포인트가 적립된들 얼마나 되겠는가란 생각이다. 그러나 포인트에 조가모음을 통해서 조금이라도 어려운 가정경제에 보탬이 되게 해준다니 고마운 일이 아닌가. 비록 별것 아닌 것 같은 작은 희망이지만 그 작은 조각조각의 희망들이 모아지면 커다란 희망이 되고 큰 기쁨이 될 수 있다는 생각이다.

그 동안 금융당국이 적지 않은 문제들과 직무유기 같은 일로 많은 원성을 국민들로부터 받아왔다. 그런데 이제야 좀 뭘 하려나보다 하는 고마운 생각이 들었다. 늘 국민에게 책임을 다하지 못하는 금융당국이 못마땅했지만 모처럼만에 좋은 생각을 했다는 생각이다. 그러나 그 또한 과연 언행일치가 이루어질지는 또 두고 볼일이다. 작고 보잘 것 없는 미미한 기쁨이라도 국민을 위한 것이라면 최선을 다해야 한다. 그것이 국민을 진정으로 아끼고 국민을 행복하게 하는 일이기 때문이다.

현재란? 어제 와 내일 사이에 있는 중간 기착지이다. 또 다른 말로는 과거와 미래를 연결 짓는 오늘 또는 현재라는 관문이기도하다. 괴테는 이 오늘에 대하여 '오늘이란 너무 평범한 날인 동시에 과거와 미래를 잇는 가장 소중한 시간이다' 라고 했다.

〈그림-7〉 시간과 장소의 의미

"0"의 중요성- 시간의 "0"은 '지금'이고, 장소의 "0"은 '여기'이다. 따라서 시간의 중심과 장소의 중심은 '지금과 여기'가 된다. 지금과 여기는 행복의 기준점(순간)이다. 또한 시간의 흐름 속에서 중요한 결정의 순간을 의미하는 적시적합의 시중이 바로 "0"의 순간이다. 서양에서의 동양적 시중은 바로 '카르페 디엠'이다.

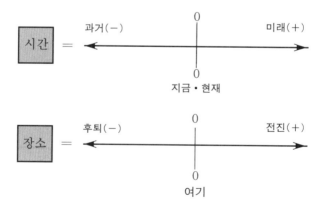

아직 오지 않은 미래를 플러스(+)라 하고 지금을 지난 과거를 마이너스(-)라 한다면 미래와 과거 사이에 오늘(현재)은 이퀄(=)이란 관문이 된다. 미래는 반드시 현재(오늘)라는 관문을 통해 과거라는 세상으로 들어간다.

또 숫자의 개념으로 말하면 음수(-)와 양수(+)의 사이엔 음수도 양수도 아닌 영(零=0)이 있다. 사람의 감정(喜怒哀樂)에서 괴로움이나 고통은 음수(陰數)의 영역이고, 기쁨이나 쾌락은 양수(陽數)의 영역이라고 할 수 있다. 즉 음수의 영역과 양수의 영역을 관장하는 중심(中心=가운데 마음)은 영(零=0)이라는 고유의 영역으로서 그 어떤 수(數)도 침범할 수가 없다.

'작고 미미한 기쁨'이란? 영(0)의 영역 한가운데(中心=0)에 아주 가까이 근접한 기쁨(+)이다. 굳이 숫자로 표기한다면 '+ 0.001'이나 '- 0.001' 정도로 이해하면 될 듯하다. 즉 아주 적은 기쁨이거나 아주 적은 괴로움으로 어찌 보면 괴로움이 아닌 것 같기도 하고, 기쁨인 것 같기도 한 감정이 자리한 위치이다. 이렇게 미미한 기쁨이나, 미미한 괴로움은 비교적 순식간에 느껴지는 '커다란 기쁨(쾌락)'이나 '커다란 괴로움(고통) 같이 느낌의 강도는 약하지만 느껴지는 시간은 길다. 이런 긴 시간들이 합쳐지면 점차 행복감이 부풀어 커지게 된다.

앞에 그림(도표)에서 보듯 이렇게 미래와 과거 사이에서 오늘(현재, 지금)은 매우 중요하다. 현재에 충실하지 않고는 희망찬 미래를 맞이할 수도 없고, 기쁨이 충만한 과거도 만들 수기 없다. 때문에 지금의 이 순간이 고통스럽고 괴롭더라도 우린 늘 최선을 다해야 한다. 법정스님께서는 이런 말씀을 하셨다. "과거나 미래 쪽에 한눈을 팔면 현재의 삶이 소멸해 버린다. 다시 말해 과거도 없고 미래도 없다. 항상 현재일 뿐이다. 그리고 지금 이 자리에서 최선을 다해 최대한으로 살 수 있다면 여기에는 삶과 죽음의 두려움도 발붙일 수 없다”[1] 라고 하셨다. 이것은 앞으로 우리가 맞이해야 할 미래와 보내야 할 과거에 대한 깊고 깊은 내면에 통찰이시다. 따라서 이 과거와 미래를 지혜롭게 맞이하고 보내기 위해서는 현재의 위치를 정확히 알고 현재의 삶에 최선을 다할 때만이 가능하다.

이처럼 우린 말없이 내 앞을 스쳐 지나가는 ‘지금 이 순간(At this moment)’을 한시도 놓치지 말고 자각해야 한다. ‘지금 이 순간’은 한번 놓치면 다시 되돌릴 수 없는 고집불통의 존재이다. 인간은 그것을 알면서도 무의식적으로 시간을 되돌리려 고 한다. 그 의식 속에는 많은 아쉬움과 그리움 그리고 뼈아픈 후회가 들어있기 때문이다. 그러나 그것은 불가능하다. 자각은 그 불능의 오류와 불행을 만들지 않기 위해서다.

지금 우린 시대성이라는 오대양 육대주에 드넓은 바다와 대지위에서 거대 자본주의의 조류에 떠밀려 한 치 앞을 내다볼 수 없는 미지의 세계를 향해 ‘희망과 행복’이라는 아주 작은 돛단배에 올라서서 ‘지금 이 순간’이라는 시간성의 돛을 달고 거친 세파와 사투를 벌이면서 항해를 하고 있다. 자각은 이런 ‘사투의 시간 속에서 깨어있음에 의식’이다. 깨어 있어야 이미 지난 과거의 시간성과 다가오는 미래의 시간성 사이에서 ‘희망과 행복’의 중심과 균형을 잡을 수 있기 때문이다.

법정스님은 ‘지금 이 순간’을 어떻게 보고 계셨는지 살펴보자.

---

1) 류시화,「살아 있는 것은 다 행복하라」, 조화로운삶, 2006, p, 23 참고인용.

"지금 이 순간을 놓치지 말라. '나는 지금 이렇게 살고 있다'고 순간순간 자각하라. 한눈팔지 말고, 스스로 살피라. 이와 같이 하는 내 말에도 얽매이지 말고 그대의 길을 가라. 이 순간을 헛되이 보내지 말라. 이런 순간들이 쌓여 한 생애를 이룬다. 너무 긴장하지 말라. 너무 긴장하면 탄력을 잃게 되고 한 결 같이 꾸준히 나가기도 어렵다. 사는 일이 즐거워야한다. 날마다 새롭게 시작하라. 묵은 수렁에서 거듭거듭 털고 일어서라"[2] 라고 하셨다.

'지금 이 순간'의 말씀을 감히 필자가 축약하여 본다면 "순간순간을 자각하여 삶의 중심(中心=가운데 마음)을 잃지 말고 균형을 잘 잡아 변화하는 세상에 희망을 갖도록 하자"라고 졸역(拙譯)하고 싶다. 이렇게 '지금 이 순간'들을 잘 보내면 그 속에 우리의 삶에 '행복'이 희망에 꽃을 피우고 온 누리에 그 향기가 가득할 수도 있다는 말씀이다.

법정스님의 행복론은 인간 내면 깊숙이 흐르는 강물같이 청량함이 느껴진다. '인간의 삶에서 향기는 사랑'이다. 향기를 품고 있는 사람은 얼어붙은 인간관계의 마음을 따뜻하게 녹여준다. 정이 많고 감정이 풍부한 사람이다. 향기가 없는 사람에게서는 사랑이 느껴지지 않는다. 감정이 메마르고 건조하여 마찰이 일기 쉽고 심성에 윤기가 없어 까칠하다. 이런 사람에게서는 인간 대 인간의 중화(中和)[3] 와 수수작용(收受作用)의 하모니를 기대하기 어렵다.

---

2) 류시화,「살아 있는 것은 다 행복하라」, 조화로운삶, 2006, p, 47 참고인용.
3) 중화(中和)란? 항상 변화, 변동하는 현상 속에서 가장 안정된 위치를 찾아 움직이는 중을 말하는 것으로 중화는 일종의 자기조절기능과 같은 형평의 원리로서 균형과 조화를 포괄하는 의미이다. 김충열,「김충열교수의 중용대학강의」, 예문서원, 2007,p,107 참고인용.

인간의 향기를 가득 품고 있는 사람은 자연의 향기처럼 곱고 아름답다. 이렇게 사람에게서 자연의 향기를 맡을 수 있다면 '지금 이 순간'은 물론 살아 숨 쉬는 매순간순간이 어찌 새롭고 행복하지 않을 수 있을까. 이렇게 행복은 외재 사물의 현상과 내 안에 중심(中心=가운데 마음)이 균형과 조화를 이룰 때 형형색색의 고운 빛깔로 피어난다.

법정스님의 행복론에 "행복이란 무엇인가. 밖에서 오는 행복도 있겠지만 안에서 향기처럼, 꽃향기처럼 피어나는 것이 진정한 행복이다. 그것은 많고 큰 데서 오는 것도 아니고 지극히 사소하고 아주 작은 데서 찾아온다. 조그마한 것에서 잔잔한 기쁨이나 고마움 같은 것을 누릴 때 그것이 행복이다"[4] 라고 우리의 일상적 삶에서 생겨나는 인간적 행복의 의미를 정의하고 계시다.

또한 사람이 '행복의 감정'을 느낄 수 있는 비결에 있어서도 여러 가지 다양한 가치기준 의해서 결정되어질 수도 있지만 제일 중요한 것이 외재 사물에 의한 것보다도 내 안에 나인 자신과 타협하는 일일 것이다. 외재 사물에 의한 것은 내가 포기하면 쉽게 정리가 되지만 내안에 나와 타협되지 않는 부분(아집/사고)은 가장 큰 골칫거리다. 그렇다고 내 안에 나와 지속적으로 대립하여 갈등을 빚는다는 것은 바로 나의 괴로움이요, 나의 불행이다. 그렇다고 나를 포기하거나 버려버릴 수 있는 문제도 아니기 때문이다.

또 인간이 행복할 수 있는 비결엔 '필요한 것을 많이 갖게 되어 행복할 수도 있다. 하지만 그 보다 더 중요한 것은 불필요한 것에서 얼마나 자유로워져 있는가에 있다고 봐야 한다. 위에 견주면 모

---

4) 류시화,「살아 있는 것은 다 행복하라」, 조화로운삶, 2006, p, 28 참고인용.

자라고 아래에 견주면 남는다.'[5] 이처럼 행복을 찾는 오묘한 방법은 모두가 자기 안에 있다. 이것은 '내 마음의 확실한 주인'이 되는 방법이 될 수도 있다. 내 마음의 확실한 주인으로 자리매김하기 위해선 나 자신의 흔들리지 않는 중심을 잡고 좌우상화의 균형과 조화를 이루어야 한다. 그러기 위해서는 내 중심(中心)이 어디에 어떻게 존재하는지를 알아야한다.

이런 것을 법정스님은 '중심에서 사는 사람'이란 글에서 "거죽은 언젠가 늙고 허물어진다. 그러나 중심은 늘 새롭다. 영혼에는 나이가 없다. 영혼은 시작도 없고 끝도 없는 그런 빛이다. 어떻게 늙는가가 중요하다. 자기 인생을 어떻게 보내는가가 중요하다. 거죽은 신경 쓸 필요가 없다. 중심은 늘 새롭다. 거죽에서 살지 않고 중심에서 사는 사람은 어떤 세월 속에서도 시들거나 허물어지지 않는다."[6]라고 21세기 현대를 살아가는 사람들을 향해 중심(中心=가운데 마음)을 통한 중용적 삶의 행복가치를 강조하셨다. 이처럼

〈그림-8〉 100% 행복추구의 가치와 실현

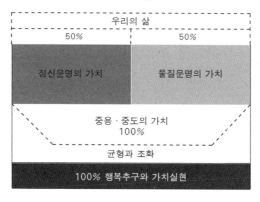

5) 류시화,「살아 있는 것은 다 행복하라」, 조화로운삶, 2006, p, 21 참고인용.
6) 류시화,「살아 있는 것은 다 행복하라」, 조화로운삶, 2006, p, 163 참고인용.

법정스님은 인간의 행복을 중용에 '실천적 인문사상'을 통해 자연스럽고, 일상생활 속에서 삶의 기쁨과 즐거움을 일깨우려 하셨다.

중용 제3장의 말씀이다. '자왈, 중용기지의호, 민선능구의(子曰, 中庸其至矣乎, 民鮮能久矣)'라 하여 공자께서는 백성들에 대한 그 안타까움을 토로하신바 있다. 그것은 백성들이 이 같이 지극한 중용의 도리와 이치를 알고도 백성들이 실천하지 못한 것이 오래되었음을 안타깝게 여기셨다. 그럼으로 인해서 비롯되는 사회적 문제와 온갖 병폐들에 대해 개탄하심이다. 또한 '지자과지, 우자불급야(知者過之, 愚者不及也)'라 하여 지자들은 욕심이 지나쳐서 그냥 지나쳐버리고 어리석은 자들은 그 도리에 미치지 못하니 이래저래 실천이 되지 않게 되고 말았다. 또 '인개왈여지, 구이납제고획함정지중, 이막지지피야(人皆曰予知, 驅而納諸罟擭陷阱之中, 而莫之知辟也)'라 하여 모든 사람들은 자기가 다 아는 것처럼 얘기하고 지자들은 교만하여 다 아는 것처럼 행동하지만 막상 그물이나 덫 같은 함정에 빠져서는 헤어나지 못하고 그 오류와 시행착오를 범하게 되었다는 말씀이다.[7]

사람은 누구나 최상의 꿈과 행복을 간직하고 누릴 권리를 갖고 있다. 그러나 어떤 꿈을 어떻게 꾸는 것이 행복으로 가는 것인지는 아무도 모른다. 단 자기 자신만이 그 행복의 이정표를 알고 선택할 수 있다. 자신만이 삶의 시대성과 시간성의 괴리를 정확히 진단할 수 있기 때문이다. 지금 우린 시대성이라는 망망한 바다 한가운데서 거대 자본주의의 조류에 떠밀려 한 치 앞을 내다볼 수 없는 미

---

7) '知者過之, 愚者不及也', '人皆曰予知, 驅而納諸罟擭陷阱之中, 而莫之知辟也'이는 중용 제4장과 제7장의 원문일부의 말씀이다.

지의 세계를 향해 가고 있다. '희망과 행복'이라는 아주 작은 돛단 배에 '지금 이 순간'이라는 시간성의 돛을 달고 거친 세파와 사투를 벌이면서 항해를 하고 있는 것이다. 자각은 이런 '사투의 시간 속에서 깨어있음에 의식'이다. 깨어 있어야 지난 과거의 시간성과 다가오는 미래의 시간성 사이에서 희망과 행복의 중심을 균형 있게 잡아갈 수 있기 때문이다.

그럼 누가 자각을 하고 누가 깨어 있어야 할까? 인류의 역사는 변화와 변천의 과정이다. 그것을 인류문명의 진화라고 한다. 끊임없이 변화하는 과정에서 역사가 문명을 창조한다. 지난 과거도 그랬고, 지금도 그렇고, 미래의 세상도 분명 그럴 것이다. 지금(현재)이 변화되어야 지나가는 과거도 변화되어가고 다가오는 미래도 변화된 모습으로 맞이할 수 있다. 그럼 다가오는 미래를 누가 가장 많이 맞이하게 될 것인가에 대한 물음은 당연히 우리의 미래를 짊어지고 갈 지금의 젊은 세대의 청춘들과 자라나는 어린꿈나무들이다. 우리의 젊은 청춘 20~30대가 행복해야 모든 국민이 행복할 수 있다. 젊음이 신바람 나는 세상이 되어야 세상이 활기차게 돌아간다. 그래서인지 정치인들은 모두 앞 다투어 국민행복시대를 열겠다고 공약을 한다. 그러나 그것은 두고 볼 일이다. 정치가 군자지도의 철학을 갖지 못하는 한 그것은 말 그대로 공약(空約)이 될 공산이 크다.

이런 맥락에서 볼 때 '아프니까 청춘이다'의 저자 김난도 교수는 21세기 현대문명사회 속에서 우리의 젊은 청춘들이 겪는 시련과 아픔들에 대해 매우 구체적 사례를 들어 함께 고민하고, 위로하고 있다. 좀처럼 희망의 빛이 보이지 않는 안개 속에서 희망의 꿈과 용기가 되어 주고 있다. 우리의 젊은 청춘들이 직면해 있는 현실에서의 극복하기 힘든 난관들을 어떤 가치관으로 어떻게 사물에 중심을 바라보고 그것을 통해서 어떻게 미래의 삶이 행복할 수 있는지에 대한 아주 진지한 고민이고 진심어린 대화와 소통으로 우리에게 감동을 주고 있다.

그것은 우리의 젊은이들이 미래의 세상에서 한 마디로 '어떻게 잘살 수 있는가'에 대한 궁극의 화두이다. 이렇게 훌륭한 화두에 대해서는 '씹고 씹는 되새김질'이 필요하다. 씹으면 씹을수록 우리의 삶에 영양소는 물론 영혼의 행복감과 기쁨이 충만 되고 미래의 희망이 보이고 그 희망의 중심이 손에 잡힐 수도 있다. 잠시 그런 화두에 대한 의미를 다시 한 번 되새겨 보자.

먼저 PART 1에서 '인생의 시계를 보자'고 했다. "그대는 지금 몇 시쯤을 살고 있는 것 같은가?"[8]라는 물음은 현재와 미래의 방향성을 잃고 헤매고 있는 우리 또는 젊은 청춘들에게 나침반을 들이대고 어디로 가고 있느냐고 따져 묻는 것 같은 경종이다. 그러나 그 시간을 묻는 배경에는 시간을 묻고자함이 아니다. 그것은 우리의 인생길에서 지금 우리가 처한 곳이 어느 지점(위치)에 도달해 있는지를 묻는 말이다. 즉 인생을 일찍 출발한 사람은 멀리 가 있을 것이고 늦게 출발한 사람은 아직 갈 길이 멀고 많이 남아 있다. 또 같은 시간에 출발했어도 각기 자기 자신의 삶인 속도에 따라 멀리 간 사람이 있고 아직 멀리가지 못한 사람이 있게 마련이다. 이것 역시 문제의 핵심은 이미 멀리 갔거나 아직 멀리가지 못한 것에 문제를 제기하려는 의도가 아니다. 멀리 있던 가까이 있던

8) 김난도,「아프니까 청춘이다」, 쌤앤파커스, 2010, p, 18 참고인용.

현재 자기가 위치한 곳을 알자는 의도일 것이다. 현재 자기가 가고 있는 위치를 알아야 목적에 따라서 거기에 맞는 시간적 조절이 가능할 수 있기 때문이다.

〈벤자민 버튼의 시계는 거꾸로 간다〉라는 영화에서 "인생에 너무 늦었거나, 혹은 너무 이른 나이는 없다."라는 대사[9]는 어쩜 젊은 사람에게는 '너무 늦었다거나 혹은 너무 빠르다' 라는 개념의 강박적 시간관념은 불필요한 것이라는 설득과 이해의 의미일 것이다. 그런 강박관념에서 벗어나 여유로움을 가져야 된다는 뜻이다. 세상에 모든 시계가 시간과 항상 동행하는 것은 아니다. 많은 시계들 중에서 개중엔 가다가 멈춰 서서 시간의 무한궤도를 벗어나 있거나 아니면 자기 속도에 맞춰 조금은 느리게 혹은 조금은 빠른 템포로 가는 시계들도 많다. 시간의 오류가 있다고 해서 시계가 아닌 것은 아니다. 우리의 삶에 다소의 오류가 있다고 해서 우리의 삶이 아닌 것이 아닌 것처럼 조금은 느리거나 혹은 조금 빠르거나 이다. 조금 빠르거나 조금 느리거나가 문제가 아니다. 시계는 시간을 측정케 하는 기계적 기능의 불과하다. 시계가 가든 제자리에 섰든지 상관없이 시간은 정해진 대로, 영속적으로 가고 있음에 하염없다. 이미 태곳적부터 시간성에는 '멈춤 또는 정지' 란 기능과 작용은 아예 없다. 그것은 모든 사물의 존재 속에서 또는 시간의 영속성 안에서 멀리멀리 동행하는 즐거움과 기쁨에 목적만 존재할 뿐이다. 이것은 모두 자기가 처한 환경이 따로 있고 그 환경과 바탕에 순응하고 적응해야 한다는 전재가 깔려있다.

'인생의 시계' 여기에서 또 다른 의미로는 청년들이 아닌 노년

---

9) 김난도,「아프니까 청춘이다」, 쌤앤파커스, 2010, p, 22 참고인용.

들에게는 얼마 남지 않은 쫓기는 시간 속에서 얼마 남지 않은 시간을 더욱 알차고 보람 있게 하고 현재에서 과거로 들어가기 위한 과정에서 다소에 준비를 하게 한다. 가령, "나에게 주어진 시간은 '6시간 12분'이 남았구나!"하고 남은 시간이 많지 않음을 일깨워 줌으로써 노년들은 현재의 시간에서 과거로의 시간으로 입성을 준비토록하게 된다. 다소 서둘러 제때에 준비를 못하고 놓치면 나중에 급박한 상황에서 당황하게 되고 완전한 준비가 될 수 없기 때문이다. 과거 미래에서 현세로 들어 올 때도 우리 인간들은 어머니의 자궁 속에서 10개월의 준비가 있었다. 그렇듯이 현세에서 과거로의 입성에도 이젠 준비가 필요하다.

현대인들에 일상에서 준비가 되어 있는 삶과 준비가 되어있지 않은 삶과의 차이가 있듯이 준비가 잘 된 삶은 그것이 "잘산 삶을 잘 마무리하는 순서가 될 것이다." 유종의 미로 삶을 잘 마무리 한다는 것은 또 다시 후회 없는 삶의 마무리이다. 그리고 또 다른 시작의 준비를 위해서다. 그렇듯이 삶의 있어서 '지금 또는 현재'라는 시간성은 남녀노소 모두에게 항시 존재하지만 우린 그 시간성에 대한 적시적합(適時適合)의 소중한 때를 쉽게 간과하거나 적당히 무시한다는 것에 문제가 있다. 그럼으로 인해서 많은 시간성의 오류와 시행착오를 경험한다.

이것이 중용 제2장에서 말하는 시중(時中)[10]이다. 시중은 바로

---

10) 군자이시중(君子而時中)- 군자가 중용을 지킴 은 군자는 알맞은 때를 가려 일을 하고 견지하기 때문이다. 이것이 바로 적시적합(適時適合)이고 이것은 어떤 일이나 상황을 맞이해서 결론에 대한 판단이나 결정을 내리는 때와 행위가 가장 알맞은 때를 말함이다. 김충열,「김충열 교수의 중용대학강의」, 예문서원, 2007, pp.139~140 참고인용. 양방웅,「중용과 천명」, 예경, 2006, p. 44, 47 시중(時中) 참고인용.

적시적합이고 어떤 일이나 어떤 상황을 맞이해서 결론에 대한 판단이나 결정을 내릴 때의 행위가 가장 알맞은 시간을 말함이다. 그렇게 하기 위해서는 자신이 앞서 있는지 뒤쳐져 있는지를 알아야한다. 결국은 이것도 자기 자신의 '중심보기'를 통해서 가능한 것이다.

다음은 '너라는 꽃이 피는 계절'에 대한 내용이다. "인생에 관한 우리는 지독한 근시다. 바로 코 앞 밖에 보지 못한다."[11] 그렇다. 이렇게 멀리 내다볼 수 없는 지독한 근시로 우리 각자의 시력을 다 망쳤다. 그 원인은 과연 무엇 때문일까?

사람도 누구에게나 각자 꽃이 피고 지는 계절이 있다. 그리고 봄에 피는 꽃이 있고, 여름에 피는 꽃이 있고, 가을에 피는 꽃이 있다. 그리고 혹은 한겨울에 피는 꽃도 있다. 봄에 일찍 핀 꽃이 여름, 가을까지 가는 꽃은 없다. 또 봄에 일찍 꽃을 피웠다고 해서 반드시 튼실한 열매를 맺는 것도 아니다. 이처럼 우리가 가장 빨리 부와 명예를 얻어 사회적으로 성공했다고 해서 인생을 끝까지 잘 살 수 있다고 장담할 수는 없다. 남보다 빨리 성공했다고 해서 반드시 행복한 삶을 살았다거나, 훌륭한 삶을 사는 것도 아니다. 성공을 했다면 물론 행복할 수도 있다. 그러나 그렇다고 해서 그 행복이 오래도록 시간성을 갖고 오래오래 인생의 끝까지 간다는 보장은 없다.

"꽃은 저마다 피는 계절이 다르다. 개나리는 개나리대로, 동백은 동백대로 자기가 꽃을 피워야하는 계절이 따로 있고 또 그렇게 피어난다. 꽃들도 저렇게 만개(滿開)의 시기를 잘 알고 있는데 왜? 그

---

11) 김난도,「아프니까 청춘이다」, 쌤앤파커스, 2010, p, 33 참고인용.

대들은 하나 같이 초봄에 (매화로)피어나지 못해 안달인가?"[12] 좀 늦게 피는 꽃은 늦은 대로 시간성의 이유가 있다. 지구상에 있는 꽃들은 각기 '꽃이 필 때와 질 때'가 다르다. 봄에 피는 꽃이 있고, 가을에 피는 꽃이 있다. 아무리 자연이 아름다워도 꽃이 없다면 그것은 절반의 아름다움이다. 반쪽의 생명이다.

모든 자연엔 생명성이라는 성장과정이 있다. 그 성장 과정을 거칠 때마다 성숙한 삶의 마디마디가 생겨난다. 인간의 삶(인생)도 이 '한 송이의 시간성이 갖는 꽃'이 피고 질 때마다 인생의 나이테가 동그라미를 만들어간다. 그러나 인생에 관한한 우리의 눈은 언제부터인지 지독한 근시거나, 난시거나, 색맹이 되어버렸다. 그래서 제대로 봐야 할 것을 제대로 보지 못하는 신체적 장애를 갖고 있다. 그것은 문명의 이기와 인간의 탐욕이 융합하면서 만들어 낸 그들만의 윈윈(win win)의 결탁과 결과이다. 그 중심에 자본의 속성과 권력의 속성이 치밀한 이해관계와 탐욕으로 결탁되어 있다. 이것이 우리사회의 왜곡과 굴절을 만들어낸 원흉이다. 이것이 제대로 봐야할 것들에 대한 착시적(錯視的) 현상들이다.

때문에 여기에서도 이젠 각기 계절에 따라 피는 꽃을 관심 갖고 지켜보지 않는 한 어떤 꽃이 언제 피고, 언제 지는지 조차도 이젠 분간키가 어렵고 아무도 모른다. 하지만 대기만성이라 했던가? 좀 적게 벌고, 좀 늦게 성공했다고 해서 크게 기죽을 일은 아니다. 그대의 삶에 자신을 갖자. 우리의 삶에 당당해보자. 그리고 그대와 그들의 꽃이 활짝 필 미래의 계절을 준비하자.

예전에 필자가 소장한 책 중에서 '정상에서 만납시다.'라는 책이

---

12) 김난도,「아프니까 청춘이다」, 쌤앤파커스, 2010, p, 34 참고인용.

있었다. 그 내용은 어려운 중소기업의 CEO가 어렵고 힘든 환경에서도 굴하지 않고 성공을 이루어내는 이야기다. 많은 사람들에게 꿈과 희망 그리고 용기를 주는 책이었다. 그러나 정상에 빨리 오른 사람은 정상에서 내려와야 하는 하산 길도 그만큼 빠르다. 또한 정상에서 오래 머무는 것과 행복은 별개의 문제이다. 사명도 다르고 명분도 다르다. 그리고 행복의 빛깔과 향기도 다르다. 문제는 얼마나 꽃을 빨리 피웠느냐가 아니라 얼마나 근사한 빛깔과 향기를 오래 품고 있느냐와 얼마나 실한 열매를 맺을 수 있느냐이다. 그런 의미에서 인생도 얼마나 성공했느냐가 아니라 '어떻게 살아가고 있고, 어떻게 행복할 수 있느냐'가 더 값진 의미이다. 결국 성공에 꽃도 물론 아름답겠지만 그 보다는 행복에 꽃이 더 아름답고 향기도 짙다는 말이 아닐까?

다음은 '그대 눈동자 속이 아니면 답은 어디에도 없다'를 보자. 옛 부터 눈은 마음의 거울이라고 했다. 우리의 눈은 사물을 보고 인식하고 관찰하는 고유의 기능이 있다. 그러나 눈은 마음이고 거울이다. 상대의 눈을 보면 그 사람의 마음이 분노하고 있는지, 나를 신뢰하고 있는지를 알게 한다. 상대의 눈뿐이 아니라 내 눈도 마찬가지다. 내 마음이 상대에게 분노하고 있는지, 그를 아끼고 사랑하는지. 이렇게 눈은 말로 표현하지 않고도 내 마음의 상태를 상대에게 거울처럼 혹은 그림처럼 보여줄 수 있는 마음의 창이 눈이다. 이렇게 눈은 서로의 감정과 생각, 느낌을 주고받는 수수작용(授受作用)의 손이기도하다.

현대사회는 숨 가쁘게 돌아가고 있다. 그리고 그 중심에 우리의 소중한 삶이 있다. 그러나 그것은 말이 삶이지 세차게 불어 닥치는 격랑과 소용돌이 속에 풍랑이다. 각자 작은 희망의 돛을 올리고 망 망대해에서 노도를 향해 항해를 하지만 위태위태한 돛단배나 다름 없다. 그렇게 앞 만보고 세상과 맞붙어 전쟁 아닌 전쟁에서 사투를 벌이면서 자신의 생존을 지켜가다 보니 자기의 존재를 잊고 있는 순간들이 너무 많은 것은 당연하다.

우선 우린 자기 자신에 대하여 직시, 직관하는 습관과 노력의 시 간이 필요하다. "나와 나 사이에 아무것도 끼어들게 하지 말고, 자 신의 맨 얼굴을 정면으로 응시하고 자신의 모습이 어떤 모습인지 거울 앞에 서서 진지하게 질문을 해볼 필요가 있다. 부모의 기대, 사회의 분위기, 친구들 사이에서 트렌드 같은 것들을 모두 잊어버 리고서 나는 무엇을 원하고 있는가? 나는 무엇을 할 때이고 어떤 행복을 원하는가를 진지하게 물어야 한다. 그리고 나는 무엇을 가 장 잘하는가? 그리고 나는 정말 누구인가?"[13] 라고 말이다.

이것은 현실에서 잠시 잊었거나 잃고 있는 자기 자신의 '중심찾 기' 또는 '중심보기' 이다. 한 걸음 더 나아가서는 '나의 중심 지키 기' 그리고 '중심실천하기' 라고 할 수 있다. 자기 자신을 직시한다 는 것은 내적으론 자기 자신의 정체성에 대한 성찰과 통찰이다. 이 런 성찰과 통찰의 인식은 외적으론 합리적 인간관계의 소통과 교 류를 위해서다.

이처럼 인간관계의 교류는 제일 먼저 눈을 통해서 시작된다. 그 리고 말로 행동으로 이어진다. 미국의 강연가 · 시인 · 수필가인 에 머슨은 '말도 행동이고 행동도 말의 일종이다' 라고 했다. 중용 제 13장 말미에 말씀이다. '언고행, 행고언. 군자호불조조이!(言顧行,

---

13) 김난도,「아프니까 청춘이다」, 쌤앤파커스, 2010, p, 47 참고인용.

行顧言. 君子胡不慥慥爾!)'라 하였다. 이 말씀은 '말을 할 때는 그 말을 실천할 수 있는가를 되돌아보고, 행동을 할 때는 그것이 나의 말과 일치하는가를 되돌아봐야 한다. 군자라면 어찌 이를 독실하게 행하지 않겠는가.'이다. 때문에 대인관계와 교류에서는 말과 행동이 중요하다. 하여 언행일치를 정치의 덕목으로 삼는다. 정치가들은 우리 사회의 버팀목이요, 지도층인사이기 때문이다.

상대가 아닌 내 자신과의 관계에 있어서도 거울을 보면서 하루를 시작하고, 하루를 마감한다. 그것은 얼굴에 생김새뿐만이 아니라 내 눈을 통해서 자신의 마음을 관찰하는 심리적 장치(mental equipment)이다. 그래서 사람들은 일상에서 수시 또는 무의식적으로 거울을 본다. 자신의 모습과 감정의 상태를 확인하는 것이다. 그러나 내 마음이 편하지 않을 때는 거울도 보기 싫다. 우리의 삶에서 모든 문제는 내 마음에 있고 그 문제의 본질적 해결도 내 마음의 한가운데 있다. 따라서 자신의 마음(중심=가운데 마음)을 정확히 보고 알면 문제의 답을 구할 수 있다는 말이다. 이는 필자가 중용을 통해서 강조하는 '중심보기', '중심찾기'의 핵심적 방법론이다.

이것은 사물의 위치뿐만이 아니라 인간관계의 작용과 의식에 있어서도 공통의 공감적 합의를 이룰 좌표를 설정하고 그에 함수를 돌출해내는 이론이다. 현대인들은 일상적 삶에서 이루 말할 수 없는 문제들에 직면해 있다. 그런 문제들에 답을 구하는 것은 남의 말이나 생각들이 아니라 오직 자신의 눈으로 자신의 마음속에 숨겨져 있는 문제들을 찾아낼 때에 문제의 합리적 해결책이 나오기 때문이다.

그럼에도 우린 습관적으로 정확하지 못한 주변의 현상들에 휘둘리고 그 중심을 찾기는커녕 점점 더 그 중심에서 멀어지는 결과를 만든다. 그것은 중심을 통해서 보는 그 원인을 파악하지 못하고 지 자답지 못한 언행일치와 실천을 이루지 못했기 때문이다. 그런 의미에서 '그대 눈동자 속이 아니면 답은 어디에도 없다' 라는 말은 저자의 매우 예리한 통찰력과 함축된 메시지의 전달이다.

다음은 '걸음을 멈추고 돌아보라' 이다. 우린 정말 나를 비롯해서 해야 할 일을 열심히 한다. 그러나 열심히만 할 뿐이지 일에 대한 성과에 대해서는 만족하지 못한다. 그렇듯이 무조건 열심히만 한다고 해서 좋은 결과가 만들어지는 것 또한 아니다. 흔히 "아는 것이 힘이다"하여 무조건 열심히 배우는 것을 지상 최대의 보람과 성공 비결로 생각하는 사람들도 많다. 그리고 졸업을 앞둔 대학생들이나 사회초년생들 중에는 스펙 쌓기나 어학연수, 각종 자격증 취득, 다양한 경험 쌓기 등 많은 자기능력개발 배양에 지나칠 정도로 열풍이다.

물론 자기의 전공이나 직업과 관련하여 꼭 필요한 지식을 확대하고 발전시키는 것은 당연한 일이다. 그러나 개중에는 막연한 미래의 불안감에서 또는 우리사회에서 만연되고 있는 1등주의가 남보다 먼저 성공해야 한다는 강박관념과 조급함에 사로잡혀서 무조건 그렇게 하지 않으면 안 된다는 생각에 매몰되어서 하는 행위라면 그것은 매우 곤란하다.

요즘은 한두 가지 자격증도 제대로 활용하기 힘든 세상이다. 기회조차 오지 않는 요행에 마치 그것이 아니면 안 될 것 같은 두려움과 불안감에 사로잡혀 나를 포함한 공급과잉의 대열에 합류한다.

그것은 수요와 공급의 불균형적이다. 그런 현상은 우리에게 막연한 기대일 뿐이지 절대 기회조차 오기 힘든 일이다. 혹시나 하여 미리 따둔 그 네다섯 가지의 자격증들은 언제 다 활용할 것인지를 생각해보면 그것은 귀중한 시간과 인생의 낭비적 요소가 다분하다는 생각이다. 그러나 그러한 현상은 우리사회가 그만큼 불안정하고 우리의 미래가 불투명한데서 비롯된 일종의 사회적 병폐의 현상들이다.

그러나 한편 경우에 따라서는 불확실한 미래에 대해서 일부 철저한 대비가 될 수도 있다. 또 철저한 대비를 해둔다고 해서 나쁠 것 또한 없다. 그러나 과도한 준비성과 대비는 자칫 써먹지도 못할 일에 과도한 에너지의 과잉만 축적하고 말 수도 있다. 이러한 것들이 결국은 나와 현실에서 부조화적 불균형만 초래하는 것은 아닌지 냉철히 생각해 볼 일이다.

〈그림-9〉 균형과 조화의 원리-균형을 잃은 시대성과 시간성의 변화

사회적 안정이 확대되면 국민의 행복지수가 높아지고, 사회적 불안이 확대되면 국민적 불행지수가 높아진다. 따라서 국가는 반드시 정치, 경제, 사회, 문화에 있어서 안정은 물론 균형발전을 꾀하여야 한다.

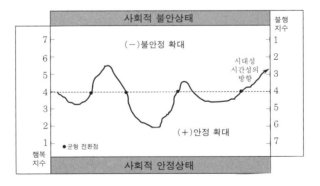

사회적 안정이 확대되면 국민의 행복이 커지고, 사회적 불안이 확대되면 국민적 불행이 커진다. 이것은 우리가 직면한 문명사회의

시대성에 나의 가치와 시간성을 극대화하지 못하는 결과이다. 이러한 낭비는 범국가적으로도 매우 큰 손실이다. 즉 합리적 변화를 이루지 못하는 결과로써 우리의 삶에 궁극적 목표인 행복의 결과를 불투명하게 만들 수도 있기 때문이다.

이렇게 무분별한 실천적 '성실성'만을 고집부리고 강조하는 현대사회의 인식과 태도 또한 문제이기도하다. 이러한 것들은 진정한 자기성찰이 없는 맹목적 목표지향성이다. 자기 성찰이란 곰곰이 생각하는 것만이 성찰이 아니다. 스스로 체험을 통해 얻어진 시행착오적 결과에 대한 자기반성과 지향하는 목표의 궤도수정이 반드시 뒤 따라야 한다. '목표, 방법론, 실천'은 인생에서 우리가 무엇인가를 이루기 위한 절대적 요소이다.'[4] 목표가 없으면 무의미하고, 방법론이 옳지 않으면 비효율적이고, 실천이 따르지 않으면 그 어떤 것도 이룰 수가 없다. 이 세 가지 요소 중 어느 하나라도 없거나 요건을 충족하지 못하면 이 삼각형의 성공구도는 '균형과 중심'을 잃고 무너지고 만다.

중심을 이루고 있는 이 삼각형의 균형이 '중심보기'나 '중심잡기'에 의한 자기 성찰이다. 이제라도 앞만 보고 가던 걸음을 잠시 멈추고 좌우상하를 살피고 자신의 현재 위치가 어딘지를 돌아보는 삶의 여유가 필요하지 않을까? 그랬을 때에 중심을 잃어버린 현대사회의 격랑 속에서 우리의 "중심 찾기와 중심잡기"가 가능해질 수 있다. 때문에 '걸음을 멈추고 돌아보라'라고 저자는 경종의 신호를 보내는 것이다.

동양에서의 시중(時中)이 서양적 사고의 카르페 디엠이라면, 서

---

14) 김난도,「아프니까 청춘이다」, 쌤앤파커스, 2010, p, 75 참고인용.

양에서의 카르페 디엠은 동양적 사고의 시중(時中)이다. 시중은 현재 또는 지금이라는 시간성에서 한 마디마디를 중시한 철학적 학문이다. 카르페 디엠(Carpe diem)은 로마의 시인 호라티우스의 시에서 유래된 것으로 '사용하다', '이용하다'라는 뜻이다. 호라티우스의 시 한 구절을 음미해보자.

"현재를 즐겨라, 가급적 내일이란 말은 최소한만 믿어라(Carpe diem, quam minimum credula postero)." 이 말이 하나의 명대사가 된 것은 1989년에 만들어진〈죽은 시인의 사회(DEAD POETS SOCIETY)〉라는 영화 때문이다. 이 영화에서 교사 키팅이 학생들에게 한 말이다. "할 수 있을 때 장미봉우리를 거두라, 오래된 시간은 지금도 흘러가고, 오늘 웃고 있는 이 꽃은 내일은 죽어 사라지니."[15]를 학생들과 문답으로 인용하면서 키팅은 바로 이런 정서가 "카르페 디엠이다."라고 이에 대한 정서적 의미를 정의했다. 그 후 미국에서는 AFI(미국 영화연구소)가 선정한 미국영화역사의 100대 명대사 반열에 들게 된 계기가 되었다.

시인 호라티우스는 이 시에서 '덧없는 시간'이라는 의미를 내포한 작품이다. 그러나 영화에서는 '현재에 충실해라. 또는 오늘을 잡아라.'라는 의미를 내포하고 있다. 한편 '인생을 즐겨라', '현재를 즐겨라'라는 해석이 되기도 했다. 시인 호라티우스와 영화의 작품적 의미는 이렇게 각기 다른 의미와 표현이었지만 공통된 시간성의 중요성과 시중적(時中的) 의미를 각인 시키고 있었다.

그러나 영화 속에서는 학생들에게 사회의 선통과 규율 그리고 성적 올리기 같은 것에 집착하지 말고 자유롭고 창의적인 사람이

---

15) 김난도,「아프니까 청춘이다」, 쌤앤파커스, 2010, pp, 213~215 참고인용.

되라고 가르치는 내용이었다. 이 영화는 과거 로마사회의 엄격한 규율과 전통에 직면한 청소년들에게 보다 자유로운 영혼의 정신을 일깨우는 의미에서 시도된 영화였었다. 또한 이 영화는 자칫 인간의 삶은 사치나 쾌락, 향락과 같은 것에 빠지면 인생을 허비하게 되고, 낭비하기가 쉽다는 교육적 메시지를 담고 있다. 그런 유혹에서 벗어나 아무리 어렵고 힘든 일상일지라도 좌절하거나 희망을 포기해서는 안 된다는 메시지이다. 문명사회의 소용돌이 풍랑 속에서 중심을 잃지 말고 균형을 바로잡아야 살아남을 수 있다는 강한 메시지도 있다.

그러나 무엇보다도 중요한 것은 주어진 환경과 여건에 만족하면서 긍정적인 자세와 의식으로 즐겁고 행복하게 살아가는 것이 중요하다. 다가오는 '미래'가 더욱 중요하니 이미 지나가버린 과거엔 연연하지 말고 이에 대비를 하는 것이 좋다는 의미이다. 그러자면 내게 처한 '현재'의 주어진 상황에 적응하며 후회 없이 '현재와 지금'에 최선을 다하고 나머지 결과에 대해서는 모두 조물주의 뜻에 맡길 수밖에 없다는 말일 것이다.

중용 제14장 원문에 보면 '군자소기위이행, 불원호기외(君子素其位而行, 不願乎其外)'라 했다. 이 말씀은 '군자는 그가 처한 상황에 따라 분수에 맞게 처신하며, 그 밖의 어떤 기대도 하지 않는다.'라고 했다. 군자는 주어진 환경에 맞게 최선을 다해 적응하고 인간의 힘으로는 어쩔 수 없는 그 밖의 일에 대해서는 신에 뜻에 따른다는 의미이다.

또한 '소부귀, 행호부귀. 소빈천, 행호빈천. (素富貴, 行乎富貴. 素貧賤, 行乎貧賤.)'이라 했다. 이 또한 군자가 행함에 있어 '부귀하면 부귀한대로 살고, 빈천하면 빈천한대로 산다.'고 했다. 또한 이적의 나라에선 이적의 풍속에 적응하고, 환난에 처해서는 환난에 적응하여 살아간다. 하여 군자는 어떤 상황에 서도 그 중심(가운데 마음)을 잃지 않기 때문에 적응하지 못하는 일이 없다.' [16]고 하셨다. 군자가 처한 상황이라든가, 분수에 맞게 처신한다든가, 어떤 상황이라든가 하는 것들은 모두 지금이나, 현재나, 오늘에 대한 시간성이다.

이처럼 시중이나, 카르페 디엠은 모두 '지금, 현재, 오늘'이라는 시간성에서 '나의 존재'와 '나의 선택'에 대한 중요성을 일상에서 강조하며 일깨우고 있는 큰 교훈이다.

'0의 행복'은 붓다께서 선에 들었다가 한 순간 깨달음으로 얻어진 진귀한 보배로서 영혼의 행복을 이루신 세계이다. 그것은 몸과 마음에 합의일체를 이룬 균형점(equilibrium point)이다. 이제부터라도 우리의 삶에 균형점이 어디에 존재하는지 찾아보자. 우리의 삶이란? 내가 어느 곳에서 무엇을 하고 살아도 행복할 수 있어야 한다.

꽃이 멋진 화원이나 정원에서 피는 꽃만 꽃은 아니라고 했다. 민들레, 개나리는 척박한 환경에서 피어나도 여전히 곱고 아름답다. 인간의 삶도 환경에 관계없이 살아 있으면 인생이고 삶이다. 그렇듯이 행복이나 불행도 살아 있는 사람에겐 늘 함께하는 나의 영혼

---

16) 素富貴, 行乎富貴. 素貧賤, 行乎貧賤. 素夷狄, 行乎夷狄. 素患難, 行乎患難. 君子無入而不自得焉. 이는 중용 제14상 원문에 말씀으로 '부귀하면 부귀한대로 살고, 빈천하면 빈천한대로 살고, 이적의 나라에선 이적의 풍속에 적응하고, 환난에 처하면 환난에 적응하여 살아간다. 군자는 이렇게 어떤 상황에 처해서도 그 중심(가운데 마음)을 잃지 않기 때문에 적응하지 못하는 일이 없다.'는 말씀이다.

에 식구와 같은 존재이다. 식구라 해서 다 편안하고 다 좋기만 한 것은 아니다. 식구는 다소 불편해도 한 집에 머물면 식구이다. 즉 식구는 생사고락을 함께하는 공동체적 구성요소이다. 행복이나 불행은 '나(我己)'라고 하는 집에서 동고동락하는 형제와 같은 공동체적 존재이다.

이처럼 진정한 행복이란? 삶의 향기이다. 나에게 향기가 있느냐, 없느냐는 나의 삶이 어떠했느냐의 문제이다. 척박한 환경에서 피어나도 내가 즐겁고 기쁘면 행복의 꽃이고 향기도 피어난다. 나의 향기란? 내가 아닌 누군가를 위한, 누군가를 위해 나누고 함께할 수 있는 마음이다. 상대의 어려움을 헤아릴 수 있는 자애롭고 고결한 배려의 정신이다. 누군가를 위해 다가가고, 다가오게 하는 소통의 기술이고 말은 영혼의 숨결이다.

꽃이 곱고 아름다워도 꽃에 아름다운 향기가 없다면 그것은 아무런 감동이 없는, 생명성이 없는 조화(造花)이다. 조화는 아무리 곱고 아름다워도 조화일 뿐이다. 그 꽃에는 향기가 없다. 결코 향기를 가질 수 없는 허상의 존재이다. 모두가 살아 있음의 행복으로 피어나는 꽃이었으면 좋겠다. 그리하여 현대를 살아가는 우리의 메마른 가슴에 '희망을 잉태한 동사'가 되어 미래의 행복을 함께 만들어 갔으면 좋겠다.

기쁨, 성냄, 슬픔, 즐거움(희노애락)
Joy, Huff, sadness, pleasure

　사람의 감정을 현대 과학적 차원에서 설명한다면 인체의 여러 감각기관을 통해 자극이 일어나고 일어난 자극이 뇌에 도착하면 뇌는 매우 치밀하고 정교한 신경작동의 메커니즘을 통해 상황에 따라 감정(희로애락)을 구별 분류하여 그 정도에 따라 알맞은 화학적 전달물질을 전신으로 송출시키는데 이것이 우리가 말하는 희로애락의 감정이다.

　희로애락의 감정이 심의 작용을 이루고 현상을 이루는 과정을 중용에서는 중화(中和)라 한다. 이것은 사람의 마음에 대한 작용이나 현상뿐만이 아니라 모든 생명과 사물의 본질적 현상과 작용 까지도 포함하여 아우르는 개념이다. 또한 중용에서는 사람의 감정에 대하여 다음과 같이 정의하고 있다. 희로애락이 발현되지 않은 상태를 중(中)이라 하고, 발현되이 절도(節度)에 맞는 현상을 화(和)라 한다. 중(中)은 마음속에 있는 심으로서 희로애락의 정이 발하지 않았을 때로서 어디에 치우치거나 기대지도 않은 상태이다. 또한 희로애락의 정이 심의 작용으로 나타나 외재사물에 영향을 미쳤을 때 딱 들어맞아 과불급이 없는 중절(中節)의 상태를 말한다.

앞의 중은 중심(中心=가운데 마음)에 중이고 뒤의 중은 적중(的中=꼭 맞는 것)에 중이다. 또한 화(和)는 희노애락의 정이 심의 작용으로 나타나 외재사물에 영향을 미쳤을 때 딱 들어맞아 과불급이 없는 중절(中節)의 상태를 화라 한다. 수면에 열(熱), 냉(冷), 조(燥), 습(濕)의 기운이 작용하면 수면에 물결이 일어나거나, 동결되거나, 증발하는 등에 변화가 생기게 된다. 이처럼 사람의 성(性)에 희, 노, 애, 락의 정이 용하면 변화가 일어나는데 그 변화가 겉으로 나타나지 않고 균형을 이루고 있는 상태를 중(中)이라 하고, 겉으로 표출되어 균형을 이루고 있는 상태를 화(和)라 한다.

또한 중화는 항상 변화, 변동하는 사물이나 현상 속에서 가장 안정된 위치를 찾아 움직이는 본성에 원리와 같은 중을 말하는 것으로 중화는 일종의 자기조절기능과 같은 형평의 원리로서 균형과 조화를 이루는 현상을 포괄하는 의미이다. 다시 말해 사람에게 중화는 마음의 감정이 희로애락의 상태로 변화하는 현상이다. 사물이나 어떤 현상에 대하여는 가장 안정된 위치를 찾아 움직이는 본성에 원리와 같은 것으로 이해하면 좋을 듯하다.

가령 돈을 빌려준 채권자와 돈을 빌린 채무자 사이에 어떤 감정의 변화와 상관관계가 일어나는지 아래 〈그림-10〉에서 +마음과 -마음의 감정변화를 살펴보자. 서로 입장이 정반대인 관계임에도 빚이 늘거나 줄때의 감정에 변화는 같은 방양이다. 빚이 확대되면 채권자와 채무자 모두 마음의 상태에서 불안이 고조된다. 또 빚이 축소 될 때에도 채무자와 채권자 모두 불안한 마음의 밀도는 축소되

〈그림-10〉 감정(+,-)의 변화

감정의 변화와 상관관계- 채권자와 채무자 사이에 변화하는 마음의 상관
관계(-와 +의 경계선은 괴로움과 즐거움의 임계점).

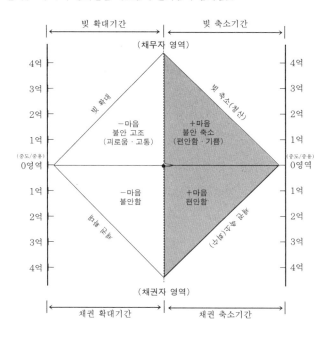

어 낮은 상태가 되고 마음은 +(기쁨, 편안함)의 마음으로 전환됨
을 알 수 있다. 그것은 채권자의 감정이나 채무자의 감정이나 모두
'0의 영역'인 가운데 중심영역(중도/중용)으로 감정이 조절되어지
기 때문이다. 이 '0의 영역'은 -감정과 +감정의 밀도를 조절하여
가볍게 하기 때문이다. 이런 감정의 기복이 낮은 심의 작용과 영역
이 바로 '중도 또는 중용'의 영역이다. 즉 불안하여 괴롭고 고통스
런 심의 작용이 편안하고 기쁨의 영역으로 전환되기 위해 0의 영
역에 가깝게 접근되었기 때문이다.

또한 남녀가 사랑에 빠져 얼굴이 달아오르고 가슴이 벌렁벌렁할

때 나타나는 신체적 반응은 '아드레날린'이 인체 내의 신경전달에 의해 분비된 물질이 화학적 작용으로 반응하여 나타나는 현상이다. 시각에 의해 환상적 감정으로 황홀한 기분에 빠져 드는 것은 체내 '페닐에틸아민'의 농도가 높이 올라가기 때문이다. 연인사이 손끝이 스치거나 스킨십이 이루어질 때 찌릿한 전율이 느껴지는 것은 애무 호르몬이라는 '옥시토신'이 방출되기 때문이다.

이처럼 뇌는 많은 화학물질을 가지고 인간의 감정에 맞는 심리적 작용과 현상을 정교하게 컨트롤하고 있다. 이렇게 뇌는 인간의 감정을 컨트롤하는 '화학공장의 시스템'이나 다름없다. 이것은 인간의 삶에 행복을 주기 위한 것이라 할 수 있다.

그러나 오늘날에는 인간의 삶을 향상시키고, 삶의 질을 개선하고 높이기 위해 '해피 드러그(happy drug)'라는 이름표를 달고 과학의 힘으로 태어난 '화학물질'들이 너무 많다. 이른바 이런 물질들은 향정신성 신경계 작용을 돕기 위한 약들이다. 우울증엔 '프로작', 발기부전엔 '비아그라', 노화방지엔 '보톡스' 그리고 행복 호르몬인 영양보충제 '세로토닌', 촉촉하고 탱글탱글한 피부엔 '히알루론산', 최상의 오르가슴을 위한 사랑의 묘약 '옥시토신 스프레이' 등이 있다.

이런 것들이 오늘날 현대인들이 행복을 느끼게 하는 감정조절 보조제 역할을 하는 물질들이다. 이것들이 없으면 이 시대를 사는 현대인들은 행복한 감정에 대리만족을 맛볼 수가 없다. 이것들을 통해서 행복을 사지 않으면 절대 행복을 담보 받을 수 없는 문명시대에 살고 있다.

그러나 아쉽게도 돈을 주고 사들인 이것들에 '행복의 유효기간'

은 매우 짧기만 하다. 때문에 그것을 지속시키기 위해서는 계속해서 재화의 가치를 지불하고 행복을 사들여야 한다. 그러나 재화의 힘으로 사들인 행복의 감정엔 생기도 없고, 향기도 없다. 따라서 행복의 감정만 있는 것은 영혼이 없는 죽은 감정이다.

인간의 삶에서 살아 있음은 생기를 유지함이다. 생기를 우리 체내에 불어넣는 것은 희로애락(기쁨, 분노, 슬픔, 즐거움)의 중화된 감정이다. 희로애락의 감정이 흔들리지 않고는 체내로 제대로 유입될 수가 없다. 흔들리면서 생기발랄한 그 생명력을 지속하고 정신적 욕구와 행복을 구현하는 것이다.

도종환 시인은 그의 시 '흔들리며 피는 꽃'이란 작품에서 흔들리는 시인 자신의 감정을 통해 행복의 꽃을 피우고 있다.

흔들리지 않고 피는 꽃이 어디 있으랴
이 세상 그 어떤 아름다운 꽃들도
다 흔들리며 피었나니
흔들리면서 줄기를 곧게 세웠나니
흔들리지 않고 가는 사랑이 어디 있으랴
젖지 않고 피는 꽃이 어디 있으랴
이 세상 그 어떤 빛나는 꽃들도
다 젖으며 젖으며 피었나니
바람과 비에 젖으며 꽃잎 따뜻하게 피웠나니
젖지 않고 가는 삶이 어디 있으랴.

서정주 시인의 '국화 옆에서'란 작품을 한 번 보자.

한 송이의 국화꽃을 피우기 위해
봄부터 소쩍새는
그렇게 울었나보다
한 송이의 국화꽃을 피우기 위해
천둥은 먹구름 속에서
또 그렇게 울었나 보다

그립고 아쉬움에 가슴 조이던
머언 먼 젊음의 뒤안길에서
인제는 돌아와 거울 앞에 선
내 누님같이 생긴 꽃이여

노오란 네 꽃잎이 피려고
간밤엔 무서리가 저리 내리고
네게는 잠도 오지 않았나 보다

위의 명시, 두 작품에서 보았듯이 '꽃'은 비바람 맞으며, 흔들리
며 피었다. 그 뿐이랴. 오랜 시간 소쩍새의 울음소리와 천둥의 울
음소리까지도 한 송이의 국화꽃을 피우기 위해 울고 울고 또 울고
를 반복하며 오랜 시간 서로 흔들고 흔들리며 한 생을 위해 살아
있음을 확인 했을 것이다.

위의 시에서 '꽃'은 자신을 대변하는 화자의 주인공이다. 이 세
상 그 어느 꽃도 비바람 맞지 않고, 흔들리지 않고 핀 꽃은 없다.
나무가 바람에 흔들리지 않고 자라는 것을 상상해 보았는가? 흔들
림이 없는 나무는 튼실하게 자랄 수도 없고, 오래오래 살 수도 없

다. 흔들림이 있어야 나무도 '희로애락' 의 감정을 체내에 불어넣어 생기발랄한 생육을 튼실하게 지속할 수가 있다.

나무는 바람이 없으면 '죽은 삶' 이다. 나무의 삶을 죽지 않고 키워주는 것은 땅속의 물과 자양분만이 아니다. 바람의 헌신적인 노력과 봉사의 정신 때문이다. 바람은 구름을 몰고 와 때 맞춰 비도 내려준다. 흔들리지 않으면 영원히 잠들까봐 잠시도 쉬지 않고 나무를 흔들어 깨워 세우고, 살아 있음을 확인하고 또 확인하고를 반복하며 잠들지 못하도록 깨워준다.

우리 인간의 삶에도 희로애락과 같은 흔들림이 없었으면 무슨 맛으로 세상을 살아갈까? 기쁨으로 노여움을 삭히고, 즐거움으로 슬픔을 잊고 산다. 절망에서도 굴하지 않고 희망을 꿈꾸며 생기발랄하게 풀잎처럼 흔들리며 다시 일어서 선다. 그런데 물질만능으로 사들인 행복이 계속해서 행복한 상태만 유지하고 있다면 우리에겐 흔들리고 싶은 시간도, 희로애락을 느낄 감정의 시간도 없다. 행복만 있어 눈물도 없다. 눈물이 없는 감정은 건조해서 윤기가 없다. 메마르고 건조해서 결국은 깨지고, 찢기 고, 부서져 허공에 날리고 만다. 결코 아름다운 꽃을 피울 수가 없다. 꽃을 피우지 못하니 향기 또한 품을 수가 없다.

현대과학문명에서 기쁨 슬픔 사랑 욕망 고통과 같은 감정을 과학적으로 분석하고 흔들리지 않는 행복을 위해 돈을 주고 화학물질을 살 수 있을지는 몰라도 결코 행복을 영원히 담보 받을 수는 없다. 결코 우린 나의 소중한 삶과 행복을 한 알 알약에 담아 물처럼 마셔버릴 수는 없지 않는가?

우린 우리의 삶에 역경과 노여움이 있었던 것만큼 기쁨이 있어야 한다. 우린 슬픔과 괴로움이 있었던 것만큼 즐거움도 있어야 한다. 슬픔 속에만 빠져 있어서도 안 된다. 또한 기쁨 속에만 빠져 있어도 안 된다. 그것은 희로애락의 불균형으로 생기발랄한 감정을 유지할 수가 없기 때문이다.

흔들림 속에서도 중심을 잡고 흔들림을 즐겨야 한다. 거친 문명의 파고 속에서도 중심을 잡고 흔들리면서 파도타기를 하듯이 즐겨야 한다. 그렇게 될 때에 우리의 뇌는 아드레날린이 작용하고, 페닐에틸아민의 농도가 높아지고, 폭포수 같은 옥시토신이 체내에 마구 쏟아져 돈을 주고 행복을 사지 않아도 우리는 행복해 질 수가 있지 않을까?

中庸

원문 제1장~제33장

중용을 '명사'라고 하지만

중용은 이제 더 이상의 명사가 아닌 '동사'여야 한다.

이제부터 중용은 더 이상의 학문을 위한 명사적 고전
이 아니다.

중용은 한시도 인간의 삶을 떠나 있었던 적이 없는 생
활 속에 밀접한 생활실천실용사상이다.

'중용'이라는 고유명사에서 하루빨리 벗어나 현대
인들의 일상 속으로 들어와 실천되어질 때 인간의 삶
과 문명창조가 활발하게 이루어질 수 있다.

사물과 사물, 인간과 인간, 자연과 과학의 관계에서
중화를 이루고 불균형과 부조화의 현상을 새롭게 승
화, 변화 발전시키는 '동사적' 인문정신이 미래사회
를 담보할 수 있는 새로운 트렌드이다.

그것은 우리 인간이 추구하는 궁극의 목표인 쾌락이
나 행복도 명사가 아닌 구체적 '동사'에서 만들어지고
있기 때문이다.

중용 제1장

天命之謂性, 率性之謂道, 修道之謂教
道也者, 不可須臾離也,可離非道也.
是故, 君子戒愼乎其所不睹, 恐懼乎其所不聞.
莫見乎隱, 莫顯乎微,故君子愼其獨也.
喜怒哀樂之未發, 謂之中, 發而皆中節, 謂之和.
中也者, 天下之大本也, 和也者, 天下之達道也.
致中和, 天地位焉, 萬物育焉!

천명지위성, 솔성지위도, 수도지위교
도야자, 불가수유리야, 가리비도야.
시고, 군자계신호기소불도, 공구호기소불문.
막현호은, 막현호미, 고군자신기독야.
희노애락지미발, 위지중, 발이개중절, 위지화.
중야자, 천하지대본야, 화야자, 천하지달도야.
치중화, 천지위언, 만물육언!

☞ 要約 內容

하늘로부터 받은 생명이 성(性)이고, 그 성(性)에 따라 살아가는 것이
사람의 길(道)이고, 그 길(道)에 부합하도록 가르치는 것을 교(敎)라
한다.
삶에서 도라는 것은 잠시라도 그 길에서 벗어날 수가 없고
그 길에서 벗어난 삶은 사람의 길이 아니다.
따라서 군자는 삶에 대하여 더욱 경계하고 신중하여야 하며
들리지 않는 것들에 대해서도 두려워해야한다.

은밀한 것처럼 잘 보이는 것은 없고, 미세한 것처럼 잘 나타나는 것은 없다.

그러므로 군자는 혼자 있을 때도 삼가 행하게 된다.

기쁨과, 성냄과, 슬픔과, 즐거움이 발현되지 않은 상태를 중(中)이라 하고, 발현되어 모두 절도(節度)에 알맞게 된 현상을 화(和)라 한다.

중(中)은 세상에서 으뜸가는 근본이고, 화(和)는 세상에서 통용되는 일상의 도리(道理)이다.

중화(中和)에 이르는 것은 천지음양이 수수작용을 하여 만물을 길러내는 것이다.

【난자 참고】

命: 부여된 생명.
謂: 이르다. 일컫다. 가리키다.
性: 타고 난 본연(本然)의 성질. 천성. 천리(天理).
率: 따르는 것.
道: 본연에서 나온 바른 원리(법칙).
須臾: 잠시잠간에 사이.
睹: 보다.
莫: 없다는 의미로서 '無 · 亡 · 沒' 자와 동의어로 쓰임.
乎: ……보다. 동사 뒤에 쓰이면서 '於' 자처럼 비교를 나타냄.
隱: 어두운 곳.
微: 작은 일.
獨: 혼자인 것.
皆: 모두 다.
中: 미발의 상태.
節: 정도에 알맞게 하는 일이나 행동. 조화와 안정을 중시한 정신.
和: 희로애락이 발현되었지만 항상 평정심을 이루는 상태.
中和: 다른 성질이 섞이어 또 다른 중간의 성질이나 특성을 이루는 것. 감정이나 성격 등이 평정을 이루는 상태.

중용 제2장

仲尼曰, 君子中庸, 小人反中庸.
君子之中庸也, 君子而時中, 小人之(反)中庸也,
小人而無忌憚也.

중니왈, 군자중용, 소인반중용.
군자지중용야, 군자이시중, 소인지(반)중용야,
소인이무기탄야.

☞ 要約한 內容

중니는 말씀하시길, 군자는 중용을 하고, 소인은 중용을 못 지킨다.
군자가 중용을 지킴은 군자는 알맞은 때를 가려 일을 하고
소인이 중용을 지키지 못함은 소인은 일을 함에 거리낌 없기
때문이다.

【난자 참고】

君子: 품행이 바르고 학문과 덕을 갖춘 사람.
中: 가운데를 이루는 중심.
庸: 평상적으로 특별한 일이 없는 때.
中庸: 과하거나 부족함이 없이 떳떳하며 한쪽으로 치우침이 없는 상태
나 정도. 동양 철학의 기본개념으로서《중용》에서 말하는 도덕론. 지
나치거나 모자람이 없이 도리에 맞는 것. 아리스토텔레스의 덕론에 중
심개념. 이성으로 욕망을 통제하고 지견에 의하여 과대와 과소의 중간
을 정립시키는 중심론.
時中: 알맞은 때, 알맞은 말이나 행동.
忌憚: 어떤 행동이나 일에 꺼림이 있는 것.
也: …하지요. …이다. …이오. 다른 글자의 보조로만 쓰이는 토.

중용 제3장

子曰, 中庸其至矣乎, 民鮮能久矣.

자왈, 중용기지의호, 민선능구의.

☞ **要約한 內容**

공자께서 말씀하시길, 그 중용은 참으로 최고의 도리이다.
그런데 백성들이 이를 알지 못해 오래 지속하기가 어렵다.

【난자 참고】

至: 지극히 높고 위대함에 이르는 것(至高至善).
鮮: 드물다. 적다의 뜻.
矣: 어조사. 단정·결정·의문·반어의 뜻을 나타냄. 구 끝에서 다음
말을 일으키는 말.
能: 알고 있음.
久: 오래됨.
矣: 단정, 결정, 한정, 의문, 반어의 뜻을 나타냄. 다른 조사 위에
쓰이어 연관의 뜻을 나타나냄.

중용 제4장

子曰, 道之不行也, 我知之矣, 知者過之, 愚者不及也.
　　道之不明也, 我知之矣, 賢者過之, 不肖者不及也.
　　人莫不飮食也, 鮮能知味也.

자왈, 도지불행야, 아지지의, 지자과지, 우자불급야.
도지불명야, 아지지의, 현자과지, 불초자불급야.
인막불음식야, 선능지미야.

☞ **要約한 內容**

공자께서 말씀하시길, 도리가 행해지지 못함을 나는 알고 있다.
안다는 사람들은 욕심이 지나쳐서 그냥 지나쳐버리고 어리석은 사람들
은 그 도리에 미치지 못함 때문이다.
도리가 분명하게 드러나지 못함을 나는 알겠다. 뛰어난 사람은 지나치
고 그렇지 않은 사람은 그것에 미칠 수가 없어서다.
사람은 먹고 마시지 않을 수 없지만 음식의 참맛을 아는 이는 드물다.

【난자 참고】

道: 중용의 학문적 이치. 인륜관계에서 마땅히 지켜야 할 규범과 이치.
종교상의 근본이 되는 이치. 또는 종교적 수양. 만물을 만드는 원리 또
는 법칙.
賢者: 선량하고 재능이 뛰어난 사람.
不肖子: 어리석고 재능이 모자라는 사람.
肖子: 재능이 있고 착한 자식.
莫: 없다는 의미로서 '無·亡·沒'자와 동의어로 쓰임.

중용 제5장

子曰, 道其不行矣夫.

자왈, 도기불행의부.

☞ 要約한 內容

공자께서 말씀하시길, 그 도리가 잘 행해지지 못할까 걱정이다.

【난자 참고】

其: …의(관형격 조사), 추측이나 짐작의 의미.
矣夫: 문장의 끝에서 감탄을 뜻하는 조사 '~하구나'이다.

중용 제6장

子曰, 舜其大知也與, 舜好問而好察邇言, 隱惡而揚善,
　　執其兩端, 用其中於民, 其斯以爲舜乎.

자왈, 순기대지야여, 순호문이호찰이언, 은악이양선,
　　집기양단, 용기중어민, 기사이위순호.

☞ 要約한 內容

공자께서 말씀하시길, 순(舜)은 참으로 지혜로운 분이셨다.
순은 묻기를 좋아하셨고 대수롭지 않은 말에도 관심으로 살피시고
나쁜 것은 밝히지 않고 좋은 것은 밝혀서 알게 하셨지요.
그 양단을 잡고 그 양쪽이 상충하면 절충하여 백성들이 중도(中道)를
가도록 하셨지요.(배려와 포용이 포함 된 의미)
이것이 바로 순의 도리라 하는 것이지요.

【난자 참고】

舜: 요(堯)임금으로부터 왕위를 계승 받아 우(虞)나라의 임금이 되었
고 중국 유가 역사의 전설적인 성군(聖君)으로 모셔짐.
與: 감탄사로서 어기조사이다.
邇言: 대수롭지 않은 말. 수준이 낮은 것.
邇: 상대하다.
隱惡: 나쁜 것은 들추지 않고.
揚善: 좋은 것은 알리고.
兩端: 양 끝. 대립적 관계.
中: 배려와 포용으로 합리적(中道的) 절충.
斯: 이런 것이.
以: …써, …까닭에.　　爲: …하다. 인정하다.

중용 제7장

子曰, 人皆曰予知, 驅而納諸罟擭陷阱之中, 而莫之知辟也.
　　　人皆曰予知, 擇乎中庸, 而不能期月守也.

자왈, 인개왈여지, 구이납제고획함정지중, 이막지지피야.
　　　인개왈여지, 택호중용, 이불능기월수야.

☞ 要約한 內容

공자께서 말씀하시길, 사람들은 '나는 다 알고 있어'라고 말하지만
막상 그물이나 덫 함정 같은 것에 몰아넣으면 그것을 피하는 방법을
모른다.
사람들은 '나는 지혜롭게 알고 있다'고 말하지만 막상 중용을 택해서는
이를 한 달도 지켜내지 못한다.

【난자 참고】

皆: 모두
予: 나와 같은 동의어.
驅而納: 몰아넣으면.
諸: 이 같은 것들.
罟擭陷阱: 그물, 덫, 잡히다. 함정에 빠지다.
辟: 방법
擇: 실천에 드는 것.
而: 이를.
不能: 행을 이루지 못한다.

중용 제8장

子曰. 回之爲人也. 擇乎中庸. 得一善. 則拳拳服膺,
  而弗失之矣.

자왈. 회지위인야. 택호중용. 득일선. 즉권권복응,
  이불실지의.

☞ 要約한 內容

공자께서 말씀하시길, 안회(顔回)는 중용을 실천함에 있어서 옳다는
확신을 얻으면 바로 그것을 꼭 움켜쥐고 가슴에 품고서 혹여 잃지나
않을까 걱정하며 지켰다.

【난자 참고】

顔回: 중국 춘추시대의 유학자(B.C.521~B.C.490)이다. 자는 자연
(子淵). 공자의 수제자로 학덕이 매우 뛰어났으며 공자의 총애를 받았다.
善: 옳은 것.
拳拳: 잃어버리지 않기 위해 손에 꼭 움켜쥐는 것.
服膺: 가슴에 품다.
弗: 않다. '不'자와 동의.

중용 제9장

子曰, 天下國家可均也, 爵祿可辭也, 白刃可蹈也,
　　中庸不可能也.

자왈, 천하국가가균야, 작녹가사야, 백인가도야,
　　중용불가능야.

☞ **要約한 內容**

공자께서 말씀하시길, 세상이나 국가도 고루 다스릴 수도 있고, 벼슬
과 녹봉도 사양할 수 있으며, 시퍼렇게 날선 칼날도 밟을 수 있다.
그러나 중용의 길은 능히(마땅히) 가지 않으면 안 된다.

【난자 참고】

天下: 사람 사는 사회. 세상.
可均: 다스리는 것. 조화롭게 하는 것.
爵祿: 벼슬에는 공(公), 후(侯), 백(伯), 자(子), 남(男)으로 5등급이
있고, 봉록은 관리에게 지급되는 봉급이다.
辭: 청을 거절하거나 사직하는 것.
白刃: 번쩍번쩍 빛나는 예리한 도검.

중용 제10장

子路問强.
子曰, 南方之强與, 北方之强與, 抑而强與.
寬柔以教, 不報無道, 南方之强也, 君子居之.
衽金革, 死而不厭, 北方之强也, 而强者居之.
故君子和而不流, 强哉矯, 中立而不倚, 强哉矯.
國有道, 不變塞焉, 强哉矯, 國無道, 至死不變, 强哉矯!

자로문강.
자왈, 남방지강여, 북방지강여, 억이강여.
관유이교, 불보무도, 남방지강야, 군자거지.
임금혁, 사이불염, 북방지강야, 이강자거지.
고군자화이불류, 강재교, 중립이불의, 강재교.
국유도, 불변색언, 강재교, 국무도, 지사불변, 강재교!

☞ 要約한 內容

자로가 '강(强)한 것이 어떤 것인지'에 대해서 질문하니
공자께서 말씀하시길, 남방의 강함이냐, 북방의 강함이냐, 아니면 네
자신의 강함이더냐?
너그러움과 부드러움으로 일깨우고, 옳지 않은 행위에 대해서도 보복
하지 않는 것이 남방의 강함인데 바로 군사는 그런 곳에 머문다.
병기와 갑옷을 지닌 채 잠을 자도 죽을 때까지 싫증내지 않는 것이
북방의 강함이다. 그러므로 강자는 그런 곳에 머문다.
따라서 군자는 너그러움과 강함과도 잘 어울리나 속된 것에 휩쓸리지
않으니 이것이 강함을 바로잡아 세우는 것이요, 중용의 도리에 따라

어느 한쪽으로도 기울지 않으니 이것이야말로 진정한 강이니라.

나라에 도리가 확립될 때에도 이를 극복하려는 의지가 불변한 것도 강이요, 나라에 도리가 무너져 죽음에 이르러서도 불변하면 이 또한 진정한 강이니라.

【난자 참고】

子路: 중국 춘추 시대 노나라의 유학자(B.C.543~B.C.480). 성은 중(仲). 이름은 유(由). 자로는 자. 공자의 제자로 십철(十哲)의 한 사람으로 정사(政事)에 뛰어났으며 공자를 제일 잘 섬겼다고 한다.
與: 의문 조사.
抑: 누를 수 없는, 그렇지 않으면.
而: 너(爾), 자와 같은 동의어.
敎: 일깨운다. 가르친다.
不報: 보복하지 않는 것.
衽: 몸에 지니다.
金革: 병기와 갑옷.
和: 관유(寬柔에 강함과 강강(剛强)의 강함.
流: 상황에 휩쓸림.
强哉矯: 강함에 진정성을 바로 세우는 것. 中立:중용의 도리를 세우는 것.
倚: 치우침, 편향, 의지하는 것.
塞焉: 극복하려는 의지.
焉: 어기조사

중용 제11장

子曰, 素隱行怪, 後世有述焉, 吳弗爲之矣!
君子, 遵道而行, 半塗而廢, 吳弗能已矣!
君子, 依乎中庸, 遯世不見知, 而不悔, 唯聖者能之!

자왈, 소은행괴, 후세유술언, 오불위지의!
군자, 준도이행, 반도이폐, 오불능이의!
군자, 의호중용, 둔세불견지, 이불회, 유성자능지!

☞ **要約한 內容**

공자께서 말씀하시길, 외딴 곳(을 찾아서)에서 은거하면서 괴이한
이론과 행동으로 뒷날 자신의 이름을 전하려 기술하는 이가 있으나,
나는 그런 짓은 하지 않는다.
어떤 군자가 중용의 도리를 따라 실행하다가 중도에 포기하기도 하지
만 나는 잘할 수 있는 것을 절대 그만 두지 않는다.
참된 군자는 중용의 도리에 따라 삶을 사는 것이고, 설령 세상 사람들
이 알아주지 않아 속세에 은거하게 될지라도 후회하지 않는다. 이는
오직 성자만이 할 수 있는 것이다.

【난자 참고】

素隱: 인간세상과 동떨어진 곳(외딴 곳).
*素: 학자들 사이에는'素'를 '索'자의 오류로 보는 견해가 있다.
爲之: 그런 짓.
遵道: 중용의 도리.
半塗: 중간에.
廢: 그만둠.

能: 잘할 수 있는 것.

已: 그만두다. 중간에 그치다.

君子: 춘추 말년 이후 군자는 점차 도덕수양을 갖춘 사람을 두루 가리키는 말이 되었다. 예기 禮記〉곡례(曲禮)편에는 "많은 지식을 갖고 있으면서도 겸손하고, 선한 행동에 힘쓰면서 게으르지 않은 사람을 군자라 한다."라고 되어 있다.

依: 따라 행함. 의지하여 행함.

遁: 속세에 은거.

見知: 알아 봄. 인정함.

能之: …할 수 있는 일.

중용 제12장

君子之道, 費而隱.
夫婦之愚, 可以與知焉, 及其至也, 雖聖人, 亦有所不知焉.
　夫婦之不肖, 可以能行焉, 及其至也, 雖聖人, 亦有所不能
　焉.
　天地之大也, 人猶有所憾. 故君子語大, 天下莫能載焉,
　語小, 天下莫能破焉.
詩云, 鳶飛戾天, 魚躍于淵, 言其上下察也.
君子之道, 造端乎夫婦, 及其至也, 察乎天地!

군자지도, 비이은.
부부지우, 가이여지언, 급기지야, 수성인, 역유소불지언.
　부부지불초, 가이능행언, 급기지야, 수성인, 역유소불능
　언.
　천지지대야, 인유유소감. 고군자어대, 천하막능재언,
　어소, 천하막능파언.
시운, 연비려천, 어약우연, 언기상하찰야.
군자지도, 조단호부부, 급기지야, 찰호천지.

☞ 要約한 內容

군사의 도리는 널리 쓰이고 작용(作用)은 무궁하나 그 실체의 모습은
매우 은미하다.
그것은 평범한 사람들도 충분히 알 수 있는 일이지만 그것이 지극함에
이르면 비록 성인일지라도 어떤 부분들에 대해서는 할 수 없는 것이
있다.

재능이 없는 평범한 사람들도 조금은 실천할 수 있는 일이지만 그것이
지극함에 이르면 비록 성인이라 해도 어떤 부분은 행할 수가 없다.
천지는 넓고 크지만 사람들은 오히려 어떤 부분에 있어서는 불안해한다.
하여 군자가 그 광대함에 대하여 말하되 세상엔 능히 실을 수 있는
것이 없고, 적게 말하면 세상엔 능히 깨트릴 수 있는 것이 없다.
시경에 '솔개는 날아올라 하늘에 이르거늘, 고기는 연못에서 뛰어올랐
다가 다시 못으로 돌아간다. 이 말은 높은 것에서부터 낮은 곳까지
선명하게 드러난다는 뜻이다.
군자의 도는 평범한 사람들로부터 시작하여 그 지극함에 이르기까지
세상 안에 뚜렷하게 드러나고 있다.

【난자 참고】

費: 쓰이는 영역이나 작용이 무한함.
隱: 대본(大本)의 정미(精微)함.
夫婦: 평범한 사람.
與: 충분히 及:이르다.
所: 어떤 부분.
肖: 재능을 닮다.
猶: 오히려.
能: 어렵지 않게.
莫: 없다.
鳶: 솔개.
戾: 어그러지다.
造端: 시작의 뜻.
夫婦: 평범한 남자, 여자. 필부필부(匹夫匹婦)의 의미.
至: 지극함.
察: 뚜렷하게 드러남.

중용 제13장

子曰, 道不遠人, 人之爲道而遠人, 不可以爲道.
詩云 伐柯伐柯, 其則不遠, 執柯以伐柯, 睨而視之,
　　猶而爲遠.
　　故君子以人治人, 改而止.
忠恕違道不遠, 施諸己而不願, 亦勿施於人.
君子之道四, 丘未能一焉, 所求乎子, 以事父未能也.
　　所求乎臣, 以事君未能也, 所求乎弟, 以事兄未能也.
　　所求乎朋友, 先施之未能也.
　　庸德之行, 庸言之謹. 有所不足, 不敢不勉, 有餘不敢盡.
　　言顧行, 行顧言.
　　君子胡不慥慥爾!

자왈, 도불원인, 인지위도이원인, 불가이위도.
시운 벌가벌가, 기칙불원, 집가이벌가, 예이시지,
　　유이위원.
　　고군자이인치인, 개이지.
충서위도불원, 시제기이불원, 역물시어인.
군자지도사, 구미능일언, 소구호자, 이사부미능야.
　　소구호신, 이사군미능야, 소구호제, 이사형미능야.
　　소구호붕우, 선시지미능아.
　　용덕지행, 용언지근. 유소부족, 불감불면, 유여불감진.
　　언고행, 행고언.
　　군자호불조조이!

공자께서 말씀하시길, 도는 사람에게서 멀리 떨어져 있는 것이 아니다.
사람들은 도가 사람에게서 멀리 있다고 생각하지만 그렇다면 그것은
도라고 말할 수 없다.

시경에 이르기를 '도끼자루를 베네 도끼자루를 베네 그 법칙이 멀지
않네'라 하니

도끼자루를 쥐고 도끼자루 감을 자를 때 힐끔힐끔 흘겨보는데
그럼에도 불구하고 멀리 있다고만 생각한다.

그렇기 때문에 군자는 사람으로 사람을 다스리고 깨우치도록 할 뿐이다.
충서의 도리는 멀리 있는 것이 아니며 먼저 자신에게 베풀어서 자신이
싫어하는 것이면 남들에게도 행하지 않아야 한다.

군자의 도에는 네 가지가 있는데, 정작 나는 하나도 실천한 것이 없다.
자식에게 바라는 것처럼 부모를 모셔야 하는데 그렇게 하지 못했고,
신하에게 바라는 것처럼 임금을 섬겨야하는데 그렇게 하지 못했고,
아우에게 바라는 것처럼 형님을 존중해야 하는데 그렇게 하지 못했고,
친구에게 바라는 것처럼 친구에게 베풀어야 하는데 그렇게 하지
못하였다.

일상의 평범한 덕도 먼저 베풀고, 일상의 하찮은 말이라도 삼가고 또
삼가야 하며 남에게 베푸는 일에 부족함이 있고 힘써 노력하지 않으면
안 되며, 할 일이 남아 있다면 끝까지 마무리를 하는데 마땅히 최선을
다하지 않으면 안 된다.

말을 할 때는 그 말을 실천할 수 있는가를 되돌아보고, 행동을 할 때는
그것이 나의 말과 일치하는가를 되돌아봐야 한다.

군자라면 어찌 이를 독실하게 행하지 않겠는가.

【난자 참고】

以爲: 그렇다고 인정함의 뜻.

伐: 자르다.

柯: 도끼자루

睨: 곁눈질, 흘겨봄.

猶: 하물며, 그럼에도, 그래도

止: ~할 뿐이다.

忠: 가운데 마음. 즉 가슴 깊이 우러나오는 성심.

恕: 상대의 입장을 이해하는 마음이나 인애의 마음.

諸: 에게.

勿: 말아야한다.

人: 다른 사람.

施: 행하지.

丘: 공자의 이름. 자신을 낮추어 쓸 때 사용.

未: 없다.

能: 실천한 것.

所求: 바램.

乎: ~에게.

庸: 평상시, 일상.

德: 사람과 사람 사이에 베풀어지는 품성. 사물이 지니고 있는 고유의 품성. 각종 사물에 내재되어 있는 원리원칙의 바탕.

敢: 마땅히, 감히.

餘: 할 일.

胡: 어찌, 왜.

慥慥: 성실한 모습, 착실한 행동.

중용 제14장

君子素其位而行, 不願乎其外.

素富貴, 行乎富貴. 素貧賤, 行乎貧賤. 素夷狄, 行乎夷狄.

素患難, 行乎患難.

　君子無入而不自得焉.

在上位不陵下, 在下位不援上. 正己而不求於人則無怨.

　上不怨天, 下不尤人.

故君子居易以俟命. 小人行險以徼幸.

子曰, 射有似乎君子, 失諸正鵠, 反求諸其身.

군자소기위이행, 불원호기외.

소부귀, 행호부귀. 소빈천, 행호빈천. 소이적, 행호이적.

소환난, 행호환난.

　군자무입이불자득언.

재상위불릉하, 재하위불원상. 정기이불구어인즉무원.

상불원천, 하불우인.

고군자거이이사명. 소인행험이요행.

자왈, 사유사호군자, 실제정곡, 반구제기신.

☞ 要約한 內容

군자는 그가 처한 상황에 따라 위치에 맞게 처신하며, 그 밖의 일에
대해서는 바라지 않는다.

부귀하면 부귀한대로 살고, 빈천하면 빈천한대로 살고, 이적의 나라에
선 이적의 풍속에 적응하고, 환난에 처하면 환난에 적응하며 살아간다.

군자는 이렇게 어떤 상황에 처해서도 스스로 깨닫지 못하는바가 없다.

(군자는 어떤 상황에 처해서도 그 중심을 잃지 않기 때문에 적응하지
못하는 일이 없다.)

윗자리에 있으면서도 아랫사람을 업신여기지 않으며, 아랫자리에
있으면서도 윗사람에게 빌붙지 않는다. 어떤 상황에서도 자신을 바르
게 할 뿐, 곧 어떤 변명이나 원망도 하지 않는 것을 원칙으로 여긴다.
위로는 하느님을 원망하지 않으며, 아래로는 남을 탓하지 않는다.
그러므로 군자는 마음의 평정심으로 도리(천명:하늘의 이치)를
기다려 자연스럽게 현실에 임함과 같고, 소인은 현실을 거역하고 모험
을 하면서 요행을 기다림과 같다.

공자께서 말씀하시길, "활 쏘는 법도 군자의 도와 비슷하다. 즉 자신이
쏜 화살이 과녁에 맞지 않으면 돌이켜보고 그 원인을 자신 속에서
찾는다."라고 하였다.

【난자 참고】

素: 처한 상황.
位: 자리, 위치, 처지.
乎: ~대해서는, ~대로.
行: 산다.
入: ~에 들다.
自得: 흔들리지 않는 마음의 상태. 중심을 잃지 않는 것.
陵: 업신여김. '凌'자와 동의어.
援: 아첨하다, 아부하여 이롭게 한다. 빌붙다.
尤: 탓하다.
易: 자연스레
俟: 기다림.
命: 사연의 이치. 하늘의 도리.
失: 빛나가다.
諸: …에서.

正鵠: 과녁의 중심.
反: 돌이켜서.
求: 원인을 찾는다.

중용 제15장

君子之道, 辟如行遠, 必自邇. 辟如登高, 必自卑.
詩曰, 妻子好合, 如鼓瑟琴. 兄弟既翕, 和樂且耽.
　　　宜爾室家, 樂爾妻帑!
子曰, 父母其順矣乎!

군자지도, 피여행원, 필자이. 피여등고, 필자비.
시왈, 처자호합, 여고슬금. 형제기흡, 화락차탐.
　　　의이실가, 낙이처노!
자왈, 부모기순의호!

☞ 要約한 內容

군자의 도(道)란? 먼 길을 가기 전에 알아야할 것은 반드시 가까운
데서부터 시작해야하고, 높은 곳에 오르기 전에 알아야할 것은 반드시
낮은 곳에서부터 올라가야 한다.
시경에 이르기를 "처자식의 화목함이 마치 거문고와 비파의 조화롭고
아름다운 소리 같네. 형제들이 이미 의기투합하고 또 즐겁기만 하네.
마땅히 집안이 모여 한 가족을 이루니 늘 처자식이 즐겁네."라는
말이다.
공자께서 말씀하시길, "부모님의 뜻대로 되어가니 참으로 기쁘다."라
고 했다.

【난자 참고】

辟如: 사전에 알아야 할 것, 깨달아야 할 것. '譬'자와 동의어.
自: …로부터.

邇: 가까운데.
卑: 낮은데.
好合: 화기애애함.
旣: 이미, 벌써.
翕: 한데 모이다.
眈: 즐겁다.
帑: 처자를 뜻하는 '孥'자와 동의어.
順: 뜻대로 되는 기쁨.
矣乎: …로구나.…로다.

중용 제16장

子曰, 鬼神之爲德, 其盛矣乎
視之而弗見, 聽之而弗聞, 體物而不可遺.
使天下之人, 齊明盛服, 以承祭祀.
洋洋乎如在其上, 如在其左右.
詩云, 神之格思, 不可度思, 矧可射思!

자왈, 귀신지위덕, 기성의호
시지이불견, 청지이불문, 체물이불가유.
사천하지인, 제명성복, 이승제사.
양양호여재기상, 여재기좌우.
시운, 신지격사, 불가탁사, 신가역사

☞ 要約한 內容

공자께서 말씀하시길, 신명(神明)의 품성이야말로 참으로 대단하시다.
보려 해도 보이지 않고, 들으려 해도 들을 수 없지만 형체가 있는
만물에는 모두 그 영향을 끼친다.
하여 세상 사람들로 하여금 심신을 바르게 하여 새 옷을 입고서
제사를 받들게 하였다.
신명은 늘 충만함에 위에 있는 것 같기도 하고, 좌우에 있는 것 같기도
하다.
시경에 이르기를 '신명(神明)은 다다르지 않는 곳이 없고, 헤아릴 수도
없거늘 이를 어찌 소홀히 히기나 싫어할 수 있겠는가!'라고 하였다.

鬼神: 혼, 영혼, 신명.
神明: 하늘에 영과 땅의 영.
德: 사람과 사람 사이에 베풀어지는 품성. 사물이 지니고 있는 고유의
품성. 각종 사물에 내재되어 있는 원리원칙의 바탕.
盛: 덕의 품성이 가득 채워지다. 위대함, 대단함.
弗: 않고, 없고, 아니다.
遺: 기치다. 영향을 받다.
使: 하여금, 시키다.
齊明: 심신을 바르게 함.
承: 공경하여 받들다.
洋洋: 낟알이 잘 여물어 있는 모양. 많고 넉넉한 모양.
格思: 미침, 다다름, 오다.
度思: 헤아림, 추측함.
矧: 더군다나 또는 하물며.
射思: 싫어하거나 소홀함.

중용 제17장

子曰, 舜其大孝也與

德爲聖人, 尊爲天子, 富有四海之內.

宗廟饗之, 子孫保之.

故大德必得其位, 必得其祿, 必得其名, 必得其壽.

故天之生物, 必因其材而篤焉.

故栽者培之, 傾者覆之.

詩曰, 嘉樂君子, 憲憲令德.

宜民宜人, 受祿于天.

保佑命之, 自天申之.

故大德者必受命.

자왈, 순기대효야여

덕위성인, 존위천자, 부유사해지내.

종묘향지, 자손보지.

고대덕필득기위, 필득기록, 필득기명, 필득기수.

고천지생물, 필인기재이독언.

고재자배지, 경자복지.

시왈, 가락군자, 헌헌영덕.

의민의인, 수록우천.

보우명지, 자천신지.

고대덕자필수명.

☞ 要約한 內容

공자께서 말씀하시길, 순임금의 효성은 그야말로 대단하셨다.

덕성은 성인이시고, 존귀함은 천자이시고, 부유함은 사해에 가득했다.
종묘에서 제사를 드렸으며, 자손대대로 이와 같이 이어졌다.
그러므로 대덕에는 반드시 그 지위가 따르고, 반드시 그 녹봉이 따를
것이며, 반드시 그 명성을 얻고, 반드시 장수하게 되는 것이다.
그러므로 하늘은 만물을 낳고 기르며, 반드시 그 재능에 따라서 더욱
도탑게 된다.
그런고로 잘 심어진 것은 잘 가꾸어 주고, 잘못 된 것은 쓰러지게 그냥
둔다.
시경에 이르기를 '아름답고 즐거우신 군자님 그 큰 덕성이 널리
알려지시네.
마땅히 백성들을 잘 보살피고, 마땅히 현인을 잘 등용하시며, 하늘로
부터 복을 받으시네. 백성들을 보살피고 도와주니 스스로 하늘이
살펴주시네.'라고 하였다.
그러므로 대덕을 지닌 자는 반드시 천명을 받게 된다.

【난자 참고】

與: 대단하다, 좋아하다, 따르다, 베풀다.
四海: 온 세상.
饗: 연회나 잔치를 하다. 제를 올리고 주음을 대접하다.
保: 보존되어 이어지다.
故: 그러므로, 어떤 원인에 따른 결과.
得: 따르게 됨, 얻게 됨.
因: 따라서, 의해서.
材: 재능과 덕성.
篤焉: 더욱 도타워진다.
培: 잘 가꾸다.
覆: 뒤집히다, 쓰러지다.
嘉: 뛰어나다, 훌륭하다.

樂: 유쾌함.

憲憲: 널리 알려지다.

令: 큰. 우두머리.

宜: 마땅히 于: …에, …로부터.

保佑: 돕다.

申: 살핌.

중용 제18장

子曰, 無憂者, 其惟文王乎
以王季爲父, 以武王爲子. 父作之, 子述之.
武王纘大王 · 王季 · 文王之緒, 壹戎衣而有天下,
　身不失天下之顯名,
尊爲天子, 富有四海之內, 宗廟饗之, 子孫保之.
武王末受命, 周公成文武之德, 追王大王 · 王季,
　上祀先公以天子之禮.
斯禮也, 達乎諸侯大夫, 及士庶人.
父爲大夫, 子爲士, 葬以大夫, 祭以士 · 父爲士, 子爲大夫,
　葬以士, 祭以大夫.
期之喪, 達乎大夫, 三年之喪, 達乎天子, 父母之喪,
　無貴賤, 一也.

자왈, 무우자, 기유문왕호
이왕계위부, 이무왕위자. 부작지, 자술지.
무왕찬대왕 · 왕계 · 문왕지서, 일융의이유천하,
　신불실천하지현명,
존위천자, 부유사해지내, 종묘향지, 자손보지.
무왕말수명, 주공성문무지덕, 추왕대왕 · 왕계,
　상사선공이천자지례.
사례야, 달호제후대부, 급사서인.
부위대부, 자위사, 장이대부, 제이사 · 부위사, 자위대부,
　장이사, 제이대부.
기지상, 달호대부, 삼년지상, 달호천자, 부모지상,

무귀천, 일야.

공자께서 말씀하시길, 근심걱정이 없는 사람은 문왕뿐이다.
이로써 왕계는 아버지가 되시고, 이로써 무왕은 아들이 되신다.
아버지가 왕업의 토대를 이루었고, 아들이 이를 계승하였다.
무왕이 태왕과 왕계 그리고 문왕의 왕업을 승계하여 한 번 무기와
갑옷을 갖추어 입고서 세상가운데 있었는데 자신은 그 명성을 잃지
않았다. 존귀함은 천자였고, 부유함은 온 세상 안에 가득했고, 종묘에
서 제사를 지냈으며, 자손들은 이것을 지키고 보존하였다.
무왕은 노년에 천명을 받고 천자가 되었으며, 주공에 이르러서야
문왕과 무왕의 덕업을 이루었다. 제왕으로 태왕과 왕계의 시호를 추가
부여받고, 선조의 제사 명단에 올려 천자로서의 예를 갖추었다.
이런 예절은 제후, 대부, 사인 및 모든 사람에 이르기까지 통용되었다.
아버지가 대부이고, 아들이 사인(士人)이면 대부의 예로써 장례를
치루고, 제사는 사인의 예로서 지냈으며, 아버지가 사인이고, 아들이
대부라면, 장례는 사인의 예로서 치르고, 제사는 대부의 예로써 지낸다.
방계친속에 대한 1년 상은 대부까지만 통용이 되고, 직계친속에 대한
3년 상은 천자에게만 통용되었으나, 부모상의 경우는 귀천의 구별
없이 모두 같다.

【난자 참고】

惟: 오직, 생각.
武王: BC12세기 주나라(周)의 창건자이며 제1대 황제.
文王: 중국 주나라 무왕의 아버지이다. 이름은 창(昌). BC12세기경
은나라 말기에 태공망 등 어진 선비들을 모아 국정을 바로잡고 융적

(戎狄)을 토벌하여 아들 무왕이 주나라를 세울 수 있도록 기반을 닦아 주었다. 고대의 이상적인 성인군주의 전형으로 꼽힌다.

以: 이로써, 이 같이.

太王(大王): 문왕의 조부.

作: 기반, 토대.

述: 잇다, 계승하다.

纘: 잇다.

緒: 왕업(王業)의 승계.

戎衣: 무기와 갑옷.

天下: 세상가운데, 전쟁터.

四海: 온 세상.

饗之: 제사를 지냄.

末: 노년, 나이 들어.

周公: 무왕의 아들 성왕이 어려 주공(무왕의 동생)이 섭정을 하면서 예악과 문물제도를 만들었다.

上: 올리다.

先公: 선조.

斯: 이것

期: 1년.

達: 통용되다.

一也: 하나 처럼 똑 같다. 모두 같다.

중용 제19장

子曰, 武王 · 周公其達孝矣乎
夫孝者, 善繼人之志, 善述人之事者也.
春秋修其祖廟, 陳其宗器, 設其裳衣, 薦其時食.
宗廟之禮, 所以序昭穆也, 序爵, 所以辯貴賤也, 序事,
　所以辯賢也,
旅酬下爲上, 所以逮賤也, 燕毛, 所以序齒也.
踐其位, 行其禮, 奏其樂, 敬其所尊, 愛其所親,
　事死如事生,
事亡如事存, 孝之至也.
郊社之禮, 所以事上祭也, 宗廟之禮, 所以祀乎其先也.
明乎郊社之禮, 禘嘗之義, 治國其如示諸掌乎

자왈, 무왕 · 주공기달효의호
부효자, 선계인지지, 선술인지사자야.
춘추수기조묘, 진기종기, 설기상의, 천기시식.
종묘지례, 소이서소목야, 서작, 소이변귀천야, 서사,
　소이변현야,
여수하위상, 소이체천야, 연모, 소이서치야.
천기위, 행기례, 주기락, 경기소존, 애기소친,
　사사여사생,
사망여사존, 효지지야.
교사지례, 소이사상제야, 종묘지례, 소이사호기선야.
명호교사지례, 체상지의, 치국기여시제장호

☞ **要約한 內容**

공자께서 말씀하시길, 무왕과 주공은 효성이 매우 지극한 분이시다. 생각건대 효라는 것은 선인의 뜻을 잘 계승하고, 선인의 사업을 잘 펼치는 것.

봄, 가을 제사 때에 조묘를 수리하고, 종기(宗器)를 꺼내어 진설하며, 상의(裳衣)를 꺼내어 진열하고, 제철의 음식을 바치는 것이다.

종묘에 예절이 있는 것은, 바로 소목(昭穆)의 순서를 정하기 위함이요. 헌작에 순서가 있는 것은, 바로 관직의 높고 낮음을 분별하기 위함이요. 제사 일에 순서가 있는 것은, 자손들의 재능을 분별하기 위함이요. 아랫사람이 윗사람에게 술 잔을 올리는 것은, 윗사람의 권위가 아래까지 미치게 하기 위함이요. 연회(宴會)때에 머리빛깔에 따라 자리를 정하는 것은, 나이에 따라 장유유서(長幼有序)의 분별을 하기 위함이다. 순위에 따라 마땅히 서야할 위치에 서서, 제사의 예절에 따라 행하고, 제례악을 연주하며, 마땅히 존중해야 할 분을 공경하고, 마땅히 친근해야 할 사람을 사랑 하고, 돌아가셨을 때에 시신모시기를 살아계신 것처럼 모시며, 제사 때엔 돌아가신 분 섬기기를 살아계신 분처럼 하시니, 이것이 바로 효도의 지극함이 되는 것이다.

교외에서 천지신명께 드리는 제례는 곧 상제를 섬기는 것이요. 종묘에서 드리는 제례는, 곧 자기 조상에게 올리는 제사이다.

교외에서 천지신명께 올리는 제례와 종묘에서 여름과 가을에 조상에게 올리는 제사 의 뜻에 밝으면 나라를 다스리는 일은 손바닥을 보듯 쉬운 일이다.

【난자 참고】

達: 여러 갈래로 통하는 길, 뛰어난 것에 의미.
夫: 무릇, 생각하건대.

善: 옳게, 잘, 긍정적으로.

人: 선인.

述: 펼침.

祖廟: 조상의 신위를 모시는 사당(祠堂).

陳: 손질 하다.

宗器: 종묘 제사 때 쓰는 제기.

裳衣: 선조들이 남겨 놓은 의복.

薦: 올리다.

時食: 제철에 나는 음식.

所以: 그런 까닭에, 곧.

昭穆: 신주를 모시는 순서.

辨: 분별하다.

旅酬: 여러 사람에게 술을 잔에 부어 돌리거나 술잔을 주고받는 것.

逮: 미치다.

賤: 아랫사람.

齒: 나이

其: …해야 한다.

郊: 성 밖. 교외

禘嘗: 여름과 가을 종묘에서 지내는 제사.

중용 제20장

哀公問政.
子曰, 文武之政, 布在方策, 其人存則其政擧,
　其人亡則其政息.
人道敏政, 地道敏樹. 夫政也者, 蒲蘆也.
故爲政在人, 取人以身, 脩身以道, 脩道以仁.
仁者人也, 親親爲大, 義者宜也, 尊賢爲大. 親親之殺,
　尊賢之等, 禮所生也.
在下位不獲乎上, 民不可得而治矣.(※20장 17절에 나오는 오류)
故君子, 不可以不脩身. 思脩身, 不可以不事親. 思事親,
　不可以不知人.
　思知人, 不可以不知天!

애공문정.
자왈, 문무지정, 포재방책, 기인존즉기정거,
　기인망즉기정식.
인도민정, 지도민수. 부정야자, 포로야.
고위정재인, 취인이신, 수신이도, 수도이인.
인자인야, 친친위대, 의자의야, 존현위대. 친친지살,
　존현지등, 예소생야.
재하위불획호상, 민불가득이치의.(※20장 17절에 나오는 오류)
고군자, 불가이불수신. 사수신, 불가이불사친. 사사친,
　불가이불지인.
　사지인, 불가이불지천!

☞ **要約한 內容**

애공이 정치에 대하여 물으니, 공자께서 말씀하셨다.

문왕과 무왕의 정치는 방책으로 문헌에 잘 기록되어 있고 뒷날에 그것을 실천할 인재가 나오면, 곧 그 정치가 실현될 것이고, 그런 인재가 없으면, 곧 그 정치는 사라지고 말 것이다.

사람의 도는 정치에 빠르게 나타나고, 땅의 성질은 나무에 빠르게 나타난다. 이처럼 정치란 것은 창포와 갈대 같은 것이다.

그러므로 정치란 것은 인재에 달려 있고, 인재를 취하는 것은 자신의 수양에 달려 으며, 자신을 수양하는 것이 이 도리에 있고, 도리를 실천하는 것은 인(仁)에 있으며, 인이라 함은 사람다운 것이며, 가장 가까운 일가친척을 사랑하는 것이 가장 중요하다. 의(義)라는 것은 마땅한 것이며, 어진 사람을 존경하는 것이 중요하다.

일가친척을 사랑함에 있어 원근(遠近)을 두고, 어진 이를 구분하는 것은 여기에서 예절을 생기게 하기 위함이다.

하위에 있으면서 윗사람의 신임을 받지 못하면, 백성을 다스리기가 불가능한 것이 다. 따라서 군자는 수신하지 않을 수가 없는 것이고, 수신을 하려면 부모부터 잘 섬기지 않을 수가 없고, 부모를 잘 섬기려 한다면, 인륜(人倫)을 알지 않을 수가 없고, 인륜을 알려면, 천륜(天倫)을 모르면 안 되는 것이다.

【난자 참고】

哀公: 공자시대 때의 노(魯)의 임금.
布: 기록되어 있음.
方: 종이가 아닌 목판에다 글을 쓴 것.
策: 대나무에 글을 쓴 것.
擧: 실행되다.
息: 소멸되어 없어지는 것.

殺: 친척의 촌수에 구별을 뜻함.
事: 섬기다. 모시다.
親親: 가족이나 가까운 친척을 사랑함.
大: 중요하다.
等: 구분함.
獲乎: 신임을 얻다. 인정을 받다.
思: …하려면.
知人: 인륜을 아는 것. 사람의 도리를 아는 것.
以: 그렇기 때문에.
知天: 천륜을 아는 것. 하늘의 이치를 아는 것.

天下之達道伍, 所以行之者三. 曰 君臣也, 父子也,
　夫婦也, 昆弟也, 朋友之交也, 伍者天下之達道也.
　知仁勇三者, 天下之達德也.
　所以行之者一也.

천하지달도오, 소이행지자삼. 왈 군신야, 부자야,
　부부야, 곤제야, 붕우지교야, 오자천하지달도야.
　지인용삼자, 천하지달덕야.
　소이행지자일야.

☞ 要約한 內容

세상에 통용되는 도리는 다섯이고, 이것을 행하는 방법은 세 가지이다.
이른바, 군신·부자·부부·형제·붕우 사이의 관계이다. 이 다섯
가지가 세상에 통용되는 도리이다. 지·인·용(知·仁·勇) 삼자는
세상에서 사람이 마땅히 지녀야 할 품성이며 달덕(達德)이니, 이것을
행하는 도리는 모두 같은 것이다.

【난자 참고】

道: 도는 길이다. 도에는 하늘에 의하여 행해지는 천도와 사람에
의하여 행해지는 인도가 있다.
德: 도를 행하는 객관적 실천능력.
一也: 모두 같다.

或生而知之, 或學而知之, 或困而知之, 及其知之一也.
　或安而行之, 或利而行之, 或勉强而行之, 及其成功一也.
子曰 好學近乎知, 力行近乎仁, 知恥近乎勇.
知斯三者, 則知所以脩身, 知所以脩神, 則知所以治人,
　知所以治人, 則知所以治天下國家矣!

혹생이지지, 혹학이지지, 혹곤이지지, 급기지지일야.
　혹안이행지, 혹이이행지, 혹면강이행지, 급기성공일야.
자왈 호학근호지, 역행근호인, 지치근호용.
지사삼자, 즉지소이수신, 지소이수신, 즉지소이치인,
지소이치인, 즉지소이치천하국가의!

☞ 要約한 內容

혹자는 태어나면서부터 그것을 알고, 혹자는 배움에서 그것을 알고,
혹자는 곤경에서 그것을 알게 되나, 결국 알게 되는 것은 모두 같은
이치이다. 혹자는 편안함에서 그것을 실행하고, 혹자는 이로움에서
그것을 실행하게 되며, 혹자는 억지로 힘써 실행하는데, 결국 그것이
성공에 이르러서는 매한가지이다.
공자께서 말씀하시길, '배움을 좋아하면 지혜(智慧)에 가까워질 수
　있으며, 힘써서 행하면 인애(仁愛) 함에 가까워질 수 있고,

부끄러움이 무엇인지 알면 참된 용기(勇氣)에 가까워질 수 있다.'라고
말씀 하셨다. 이 세 가지를 아는 자는, 곧 수신(修身)하는 바를 알고,
이렇게 수신하는 방법을 알면, 곧 사람을 다스리는 방법을 알게 되는
것이고, 사람을 다스리는 방법을 알게 되면, 곧 세상에서 국가를
다스리는 방법을 알게 된다.

【난자 참고】

或: 어떤 경우, 어떤 사람.
困: 어렵게, 어려움.
及: ~에 이르러.
勉强: 마지못해, 억지로 함.
知: '智'이다.
恥: 부끄러운 것.
斯: 이것.

凡爲天下國家有九經. 曰 脩身也, 尊賢也, 親親也,
　敬大臣也, 體群臣也, 子庶民也, 來百工也, 柔遠人也,
　懷諸侯也.
脩身則道立, 尊賢則不惑, 親親則諸父昆弟不怨,
　敬大臣則不眩.
　體群臣則士之報禮重, 子庶民則百姓勸, 來百工則財用足,
　柔遠人則四方歸之, 懷諸侯則天下畏之.

범위천하국가유구경. 왈 수신야, 존현야, 친친야,
　경대신야, 체군신야, 자서민야, 내백공야, 유원인야,
　회제후야.
수신즉도립, 존현즉불혹, 친친즉제부곤제불원,

경대신즉불현.

체군신즉사지보예중, 자서민즉백성권, 내백공즉재용족,

유원인즉사방귀지, 회제후즉천하외지.

☞ **要約한 內容**

무릇 천하국가를 다스림에는 아홉 가지 원칙이 있다. 이것은 곧
자신을 수양하는 수신과, 현인을 존중하는 것과, 친족들이 화목한
것과, 대신들을 공경하는 것과, 군신을 내 몸처럼 돌보아주는 것과,
백성을 자식처럼 사랑하는 것과, 기공을 위로하는 것과, 멀리 있는
사람을 잘 대해주는 것과, 제후들을 따뜻하게 품어주는 것들이다.
수신을 함으로써 곧 도리를 세울 수 있고, 어진 사람을 존경함으로써
곧 미혹함에 빠지지 않는다. 친척을 가까이 사랑함으로써 곧 백부·숙
부·형제들로부터 원망을 듣지 않는다. 대신을 공경함으로써 곧 현혹
되지 않고, 모든 신하를 내 몸처럼 돌봄으로써 곧 선비들이 예를
갖추어 보답하는 것이며, 백성들을 사랑함으로써 곧 백성들은 더욱
힘써 일하며, 기공들을 많이 옴으로써 곧 쓸 재물들이 풍족해진다.
멀리서 오는 사람을 환대함으로써 곧 사방에서 사람들이 다시 돌아올
것이며, 제후들을 품고 달래줌으로써 곧 천하의 경외(敬畏)스런
마음이 퍼지게 된다.

【난자 참고】

爲: 나스림, 통치하다.
經: 원칙. 불변하는 것의 의미. 베를 짤 때 날줄을 말함.
脩: 수양함.
體: 내 몸처럼 여김.
來: 위로함.
柔: 부드럽게 잘 대해줌.

懷: 위로하고 달래줌.

立: 바로 세움.

惑: 미혹함.

眩: 침침하여 현혹됨.

報: 신하의 보답.

重: 갖춤.

子: 사랑함.

勸: 힘써 일하다. 부지런함.

來: 오게 하다.

百: 많이.

工: 공업에서 일하는 종사자.

足: 재물이 풍족함.

柔: 부드럽고 환대함.

諸侯: 일정한 영토를 가지고 그 영내의 백성을 다스리던 사람.

畏: 경외한 마음.

齊明盛服, 非禮不動, 所以脩身也. 去讒遠色, 賤貨而貴德,
  所以勸賢也.

尊其位, 重其祿, 同其好惡, 所以勸親親也. 官盛任使,
  所以勸大臣也.

忠信重祿, 所以勸士也, 時使薄斂, 所以勸百姓也.
  日省月試, 旣稟稱事, 所以勸百工也.

送往迎來, 嘉善而矜不能, 所以柔遠人也. 繼絶世, 舉廢國,
  治亂持危, 朝聘以時, 厚往而薄來, 所以懷諸侯也.

제명성복, 비예부동, 소이수신야. 거참원색, 천화이귀덕,
  소이권현야.

존기위. 중기록, 동기호악, 소이권친친야. 관성임사,
  소이권대신야.

충신중록, 소이권사야, 시사박렴, 소이권백성야.

  일성월시, 기품칭사, 소이권백공야.

송왕영래, 가선이긍불능, 소이유원인야. 계절세, 거폐국,

  치란지위, 조빙이시, 후왕이박래, 소이회제후야.

☞ **要約한 內容**

몸과 마음을 정결하게 하고 예복을 갖추며 예절에 어긋남에 경거망동
하지 않으면 이 같은 것이 수신하는 방법이다. 남을 헐뜯지 않으며
여색을 멀리하고, 재물을 탐하지 않고 덕을 귀하게 여기면 바로 이
같은 것이 현인을 따르는 방법이 된다.

지위를 높여 주고, 녹봉을 후하게 주며, 고락을 함께하는 것 바로
이 같은 것이 부모, 형제 가족을 사랑하는 방법이 된다. 관리를 많이
임용하여 부리는 것 바로 이 같은 것이 대신을 따르는 방법이 된다.
신의가 있고 충성하는 사람에게 봉록을 많이 주는 것 바로 이 같은
것이 중신들을 따르게 하는 방법이 된다. 알맞은 때에 알맞게 사역(使
役)하고, 세금을 감해주는 것 바로 이 같은 것이 백성을 사랑하는
방법이 된다. 매일 살피고 매월 시험하여, 그 성과에 상응하는 보수를
주는 것 바로 이 같은 것이 기공들을 격려하는 방법이 된다.

기쁨으로 오가는 사람을 맞고 보내며, 잘 한 것은 격려해주고 능력이
부족하여 모르고 잘 못한 것은 불쌍히 여겨 도와주면 바로 이 같은
것이 먼 곳에 있는 사람을 다시 모이게 하는 방법이 된다. 대가 끊어졌
으면 후사를 잇게 하고, 망하는 나라를 일으켜 세우고, 혼란을 막아
위기를 돕고, 때 맞추어 방문할 때에 갈 때는 후하게 하고 올 때는
가볍게 하는 것 바로 이 같은 것이 제후들을 격려하고 달래는 방법이
되는 것이다.

【난자 참고】

齊明: 마음을 가다듬고 정결하게 함.
盛腹: 예복을 갖춤. 非:아니면.
動: 움직임, 경거망동함.
以: 이 같은 것.
去讒: 헐뜯지 않음. 비방하지 않음.
色: 여색.
勸: 따르는 방법, 권하다.
重: 후하게.
好惡: 고락, 즐거운 일과 슬픈 일.
同: 함께 하다.
親親: 가족, 부모형제.
盛: 많이.
時: 알맞은 때에 알맞게.
使: 사역하다. 부리다.
薄斂: 세금을 적게 거둠.
旣稟: 매월 주는 관봉.
稱事: 성과에 보답.
嘉: 칭송하다.
矜: 가엽게 여기다.
世: 대, 혈통.
擧: 일으켜 세움.
聘: 방문하여 안부를 묻다.

凡爲天下國家有九經, 所以行之者一也.
凡事豫則立, 不豫則廢. 言前定則不跲, 事前定則不困,
　行前定則不疚, 道前定則不窮.
在下位不獲乎上, 民不可得而治矣. 獲乎上有道,
　不信乎朋友, 不獲乎上矣.
信乎朋友有道, 不順乎親, 不信乎朋友矣. 順乎親有道,

反諸身不誠, 不順乎親矣.
誠身有道, 不明乎善, 不誠乎身矣!
誠者天之道也, 誠之者人之道也. 誠者不勉而中, 不思而得,
　從容中道, 聖人也.
誠之者, 擇善而固執之者也.

범위천하국가유구경, 소이행지자일야.
범사예즉립, 불예즉폐. 언전정즉불겁, 사전정즉불곤,
　행전정즉불구, 도전정즉불궁.
재하위불획호상, 민불가득이치의. 획호상유도,
　불신호붕우, 불획호상의.
신호붕우유도, 불순호친, 불신호붕우의. 순호친유도,
　반제신불성, 불순호친의.
성신유도, 불명호선, 부성호신의!
성자천지도야, 성지자인지도야. 성자불면이중, 불사이득,
　종용중도, 성인야.
성지자, 택선이고집지자야.

☞ 要約한 內容

무릇 천하국가를 다스리는 데는 아홉 가지 준칙이 있고 그것을
실행하는 방법은 모두가 같은 방법이다.
모든 일은 미리 준비가 되어 있으면 성공할 수 있고, 미리 준비 되어
있지 않으면 곧 실패하게 된다. 말도 사전에 준비되어 있으면
실언하지 않고, 일도 사전에 계획되어 있으면 난관에 부딪치지
않으며, 행위를 함에 있어서도 미리 순서와 안배가 이루어져 있으면
병폐가 없게 되며, 해야 할 도리에도 사전에 준비되어 있으면 곤궁에

처하지 않게 된다. 아랫자리에 있으면서도 상부에 신임을 얻지 못하면,
백성을 옳게 다스릴 수 없다. 윗사람의 신임을 얻는 방법에 있어서는,
먼저 친구의 신뢰를 받지 않으면, 윗사람의 신임도 받을 수가 없다.
친구의 신뢰를 얻는 방법이 있는데, 부모를 잘 섬기지 않으면, 친구로
부터의 신뢰도 얻을 수 없다. 부모에게 효도하는 방법이 있는데,
자신을 돌아보아서 만일 지극정성이 부족했다면, 부모에게 효를 다했
다고 볼 수가 없는 것이다.
자신의 마음가짐에 지성을 간직하는 방법이 있는데, 분명하게 선에
이르지 못하면, 자신의 마음속에 지극정성이 있다고 볼 수가 없다.
성(誠)은 하늘의 도리이고, 성(誠)을 이루는 것은 사람의 도리이다.
성(誠)한 자는 힘쓰지 않아도 마음속에 있고, 생각하지 않아도
얻어지며, 자연스럽게 중용의 삶을 사는 사람을 성인이라 한다.
성(誠)을 행하려는 사람은 선으로 가는 가장 좋은 길을 선택하여
그것을 굳게 밀고 나가는 자이다.

【난자 참고】

凡事: 모든 일.
豫: 미리 준비하고 갖춤.
則立: 성공하다.
跲: 오류를 범하다.
疚: 마음 괴롭다. 부끄럽다.
道: 도리, 방법.
親: 부모.
順: 유순하여 효도하다.
善: 하늘의 본성. 더할 수 없이 선한 것. 지고지선(至高至善).
誠: 하늘의 본성. 꾸밈없이 진실 된 사람의 품성.
從容: 유연하고 여유롭다. 자연스럽다.
中道: 중용의 도리.
固執: 굳은 의지.

博學之, 審問之, 愼思之, 明辯之, 篤行之.
有弗學學之, 弗能弗措也. 有弗問問之, 弗知弗措也.
有弗思思之, 弗得弗措也.
有弗辨辨之, 弗明弗措也. 有弗行行之, 弗篤弗措也.
人一能之, 己百之.
人十能之, 己千之.
果能此道矣, 雖愚必明, 雖柔必强.

박학지, 심문지, 신사지, 명변지, 독행지.
유불학학지, 불능불조야. 유불문문지, 불지불조야.
유불사사지, 불득불조야.
유불변변지, 불명불조야. 유불행행지, 불독불조야.
인일능지, 기백지.
인십능지, 기천지.
과능차도의, 수우필명, 수유필강

☞ **要約한 內容**

널리 배우고, 자세히 물으며, 깊이 생각하고, 사리분별에 밝으며,
돈독하게 행한다.
배우지 않은 것이 있으나 배우려한다면, 능하지 않고서는 멈추지
말아야한다. 묻지 않은 것이 있어 물으려한다면, 알지 않고서는
멈추지 말아야한다.
생각지 않은 것이 있어 생각하려한다면, 얻지 않고서는 멈추지
말아야한다. 분별치 않은 것이 있어 분별하려한다면, 분별치 않고서는
멈추지 말아야한다. 실행치 않은 것이 있어 실행하려한다면, 독실치
않고서는 멈추지 말아야한다.

다른 사람이 하나를 할 수 있을 때, 나는 백을 하고, 다른 사람이 열을 할 수 있을 때, 나는 천 번이라도 해야 한다.

과연 이런 방법으로 학문을 실천한다면, 비록 어리석은 재질이더라도 반드시 총명해질 것이며, 비록 연약한 기질이라도 반드시 강해질 수 있다.

【난자 참고】

之: 앞에 것을 가리키는 타동사의 목적어.
辨: 분별, 사리 판다.
弗: '不'자와 동의어.
措: 멈추다. 그만두다.
一能: 한 번에 하는 일.
果能: 실천, 행함.
道矣: 방법, 학문의 길.
雖: 비록, 그러나, ~하더라도.
愚: 뛰어나지 못함.
柔: 여리다. 보잘 것 없는 재능.

중용 제21장

自誠明, 謂之性. 自明誠, 謂之教.
誠則明矣, 明則誠矣.

자성명, 위지성. 자명성, 위지교.
성즉명의, 명즉성의

☞ **要約한 內容**

스스로 빛나 정성스러움으로 밝아지는 것을 성의 작용이라 하고
밝음으로 말미암아 정성스러워지는 것을 교화라 한다.
정성스러움은 곧 밝아지고 밝아지면 곧 지극한 정성스러움이 된다.

【난자 참고】

自: ～로 말미암아.
誠: 지극한 정성. 말을 이룸(마음을 돌아 나오는 말).
性: 타고난 본성, 받은 성품.

중용 제22장

唯天下至誠, 爲能盡其性. 能盡其性, 則能盡人之性.
　能盡人之性, 則能盡物之性.
　能盡物之性, 則可以贊天地之化育.
　可以贊天地之化育, 則可以與天地參矣.

유천하지성, 위능진기성. 능진기성, 즉능진인지성.
　능진인지성, 즉능진물지성.
　능진물지성, 즉가이찬천지지화육.
　가이찬천지지화육, 즉가이여천지참의

☞ 要約한 內容

오직 세상에서 지극한 정성스러움만이, 타고난 그 성덕(性德)을
완전히 다할 수 있다. 자기의 성덕을 다할 수 있어야만, 곧 남의
성덕도 다할 수 있다.
남의 성덕을 다할 수 있어야만, 곧 만물의 화육도 다할 수 있다.
만물의 성덕을 다할 수 있어야만, 곧 천지간 만물의 화육을 도울 수 있다.
이렇게 천지간 만물의 화육을 도울 수 있어야만, 곧 천지와 함께
문명창달이 나란히 공존할 수 있다.

【난자 참고】

盡: 완전히, 충분히 발휘하다.
化育: 낳고 기르는 것.
贊: 돕다.
參: 나란히 섬. '공존함', '함께 섬'

중용 제23장

其次致曲, 曲能有誠.
誠則形, 形則著, 著則明, 明則動, 動則變, 變則化.
唯天下至誠爲能化.

기차치곡, 곡능유성.
성즉형, 형즉저, 저즉명, 명즉동, 동즉변, 변즉화.
유천하지성위능화.

☞ **要約한 內容**

그 다음은 은미함에 한 부분을 이루게 되고, 은미함을 거듭하다가
마침내 지성을 이루게 된다.
지성은 곧 형상이 생겨나고, 형상은 곧 현저해지고, 현저함은 곧
밝아지고, 밝아짐은 곧 움직이고, 움직임이 일면 곧 변화하게 되고,
변화하면 곧 화육하게 된다.
그러므로 오직 세상에는 지성(至誠)만이 만물을 화육할 수 있다.

【난자 참고】

其次: 그 다음. 아직 성(誠)이 지극함에 이르지 못한 자.
致: 애쓰다. 달성하다.
曲: 미세하게, 아주 작게.
形: 밖으로 나타냄.
著: 밖으로 나타나서 크게 드러냄.
動: 살아남.
變: 양적 변화.
化: 질적 변화.
化育: 자연이 만물을 생성시켜 기름.

중용 제24장

至誠之道, 可以前知.
國家將興, 必有禎祥.
國家將亡, 必有妖孽.
見乎蓍龜, 動乎四體. 禍福將至, 善 必先知之,
　不善 必先知之.
故至誠如神.

지성지도, 가이전지.
국가장흥, 필유정상.
국가장망, 필유요얼.
현호시귀, 동호사체. 화복장지, 선 필선지지,
불선 필선지지.
고지성여신.

☞ 要約한 內容

지성(至誠)에 이르면 도리를 터득하고, 앞일을 먼저 알 수 있다.
국가가 장래에 흥하려 할 때에는, 반드시 상서로움이 있다.
국가가 장래에 망하려 할 때에는, 반드시 흉조의 조짐이 있다.
이런 것은 시귀(蓍龜) 점괘로 알아 볼 수 있고, 사람들의 움직임으로
알 수 있다. 화복이 장차 생기려 할 때에는 선(福)이 반드시 먼저
알고, 선(福)이 아닌 것도 반드시 먼저 알게 된다.
그러므로 지성은 이 처럼 신명(神明) 스럽다.

【난자 참고】

可: 가히.
禎祥: 상서로움, 길한 징조.
孽: 첩의 소생. 화근.
蓍: 점을 치는 풀대.
龜: 거북 껍질.
妖孽: 흉조.
四體: 두 팔과 두 다리로서 사람의 몸을 말한다.

중용 제25장

誠者自成也, 而道自道也.
誠者物之終始, 不誠無物. 是故君子誠之爲貴.
誠者, 非自成己而已也, 所以成物也. 成己仁也, 成物之也,
性之德也,
　合內外之道也. 故時措之宜也.

성자자성야, 이도자도야.
성자물지종시, 불성무물. 시고군자성지위귀.
성자, 비자성기이기야, 소이성물야. 성기인야, 성물지야,
성지덕야,
　합내외지도야. 고시조지의야

☞ 要約한 內容

성(誠)은 스스로 이루는 것이고, 도(道)는 스스로 인도하는 것이다.
성은 만물의 시작과 끝이며, 성이 아니면 만물도 없다.
이런 까닭에 군자는 성을 아주 귀하게 여긴다.
성은 스스로 나의 품성만을 이루고 그치는 것이 아니라, 만물의 품성
도 이룬다. 나를 완성시키는 것이 인(仁)이라 하고, 남을 완성시키는
것은 지(知)라 한다. 성으로부터 덕성(德性)은, 안(仁愛)과 밖(知慧)
을 합한 도리이고, 그러므로 어떤 때에 시행뇌어도 알맞은 것이다.

【난자 참고】

誠: 지극한 정성. 말을 이룸(참된 마음에서 나오는 말).
成: 성기(成己)와 성물(成物)을 가리킴.

物: 자기를 제외한 모든 것.

仁: 사랑과 자애로움.

知: 지혜, 알고 깨우침. 內:인애.

外: 지혜.

時: 수시, 언제 어느 때.

措: 시행하다. 조치하다.

宜: 알맞다. 적합하다.

중용 제26장

故至誠無息, 不息則久, 久則徵, 徵則悠遠, 悠遠則博厚,
　博厚則高明.
博厚所以載物也, 高明所以覆物也, 悠久所以成物也.
　博厚配地, 高明配天, 悠久無疆.
如此者不見而章, 不動而變, 無爲而成,
　天地之道, 可一言而盡也.
　其爲物不貳, 則其生物不測.
　天地之道, 博也, 厚也, 高也, 明也, 悠也, 久也.

今夫天, 斯昭昭之多, 及其無窮也, 日月星辰繫焉, 萬物覆焉.
今夫地, 一撮土之多, 及其廣厚, 載華嶽而不重,
　振河海而不洩, 萬物載焉.
今夫山, 一卷石之多, 及其廣大, 草木生之, 禽獸居之,
　寶藏興焉.
今夫水, 一勺之多, 及其不測, 黿鼉蛟龍魚鼈生焉,
　貨財殖焉.

詩云 維天之命, 於穆不已.
　蓋曰, 天之所以爲天也. 於乎不顯, 文王之德之純.
　蓋曰 文王之所以爲文也, 純亦不已.

고지성무식, 불식즉구, 구즉징, 징즉유원, 유원즉박후,
　박후즉고명.
박후소이재물야, 고명소이복물야, 유구소이성물야.

박후배지, 고명배천, 유구무강.
여차자불현이장, 부동이변, 무위이성.
  천지지도, 가일언이진야.
  기위물불이, 즉기생물불측.
  천지지도, 박야, 후야, 고야, 명야, 유야, 구야.

금부천, 사소소지다, 급기무궁야, 일월성신계언, 만물복언.
금부지, 일촬토지다, 급기광후, 재화악이부중,
  진하해이불설, 만물재언.
금부산, 일권석지다, 급기광대, 초목생지, 금수거지,
  보장흥언.
금부수, 일작지다, 급기불측, 원타교룡어별생언,
  화재식언.

시운 유천지명, 어목불이.
  개왈, 천지소이위천야. 어호불현, 문왕지덕지순.
  개왈 문왕지소이위문야, 순역불이.

☞ **要約한 內容**

그런 까닭에 지성(至誠)은 쉼이 없고, 쉼이 없으므로 곧 오래 지속되
고, 오래 지속됨은 곧 징험으로 나타나고, 징험은 곧 멀리 계속되고,
멀리 계속됨은 곧 넓게 도타워지고, 넓게 두터워시니 곧 높고 밝다.
넓고 두터우므로 만물을 실을 수 있고, 높고 밝음으로 만물을 덮을 수
있고, 영원하므로 그런 까닭에 만물을 이룬다.
넓고 두터움은 땅이고, 높고 밝음은 하늘이며, 유구함은 무한한
시간이다.

이와 같음은 드러내려 하지 않아도 저절로 밝게 보임이고, 움직이지 않아도 절로 변화되며, 하려함이 없어도 절로 이루어짐이다.

천지의 도(道)는, 한 마디로 말한다면, 그 물(物)이 둘이 아니며, 곧 그 만유생성은 측량이 안 된다.

천지의 도(道)는 넓고, 두텁고, 높고, 밝고, 멀고, 오랜 것이다.

이제 저 하늘을 보면, 빛들이 얼마나 많이 빛나고 있나, 그 무한대에 이르러서는 해, 달, 별, 은하수들이 주렁주렁 매달려 있고, 그 성체들로 이루어진 공간으로 만물을 덮고 있다.

이제 저 대지를 보면, 한 줌의 흙이 모여 한 없이 넓고 두텁게 형성되었고, 오악(伍嶽)을 싣고도 무겁다 하지 않고, 하해와 같은 강이 흘러가도 새어나감이 없으며, 만물은 대지가 편안키만 하다.

이제 저 산을 보면, 한주먹만한 돌들이 많이 모여서, 그 광대함에 이르고 있는데, 초목이 자라고, 금수들이 살며, 금은보화가 매장되어 있다. 이제 저 물을 보면, 한 움큼의 물이 많이 모여 그 헤아 릴 수 없게 되었고, 거기에는 거북, 교룡, 어별들이 살아가고 있는데, 풍부한 먹을 거리와 번식을 한다.

시경에 이르기를 "하늘의 운행이 영원하고, 만물에게 주는 명(命)도 그침이 없네."

이것이 하늘이 하늘 된 바이다.

"오호라, 저리도 밝고 빛나고 있는데, 문왕의 성덕 (聖德)과 순수함이다. 이것이 문왕을 문(文)이라 칭송하는 까닭이니, 하늘의 명(命)이 영원 하듯이 이 또한 하염없다.

【난자 참고】

故: 그런 까닭에.

徵: 징험, 징조.

博: 넓다, 풍부하다.

所以: 원인, 까닭.

高明: 하늘, 무한한 우주.

載: 싣다, 충만하다.

覆: 덮다, 뒤집다.

配: 맞추다, 짝을 이루다.

疆: 끝, 한계, 경계.

無疆: 무한한 시간.

見: 나타내다.

章: '彰'과 동의어. 밝다, 빛나다.

爲: 하려함.

測: 헤아리다.

昭昭: 밝고 밝음.

繫: 주렁주렁 매달려 있음.

焉: (하늘)장소를 나타내는 뜻.

一撮: 한 줌.

多: 모여.

華嶽: 중국 오악의 하나인 화산의 설이 있으나 화산과 악산 둘을 모두
이르는 말.

伍嶽: 중국의 이름난 다섯 산. 타이산 산(泰山山), 화산(華山), 헝산
산(衡山山), 항산 산(恒山山), 쑹산 산(嵩山山)을 이른다.

振: 흘러가다.

卷: 한 줌, 한 주먹.

黿鼉蛟龍: 큰 자라, 악어, 교룡, 자라.

於: '오!'하는 감탄사.

穆: 화목, 찬란히 빛남.

중용 제27장

大哉聖人之道. 洋洋乎發育萬物, 峻極于天.
　優優大哉 禮儀三百, 威儀三千.
待其人而後行, 故曰苟不至德, 至道不凝焉.
故君子尊德性而道問學. 致廣大而盡精微. 極高明而道中庸.
　溫故而知新, 敦厚以崇禮.
是故, 居上不驕, 爲下不倍. 國有道, 其言足以興.
　國無道, 其黙足以容.
詩曰 旣明宜哲, 以保其身, 其此之謂與.

대재성인지도, 양양호발육만물, 준극우천.
　우우대재 예의삼백, 위의삼천.
대기인이후행, 고왈구부지덕, 지도불응언.
고군자존덕성이도문학. 치광대이진정미. 극고명이도중용.
　온고이지신, 돈후이숭례.
시고, 거상불교, 위하불배. 국유도, 기언족이흥.
　국무도, 기묵족이용.
시왈 기명의철, 이보기신, 기차지위여

☞ 要約한 內容

위대하도다. 성인(聖人)의 도여. 천지 가득 만물이 발육되어 도처에 두루 충만하니, 이 또한 하늘처럼 높고 숭고하다. 넉넉하고 풍족함이 정말 대단하고, 예(禮)의 항목이 삼백 가지에 이르고, 예의 세목이 삼천 종이네.
그와 같은 사람을 기다려 뒷날 행해질 것인데 그러나 만일 덕성이

지고한 사람이 나오지 않으면, 그 위대한 도는 응결되어서 더 이상 실행되지 않는다.

그러므로 군자는 덕성을 존중하고 학문에 정진해서, 광대함과 정미함에 모두 이르고, 고명한 경지에 도달하여 중용(中庸)의 도리를 잘 지켜야한다. 옛것을 배우고 익혀 새로운 것을 알고, 소박한 심성을 두텁게 하고 예절을 숭상해야한다.

이런 까닭에 위에 있어도 교만하지 않고, 아래에도 배반하지 않아야 한다. 나라에 도리가 있을 때에는, 그 옳은 말과 행동으로 벼슬을 할 수도 있다. 나라에 도리가 없어진 때에는 그 침묵하는 자세로 어쩔 수 없음을 받아들여야한다.

시경에 이르기를 "세상 이치에 밝아야 자신을 잘 보호할 수 있다"라는 말이 있는데 그런 것이 바로 이를 말함이다

【난자 참고】

哉: 어조사.
洋洋: 도처에 충만한 상태, 많음을 이르는 말.
峻: 매우 크고 높다.
優優: 넉넉하고 모양.
禮儀: 존경의 뜻을 표하기 위한 예절.
威儀: 몸가짐 따위에 대한 세세한 예절.
苟: 진실로, 만일.
凝: 엉기다.
倍: 배반하다. '背'자와 같은 동의어.
足: 행동, 실천하다, 가치를 두다.
興: 입신양명, 벼슬을 하다.
容: 받아들임, 수용함.
謂: 가리키다, 설명하다, 일컫다.
與: 감탄의 어기조사.

중용 제28장

子曰 愚而好自用, 賤而好自專. 生乎今之世, 反古之道.
　如此者, 災(烖)及其身者也.
非天子, 不議禮, 不制度, 不考文.
今天下車(不)同軌, 書(不)同文, 行(不)同倫.
雖有其位, 苟無其德, 不敢作禮樂焉.
雖有其德, 苟無其位, 亦不敢作禮樂焉.
子曰 吳說夏禮, 杞不足徵也, 吳學殷禮, 有宋存焉.
　吳學周禮, 今用之, 吳從周.

자왈 우이호자용, 천이호자전. 생호금지세, 반고지도.
　여차자, 재급기신자야.
비천자, 불의예, 부제도, 불고문.
금천하차동궤, 서동문, 행동륜. 수유기위, 구무기덕,
　불감작례낙언.
수유기덕, 구무기위, 역불감작예낙언.
자왈 오열하례, 기부족징야, 오학은례, 유송존언.
　오학주례, 금용지, 오종주.

☞ 要約한 內容

공자께서 말씀하시길, 우매한 사람은 꼭 자기주장이 옳다하고, 비천한
사람은 제 멋대로 행동하는 것을 좋아하며, 현세에 살면서도 예부터
전해져오는 도리를 거스를 때가 있다.
이와 같은 자들은 그 화가 자신에게 미치게 됨을 알아야 한다.
천자가 아니면, 의례를 만들 수 없고, 법도도 제정할 수 없으며,

문서도 고증할 수도 없다.

이제 세상은 수레의 궤가 같고, 서책의 글이 같으며, 행위의 윤리도 같다. 비록 그 위가 있더라도 진실로 덕이 없으면, 감히 예악을 제정할 수가 없다.

(여기서는 '不'자가 빠진 듯하다. 그리고 해석도 '수레의 궤가 같지 않고, 서책의 글도 같지 않고, 행위의 윤리도 같지 않다.'로 재해석 되어야 할 듯하다.)

비록 그 덕이 있더라도 진실로 위가 없으면, 또한 감히 예악을 제정할 수가 없다.

공자께서 말씀하시길, 나는 하(夏)나라의 예법을 말할 수 있으나, 기(杞)나라에는 증거가 부족하다. 나는 은(殷)나라에서 예법을 배웠으며, 송(宋)나라는 그것을 보존하고 있다. 나는 주나라의 예법을 배웠으니, 지금은 그것을 쓰고 있고, 그래서 나는 주나라의 예법을 따르는 것이다.

【난자 참고】

愚: 어리석음.
好: 옳다, 바르다.
自用: 자기의 생각, 자기의 주장.
賤: 지위가 낮은 것.
自專: 자기 마음대로 함, 제멋대로 하는 일.
生乎: 삶, 살아감.
今之世: 현세, 지금의 세상.
反: 되돌아 감.
及: …이르다.
考文: 문헌이나 유물 따위의 증거를 밝힌, 문서에 대한 중명.
軌: 수레의 바퀴.
位: 권한 있는 자리.
苟: 진실로.
說: '悅'자와 동의어. 좋아한다.
徵: 증거.
用: 사용되다, 통용되다.

중용 제29장

王天下有三重焉, 其寡過矣乎!
上焉者, 雖善無徵, 無徵不信, 不信民弗從.
下焉者, 雖善不尊, 不尊不信, 不信民弗從.
故君子之道, 本諸身, 徵諸庶民, 考諸三王而不繆,
　建諸天地而不悖.
　質諸鬼神而無疑, 百世以俟聖人而不惑.
質諸鬼神而無疑, 知天也. 百世以俟聖人而不惑, 知人也.
是故, 君子動而世爲天下道, 行而世爲天下法,
　言而世爲天下則.
　遠之則有望, 近之則不厭.
詩曰 在彼無惡, 在此無射, 庶幾夙夜, 以永終譽.
　君子未有不如此, 而蚤有譽於天下者也.

왕천하유삼중언, 기과과의호!
상언자, 수선무징, 무징불신, 불신민불종.
하언자, 수선부존, 부존불신, 불신민불종.
고군자지도, 본제신, 징제서민, 고제삼왕이불무,
　건제천지이불패.
　질제귀신이무의, 백세이사성인이불혹.
질세귀신이무의, 지천야. 백세이시성인이불혹, 지인야.
시고, 군자동이세위천하도, 행이세위천하법,
　언이세위천하즉.
　원지즉유망, 근지즉불염.
시왈 재피무악, 재차무사, 서기숙야, 이영종예.

군자미유불여차, 이조유예어천하자야.

임금이 세상을 다스림에 있어 세 가지 중요함이 있는데, 그것을
갖추면 과오를 줄일 수 있어요!

옛 시대의 것은 비록 좋다고 하더라도 검증할 수가 없고, 검증할 수가
없으니 믿지 않고, 믿지 않으니 백성들은 따르지 않는다.

근래 것은 비록 훌륭해도 높여지지 아니하고, 높여지지 아니하니 믿지
않고, 믿지 않으니 백성들이 따르지 않는다.

그러므로 군자는 도를 행함에 있어, 먼저 덕성의 바탕이 자신에게
있는가를 모든 백성으로부터 검증 받아야 하고, 삼대에 걸쳐 상고해
보아도 착오가 없어야 하며, 세상 어디에 세워도 어긋남이 없어야
한다.

모든 신께 물어봐도 의심할 것이 없다는 것은, 천도에 부합됨을 아는
것이고, 백년을 기다려 나타난 성인에게도 의심스럽지 않으면, 사람의
도리에 부합됨을 아는 것이다.

이러한 까닭에 군자의 움직임은 그것이 바로 세상의 도리가 되고,
그것을 행하면 바로 세상의 법도가 되며, 무슨 말을 하면 그것이 바로
세상의 법칙이 된다.

그러므로 멀리에 있어서도 곧 우러러보게 되며, 가까이에 있어서도
싫어하지 않게 된다.

시경에 이르기를 "저기에 있는 사람도 미워함이 없고, 여기에 있는
사람도 싫어 하는 사람이 없다. 거의 새벽부터 밤까지 힘들게 애쓴
결과 오래오래 명예스럽게 마치셨다."라고 하였다.

군자가 이와 같이 하지 않고서는 일찍이 명예로움을 세상에 가지게
된 자는 없었다.

【난자 참고】

王: 다스림, 통치하다.
三重: 의례, 제도, 고문(儀禮, 制度, 考文)
寡: 적다, 줄이다.
過: 실책, 과오.
上焉: 옛 시대의 예법이나 제도.
善: 좋음, 훌륭함.
徵: 검증, 증명함.
弗: '不'자와 동의어.
下焉: 근대의 예법이나 제도.
君子: 성인의 덕을 갖춘 사람.
本諸: 덕성의 바탕.
諸庶民: 모든 백성.
考: 상고해 봄.
繆: 착오.
悖: 거슬리다.
俟: 기다리다.
質: 묻다.
是故: 이런 까닭에.
惡: 증오, 미워하다.
射: '厭'자와 동의어, 싫어함.
庶: 거의.
幾: 위태롭게.
夙夜: 새벽, 온 종일.
終: 생을 마감, 마치다.
蚤: '早'자와 동의어.

중용 제30장

仲尼祖述堯舜, 憲章文武. 上律天時, 下襲水土.
辟如天地之無不持載, 無不覆幬.
辟如四時之錯行, 如日月之代明.
萬物竝育而不相害, 道竝行而不相悖. 小德川流, 大德敦化.
　此天地之所以爲大也.

중니조술요순, 헌장문무. 상률천시, 하습수토.
벽여천지지무부지재, 무불복도.
피여사시지착행, 여일월지대명.
만물병육이불상해, 도병행이불상패. 소덕천류, 대덕돈화.
　차천지지소이위대야.

☞ 要約한 內容

공자께서는 요임금과 순임금을 으뜸으로 본받으며, 문왕과 무왕이
세운 법도를 본받았다. 위로는 하늘의 운행법칙에 순응하고, 아래로는
물과 흙의 품성에 맞추시었다.
비유컨대 천지처럼 실리지 않은 것은 없고, 덮어 감싸주지 않은 것도
없다.
비유컨대 사계처럼 번갈아 운행됨과 같고, 해와 달이 교대로 빛을
발하는 것과 같다.
만물은 함께 화육되지만 서로를 방해하지 않고, 도가 함께 실행되지만
서로 어긋남이 없다.
작은 덕성이 시냇물처럼 흐르지만, 큰 덕성은 돈독하게 변화를 이룬다.
이런 것이 바로 천지의 위대함이다.

【난자 참고】

仲尼: 공자님.
祖述: 으뜸으로, 근본적으로, 선인의 뜻을 받들고 본받다.
憲章: 법도, 제도.
律: 법칙, 순응, 실천하다.
時: 때, 자연의 운행.
襲: 인습, 본받다.
辟: '譬'자와 동의어. 예컨대, 비유하다.
如: 처럼, 같이.
覆幬: 덮어 가림.
四時: 사계절.
錯行: 번갈아 바뀌다.
代: 교대, 번갈아.
幷: 함께, 나란히 하다.
害: 방해하다.
道: 우주 작용의 이치.
悖: 어긋나다.
小德: 자신과 남을 구별하여 일체를 이루지 못하는 작은 덕성.
大德: 자신과 남의 구별을 초월하여 남을 자기처럼 소중하게 대하는
상태.

중용 제31장

唯天下至聖, 爲能聰明睿知, 足以有臨也, 寬裕溫柔,
　足以有容也.
發强剛毅, 足以有執也. 齊莊中正, 足以有敬也. 文理密察,
　足以有別也.
溥博淵泉而時出之. 溥博如天, 淵泉如淵. 見而民莫不敬,
　言而民莫不信, 行而民莫不說.
是以聲名洋溢乎中國.
　施及蠻貊, 舟車所至, 人力所通, 天之所覆, 地之所載,
　日月所照, 霜露所墜, 凡有血氣者, 莫不尊親.
　故曰配天.

유천하지성, 위능총명예지, 족이유임야, 관유온유,
　족이유용야.
발강강의, 족이유집야. 제장중정, 족이유경야. 문리밀찰,
　족이유별야.
부박연천이시출지. 부박여천, 연천여연. 현이민막불경,
　언이민막불신, 행이민막불설.
시이성명양일호중국.
　시급만맥, 주차소지, 인력소통, 천지소복, 지지소재,
　일월소조, 상로소수, 범유혈기자, 막불존친.
　고왈배천.

☞ 要約한 內容

오직 세상에서 지극함에 이른 성인만이 총명과 예지의 능력을 갖출 수

있고, 온 누리에 사람과 만물을 대신해서 인문세계 창달을 위해 임할 수 있다.

너그럽고 넉넉하며 온화하고 부드러우매, 근본적으로 그 품안에 모두를 포용할 수 있다.

강건하고 굳세어서, 근본적으로 결단력을 잡고 추진할 수 있다.

몸가짐이 단정하고 장중하며 중정하여, 근본적으로 그를 아는 사람은 존경심을 갖게 된다.

학문의 이치를 정밀히 관찰하여, 근본적으로 시비와 혼란을 분별할 수 있다.

두루 넓고 깊은 못에 샘물 같다. 늘 멈춤이 없으며, 두루 넓음은 마치 하늘같고, 샘물의 깊음은 연못에 심원함과 같다.

백성들이 보고 존경하지 않는 사람이 없고, 말씀을 듣고 백성이 믿지 않는 사람이 없으며, 행동하면 백성들이 기뻐하지 않는 사람이 없었다.

이 때문에 그 명성이 바다처럼 넘쳐나서 모든 곳으로 파급되었다, 남·북쪽 변방까지 그 영향이 미치게 되고, 배와 수레가 이르는 곳이나, 사람이 다니는 곳이나, 하늘이 덮은 곳이나, 대지가 떠받치고 있는 곳이나, 해와 달빛이 비추고 있는 곳이나, 서리와 이슬이 내리는 모든 곳에서도, 무릇 혈기를 지니고 있는 사람으로서, 그를 존경과 친애하지 않는 사람이 없었다. 그러므로 하늘과 짝했다고 하는 것이다.

【난자 참고】

爲: ~지니다, ~갖추다.
足以有: 근본적으로 ~할 수 있다.
臨: 임하다. 나아가다.
容: 포용하다. 용납하다.
執: 결단력을 잡다.

齊: 단정함.

敬: 공경하다, 존경하다.

文理: 학문의 이치.

密察: 세밀한 관찰.

別: 구별, 분별하다.

時: 늘, 때대로.

出: 멈춤이 없음.

見: '現'자와 같은 동의어.

莫: 없다.

是以: 이 때문에, 그렇기 때문에.

溢: 가득차 넘치다.

中國: 모든 곳곳.

施: 펼치다, 발휘되다.

蠻: 남방민족.

貊: 북방민족.

隊: 내리다, 떨어지다.

故: 그러므로.

配天: 하늘에 비견하다.

중용 제32장

唯天下至誠, 爲能經綸天下之大經, 立天下之大本,
　知天地之化育.
　夫焉有所倚.
肫肫其仁, 淵淵其淵, 浩浩其天.
苟不固聰明聖知, 達天德者, 其孰能知之.

유천하지성, 위능경륜천하지대경, 립천하지대본, 지천지
지화육.
　부언유소의?
순순기인, 연연기연, 호호기천.
구불고총명성지, 달천덕자, 기숙능지지?

☞ 要約한 內容

오직 천하의 지극한 정성스러움만이, 천하의 대경(大經)을 능히 경륜
(經綸)할 수 있고, 천하에서 가장 중요한 큰 근본을 수립할 수 있으며,
천지만물화육의 도리를 주관하게 된다.
대저 그 무엇에 의존할 수 있겠는가. 그의 인자함은 매우 정성스럽고,
그의 심원함은 깊고 깊어 지극히 고요하고, 그의 천도(天道)는 매우
넓고 넓어 무변광대할 뿐이다.
진실로 본래 총명예지하여 천덕(天德)을 달통한 성인만이 그 지성(至
誠)의 이치를 능히 알 수 있다.

【난자 참고】

誠: 정성스러운 마음. 참된 말을 이룸.
大經: 큰 일. 최고의 준칙. 사람이 지켜야 할 큰 도리. 가장 근본이
되는 경전. 중국의 유교 경서 가운데 당나라 때에 진사(進士) 시험과
목으로 채택되었던 《예기》와 《춘추좌씨전》을 통틀어 이르는 말.
經綸: 세상을 다스림. 큰 포부를 갖고 어떤 일을 조직적으로 계획함.
焉: 어디, 어찌, 누구, 어떻게.
倚: 의존하다, 의지하여 기대다.
肫肫: 매우 정성스러운 모양. 성실한.
其: 어기조사.
淵淵: 깊고 깊은 모양.
浩浩: 매우 넓고 넓은 모양.
苟: 진실로.
固: 본래.
孰: 누구. 무엇이.
之: 첫 구에 '唯天下至誠'을 가리키는 의미.

중용 제33장

詩曰 衣錦尙絅. 惡其文之著也, 故君子之道, 闇然而日章,
　小人之道, 的然而日亡.
　君子之道, 淡而不厭, 簡而文, 溫而理, 知遠之近,
　知風之自, 知微之顯, 可與入德矣.
詩云 潛雖伏矣, 亦孔之昭. 故君子內省不疚, 無惡於志,
　君子之所不可及者, 其唯人之所不見乎.
詩云 相在爾室, 尙不愧于屋漏.
　故君子 不動而敬, 不言而信.
詩曰 奏假無言, 時靡有爭.
　是故君子 不賞而民勸, 不怒而民威於鈇鉞.
詩曰 不顯惟德, 百辟其刑之. 是故 君子篤恭而天下平.
詩云 予懷明德, 不大聲以色. 子曰 聲色之於以化民, 末也.
詩曰 德輶如毛, 毛猶有倫. 上天之載, 無聲無臭, 至矣.

시왈 의금상경. 오기문지저야, 고군자지도, 암연이일장,
　소인지도, 적연이일망.
　군자지도, 담이불염, 간이문, 온이리, 지원지근,
　지풍지자, 지미지현, 가여입덕의.
시운 잠수복의, 역공지소. 고군자내성불구, 무오어지,
　군자지소불가급자, 기유인지소불견호.
시운 상재이실, 상불괴우옥루.
　고군자 부동이경, 불언이신.
시왈 주가무언, 시미유쟁.
　시고군자 불상이민권, 불노이민위어부월.

시왈 불현유덕, 백벽기형지. 시고 군자독공이천하평.
시운 여회명덕, 불대성이색. 자왈 성색지어이화민, 말야.
시왈 덕유여모, 모유유륜. 상천지재, 무성무취, 지의.

☞ **要約한 內容**

시경에 이르기를 "비단 옷을 입고 위에 홑옷을 걸치네."라 했으니
그것은 문채가 드러남을 싫어하고 꺼리기 때문이다.
그러므로 군자의 도리(道理)는, 어둠 속에서 흐릿하나 날로 선명해지
고, 소인의 도리(道理)는, 처음(목적)엔 선명하나 날로 흐려진다.
군자의 도리는 담담해도 까칠하지 않으며, 쉽고 간단해도 고상하며,
온화해도 체계가 있고, 멀리가려면 가까운데서 시작됨을 알며, 바람이
이는 느낌마저도 자신에게서 비롯됨을 알고, 은미한 징험에서 나타날
현상을 안다면, 가히 달덕(達德)의 길로 들었음이다.
시경에 이르기를 "잠겨서 비록 숨어 있지만, 이 또한 잘 드러난다."하
였다. 그러므로 군자는 스스로 내면을 살펴서 병폐가 없어야하고,
마음에 부끄러움과 걸림이 없어야 한다. 군자에게도 가히 미치지
못하는 것이 있는데, 그것은 오직 남에게 보이지 않는 일이다.
시경에 이르기를 "네가 집에 홀로 있을 때 보아도, 오히려 부끄러움이
집밖으로 새나가지 않아야한다. 그러므로 군자는 행동을 보이지
않아도 공경하며, 말로 표현하지 않아도 믿고 따르는 것이다.
시경에 이르기를 "말없이 신의 강림을 성대히 받들어 모시니, 이런
때에 사람들은 다툼이 있지 않았다."고 하였다. 이러므로 군자가 상을
내리지 않아도 백성들은 힘써 일했으며, 화를 내지 않아도 백성들은
도끼보다도 더 두려움을 갖는다.
시경에 이르기를 "드러내지 않음은 오직 덕(德)일 뿐, 제후들은 그 덕
을 본받으려 하네."하였다. 이러므로 군자의 독실한 겸공(謙恭)이

천하를 태평하게 하였다.

시경에 이르기를 "나는 밝은 덕성을 품었으므로, 큰소리와 표정이
필요 없네."라고 말씀하셨다.

공자께서 말씀하시기를 "호령으로 백성을 다스리고 교화시키는 것은,
가장 뒤떨어진 방법이다."라고 말씀하셨다.

시경에 이르기를 "덕(德)은 터럭과 같고 터럭은 가볍고 미세해도
모양이 있다.

하늘은 만물을 생육함에, 소리도 없고 냄새도 없으나 오로지 지고지선
(至高至善) 뿐이시네."라고 하였다.

【난자 참고】

尙: 걸치다, 위에 덧입다.

絅: 홑 겉옷.

惡: 꺼림, 싫어함.

文: 무늬, 화려한 문채.

著: 드러남.

故: 그러므로, 본래.

闇: '暗'자와 동의어. 어둠. 흐리다.

章: 뚜렷함.

的然: 선명함, 환하게 드러나는 모양.

亡: 없어짐, 흐릿함.

厭: 까칠하다, 싫어하다.

簡: 쉽고 간단함.

理: 체계적, 조리가 있다.

自: 시작의 근원.

與: 보냄. 도와줌.

孔: 잘, 매우.

昭: 밝음, 드러남, 뚜렷하다.

疚: 괴로움. 마음의 고통.

惡: 나쁜 것, 싫어하다. 증오함.

相: 관찰하여 보다.

尙: 또한, 오히려, 아직.

愧: 부끄러운 것. 양심에 거리낌.

屋漏: 집안 서북쪽으로 구석지고 음습하여 곳.

假: 성대한, 신의 강림.

奏: 아뢰다. 받들다.

靡: '無'자와 동의어. 없다.

威: 두려움.

鈇鉞: 큰 도끼, 형을 집행할 때 쓰는 무기.

不: '丕'크다. 동의.

惟: 오직. 다만.

百辟: 제후.

刑之: 그것을 본받다.

不顯: 드러나지 않음, 위대한 광명.

懷: 그리워함.

末: 말단, 뒤떨어짐.

輶: 가벼움.

倫: 무리, 모습이나 모양.

載: 싣다. 만물을 생육함.

至矣: 지고지선.

중용 제1장~제33장 원문

【참고 인용】

중용 제1장~제33장 까지 원문과 한자어 뜻 인용에 있어서는 중용 관련 많은 책을 참고하였으나 그 중에서도 김충열,「김충열 교수의 중용대학강의」, 예문서원, 2007, 113p~274p 까지. 양방웅,「중용과 천명」, 예경, 2006, 42p~482p 까지. 류연모 · 박영호,「공자가 사랑한 하느님」, 교양인, 2010, 43p~484p 까지. 박완식,「중용」, 여강출판사, 2005, 580p~665p 까지. 이기동,「대학 · 중용강설」,성균관대학교 출판부, 1991, 107~267p 까지 함께 참고인용 되었음을 밝혀둡니다.

인문의 숲 고전 003

『중용』은 균형과 조화

희망을 잉태한 동사와 놀아보자

Middle ground is balance and harmony
HOPE IS A VERB WITH BEANBAG BEAR

초판 인쇄 2014년 4월 11일
초판 발행 2014년 4월 17일

지은이 이운묵
발행인 유순녀
펴낸곳 도서출판 인문의 숲
출판등록 제 2013-000002호 (2013. 01. 09)

우편: 153-863
주소: 서울시 금천구 시흥대로53, 3-303(시흥동, 현대빌라)
전화: 02-749-5186
팩스: 02-792-5171
메일: inmuns@daum.net

ⓒ 이운묵, 2014

ISBN 979-11-950530-8-7 03150

정가: 18,000원